新时代下交通事务社会化治理模式研究

朱金磊　著

山西出版传媒集团　山西人民出版社

图书在版编目（CIP）数据

新时代下交通事务社会化治理模式研究／朱金磊著．
-- 太原 ：山西人民出版社，2018.10
ISBN 978-7-203-10533-6

Ⅰ.①新 … Ⅱ.①朱 … Ⅲ.①交通运输管理—研究—中国
Ⅳ.①F512.1

中国版本图书馆CIP数据核字（2018）第219977号

新时代下交通事务社会化治理模式研究

著　　者：朱金磊

责任编辑：郭向南

复　　审：武　静

终　　审：秦继华

装帧设计：张镤尹

出 版 者：山西出版传媒集团·山西人民出版社

地　　址：太原市建设南路21号

邮　　编：030012

发行营销：0351-4922220　4955996　4956039　4922127（传真）

天猫官网：http://sxrmcbs.tmall.com　电话：0351-4922159

E—mail：sxskcb@163.com　发行部

　　　　　sxskcb@126.com　总编室

网　　址：www.sxskcb.com

经 销 者：山西出版传媒集团·山西人民出版社

承 印 厂：山西臣功印刷包装有限公司

开　　本：787mm×1092mm　1/16

印　　张：15

字　　数：300千字

印　　数：1-1000册

版　　次：2018年10月　第1版

印　　次：2018年10月　第1次印刷

书　　号：ISBN　978-7-203-10533-6

定　　价：50.00元

如有印装质量问题请与本社联系调换

前　言

　　随着当前工业化、城镇化、机动化的快速发展，我国的交通格局正在发生深刻变化，交通管理工作面临一系列新情况、新问题和新挑战。站在国家治理的高度来审视，交通事务在很大程度上直接关系到整个城市治理体系和治理能力的现代化。

　　然而，我国单中心的交通行政管理模式，在面对新时代下出现的各种交通问题时，其所固有的在主体构成上的要素缺陷导致包括权力结构、行为结构等在内的结构性错位，并最终造成在交通管理效率等方面功能性的削减与不足。鉴于此，本书在协同治理理论的基础上，提出我国交通事务社会化治理模式的基本框架。概括而言，所谓交通事务社会化治理模式，是在跨主体、跨行业、跨功能、跨部门协同背景下形成的，以协同为组织形态特征，以社会化服务为导向，在价值取向上更加注重整体利益，围绕交通治理体系和治理能力现代化目标展开的多元联动协同共治的过程。

　　在理论层面上，社会化治理模式并不是必然有效的，交通治理社会化改革的有效性还取决于三个基本要件，即主体的多元化、客体的确定性以及权力的多向性。基于此，本文着重对交通事务社会化治理模式的有效性条件——交通主体、交通客体、交通权力及其相互关系进行详细分析和阐释。

　　同时，交通治理的多元联动协同不是自发实现的，交通事务社会化治理模式的运行必须依靠交通治理网络的建立，以及主体间互动、利益协调、资源整合、部门协同等相关制度作为保障。本文重点论述了交通事务社会化治理生成的动因、逻辑和特征，并用系统论的方法分析了交通治理网络的运行机制和作用机理。

从现实层面考察，交通事务的社会化治理模式能否最终建立，取决于交通治理的几个关键环节能否在多元主体联动协同的网络体系中运行，这也是协同治理理论在交通治理实践中的具体展开。具体措施包括推进"跨主体"协同下交通共同体的构建，"跨行业"协同下交通信用体系的创新，"跨部门"协同下交通网格化治理的深化以及"跨功能"协同下交通智慧化路径的拓展。

最后，在对交通事务社会化治理的政策建议和路径选择中，本书认为应发挥各级党政领导力量"元治理"的作用，推进党政主导下"共同体化"交通事务治理体系的构建；强化"参与式治理"，推动交通事务多元协同联动机制的构建；引入"嵌入性治理"，推动交通事务治理资源互嵌机制的构建；优化"网络化治理"，推进交通事务线上线下协同共治机制的构建。

Abstract

With the rapid development of industrialization, urbanization and motorization, the road traffic pattern in China is undergoing profound changes. Traffic management is facing a series of new situations, problems and challenges. From the perspective of national governance, traffic affairs are directly related to the modernization of the whole city governance system and governance capacity.

However, China's current traffic management model is an administrative central model, which faces the various changes in the transition period, and its inherent elements in the main structure of the defects will inevitably lead to the low efficiency of traffic management and other aspects of functional reduce.In view of the drawbacks of the administrative central model, this paper systematically introduces the theory of cooperative public management, analyzes the applicability of the theory in the study of traffic control mode and the problems that need attention in the application.On this basis, the paper puts forward the basic framework of the socialized governance model of China's traffic affairs.The social governance of traffic affairs is the process of cooperation and co-governance around the modernization of traffic management system and capability of governance.It is formed in the context of cross-body, cross-industry, cross-functional and cross-sectoral collaboration, and pays more attention to the overall interests in value orientation.

However, the social governance model is not necessarily effective. The effectiveness of the socialization reform of traffic management also depends on three basic elements, namely, the three characteristics of cooperative public management: the diversification of the subject, the certainty of the object, and the multi-dimensional power. So,this paper focuses on the traffic subject, the traffic object and the traffic power and their mutual relations.

The coordinated action of traffic management is not spontaneous. The operation mode of traffic affairs socialization management must rely on the establishment of traffic management network, as well as the inter-subject interaction, interest coordination, resource integration, departmental coordination and other related systems as a guarantee.This paper discusses the formation and characteristics of traffic management network, and analyzes the operation mechanism of traffic management network by system theory.

From the realistic level, the final establishment of the socialized governance model of traffic affairs depends on whether the key links of traffic control can run in the network system of multi-agent linkage, which is also the concrete implementation of cooperative public management.The concrete measures include promoting the construction of the traffic community under the cooperation of "cross-subject", the innovation of the traffic credit system under the cooperation of "cross-industry", the deepening of the traffic grid management under the cooperation of "cross-department" and the construction of intelligent transportation under "cross - functional" cooperation.

The practice of socialization of traffic management in Shanghai is not only a useful exploration of cooperative traffic governance, but also needs theoretical and practical workers' reflection in many aspects.The problems of lack of integrity, openness, structural dislocation and lack of dynamic can not be avoided.In the policy recommendations and path selection, party and government leaders at all levels of power should play a fundamental role , promote the "community" governance; strengthen participatory governance, promote the construction of multiple traffic affairs cooperation; introduce "embedded governance", promote the construction of transportation resources mutually embedded mechanism; improve network governance, build online and offline traffic services cooperative governance.

Key Words : Traffic, Social governance, Traffic community, Intelligent transportation "embodied governance", promote the construction of transportation resources mutually embedded mechanism, improve network governance, build online and offline public services cooperative governance.

Key Words: Traffic; Social governance; Traffic circulation; Intelligent transportation

引 言

　　随着公共事务管理的复杂化和利益主体多元化的不断加深，公共问题的解决往往牵涉多个组织、多个部门、多个管辖区甚至整个社会，不仅需要政府的相关职能部门尽职尽责，同时也需要非营利组织、私人部门以及社会公众通力合作。然而，如何建立跨部门、跨地区、跨行业、跨主体的协同管理机制，整合公共服务资源，提高社会运作效能，精简管理机构及管理流程，使得社会服务和公共利益以最经济、最有效的方式得到实现，是交通管理乃至整个社会治理领域共同面临的时代课题。协同治理理论不仅为当下社会变革中的多元主体合作提供了新的战略框架，更是实务界和理论界对公共管理现状的积极回应。

　　国家治理体系和治理能力现代化是全面深化改革的总目标，它在强调转型时期国家发挥主导作用的重要性的同时，还强调治理理念内在的社会化诉求。道路交通事务是国家公共事务与政府管理的重要内容，是国家治理体系中的重要组成部分，具有较强政治性、政策性和广泛的社会涉及面。交通事务治理体系和治理能力概念的提出，突破了以"交通"作为工作领域划分和交通事务事权界定的狭隘观点，体现了服务型、责任型政府的职能转变趋势，更加强调政府综合运用市场、协商、法治等多种治理机制。基于此，作为一种复杂的协同治理问题，对交通管理绝不能简单地局限在单一平面来考察，而应将其纳入跨主体、跨功能、跨行业和跨部门的整合式社会化治理的视域。事实上，我国交通管理问题有着复杂的社会根源，机动化社会迅速发展，道路环境急剧变迁，社会结构和交通结构都发生了深刻变化，交通秩序混乱、交通安全隐患、交通拥堵、交通污染问题日益凸显，成为社会变迁与社会失范的集中反映，给社会发展造成巨大压力。特别是"中国式开车"中机动化社会发展过快与驾驶人管理滞后之间的矛盾、"中国式过马路"中人权和车权的"路权"矛盾、多元化社会中交警业务能力建设与新时期执法环境变化之间的矛盾、"法治公安"建设中交通参与者与交通管理者之间的矛盾以及新时期道路交通管理"硬"制度和安全意识"软"文化之间的矛盾，成为机动化社会交通管理体制改革所面临的主要难题。就本质而言，因机动车激增、交通事故、交通拥堵、交通污染而引发的社会治理难题实质上属于碎片化问题。无论从行政系统内部和外部，还是社会治理的环境系统来看，交通理念、文化、机制、规范、方式等碎片化极大倒逼了协同性治理在交通管理改革中功效的发挥。协同治理理论模型下的交通事务社会化治理，正是在跨主体、跨行业、跨功能、跨部门协同的张力下形成的，以协同为组织形态特征，以社会化服务为导向，以整合为运行机制的核心，在价值取向上更加注重整体利益，围绕交通治理体系和治理能力现代化目标展开的合作共治的过程。基于主体与客体、时间与空间、国家与社会、政府与市场高度整合的立体式治理结构、功能及其关联的交通事务治理模式，从协同性治理理论的各个维度协同发力，有助于不断化解制度规范间的阻隔，使自上而下与自下而上的纵向层级和横向部门之间保持贯通，形成互联、互动、互利共赢的格局，有效发挥多元主体共同治理交通事务的合力。

目 录

导　论

第一节　问题的提出

交通治理直接关乎经济与社会的持续发展，交通治理模式则是决定交通治理绩效的重要因素之一。我国当前各种交通问题突出，交通治理效率低下，在这种情况下探讨交通治理模式的创新问题，无疑具有理论和现实的双重意义。然而，我国现行的交通治理模式是一种行政单中心模式，该模式面对新时代出现的各种交通问题，其所固有的在主体构成上的要素缺陷导致包括权力结构、行为结构等在内的结构性错位，并最终造成在交通管理效率等方面功能性的削减与不足。具体而言，新时代我国现行交通治理模式主要面临以下几种问题和困境：

其一，公众参与缺乏有效的制度保障。公众参与是交通治理机制开放性的重要表现，有效的公众参与能够增强交通管理的权威性和认可度，是对交通管理的合理补充。我国《道路交通安全法》以及交通运输"十三五"发展规划等法律规范和政策文件虽然都规定了"公众参与"，但是对公众如何参与交通管理的决策、执法和监督过程并没有明确的细化规定。总的来说，在公众参与的保障体制中，公众的知情权、参与权、表达权、监督权的合理实现是多元化公众参与的基础和前提，政府的回应机制则是有力保证。在科学的道路交通诉求关系中，政府与公众的良性互动体现在三方面：第一，道路交通管理部门积极倡导社会公众参与交通问题的研讨、道路交通规划和交通政策的制定，了解和研究民众的诉求和建议。例如开展电子问卷调查、召开交通政策座谈会、召开交通规划论证会等。第二，社会公众主动参与,向道路交通管理部门反映自身的交通利益诉求。第三,当发生侵害相关交通个体权益并由此引发社会交通环境恶化时,民众能够通过一些途径申请司法部门或相关主管部门维护自身权益,例如控告、举报等。

然而,从社会实践来看,多元化主体的参与模式远远还未形成,社会公众参加交通治理各项程序的法律制度还有待完善。当前的交通管理改革实践,虽然已不同于以往的垄断主义治理方式,也加入了多元化的主体机制和民主因素,但是从其运作模式的实质上来看,仍然属于威权模式的运行范畴,即从以前的"家长型的威权模式"转变为"共治型的威权模式"。[1]申言之,在现阶段的交通治理模式中,交通政策的制定者仍然处于政府机构内部,交通政策的施行也往往被限定在相关管理部门的上下级之间,显现的是不同级别行政机构的权力在资源配置和职能运行方面的交流互动。[2]事实上,大量的治理决策是在信息欠缺的条件下制定的,由于缺少社会公众参与,导致社会公众对交通政策的接纳度和理解度较低,由此引发交通政策施行过程的不畅,削弱了政府执行交通政策的能力。

同时,需要强调的是社会组织作为公众参与权力运行的重要纽带,实际上也是公民进行自身利益表达的一个重要途径。在现代社会的治理结构中,社会组织的发育程度和存在状态代表了整个社会的民主进步程度和公民参与治理的发展水平。事实上,道路交通领域中的社会组织,就是为公众参与交通治理提供一种非官方组织化通道,并期望基于此将社会公众的利益诉求转化为真正有效的资源来影响政府权力。然而,在我国单一交通治理主体模式下,交通治理方式以管制型为主,社会组织虽然有了一定程度的发展,但其中仍存在大量问题。一方面,交管部门在传统"管制""控制"社会秩序刚性维稳观的思维限制下,对公民的参与和理性诉求,既缺乏认同,亦无对策,更害怕社会组织的利益表达带来对其领导权威和管理权力的挑战。另一方面,大多数社会组织与政府之间遵循"帮忙不添乱,

---

[1] 于建嵘:《共治威权与法治威权中国政治发展的问题和出路》,《当代世界社会主义问题》2008 年第 4 期。

[2] 丁立民:《道路交通管理理论与实践》,中国人民公安大学出版社,2002,第 30—32 页。

参与不干预，监督不代替，办事不违法"的原则，以寻求得到政府的支持、帮助与合作为目的。在这样的理性温和策略指导下，社会组织如果有所作为，必定谨慎考虑，甚至在一些重大利益面前选择退避三舍、失语或集体缺位的处置方式。

其二，交通治理方式结构单一、僵化。在具体的治理方式上，交管部门仍习惯于传统的管制性行政措施，但这些粗放、被动的治理并没有有效解决交通拥堵、交通危险以及交通冲突等社会顽疾，而"运动式"的"交通大整治"也只能起到阶段性效果。也就是说，在治理方式的结构方面，现有的交通管理体系过度依赖行政管理手段而忽略了经济手段、市场调节等现代化治理方法。所谓经济手段指的是交通管理机关顺应客观规律，通过对补助、税费等经济指标的调节，反向调整和统筹公众交通方式的行政手段。当前，交通治理方面的经济手段依然以回收道路建设成本（如高速通行费）和交通处罚为主，未能充分运用经济调节手段。与之相对，外国很多城市的交通管理改革为我们提供了更多的经验和启示，其中具有代表性的举措有：根据道路交通实际情况，征收交通拥堵费以调节交通流；通过发放公共交通出行补助，调节不同出行方式的比例；配置不同区域的停车费水平，通过对静态交通的调节来梳理整个区域的交通状况。上述实践经验表明，多元化的交通管理方法是优化交通管理、提升通行能力的重要渠道，然而我国无论在宏观管理理念方面还是在具体管理方式方面，都仍然有着诸多的调整和改进空间。

此外，在交通治理中，自上而下的"运动式"执法同时也是解决交通社会性问题的一种常见方式。如上所述，在目前的政府权威型治理体系中，政府重点依赖顶层的法律体系以及行政管理的上下分治模式来推进交通管理事务，然而该体系虽然具有纵向的关联和横向的合作，但无论在实际内容上还是在具体形式方面都存在诸多不足和缺陷。基于此，经常采用运动式执法实际上是回应交通社会性问题的无奈之举，也是在能够调动有效资源的条件下快速解决问题的一种便捷方式。尽管如此，疾风骤雨式的执法与治理运动虽然能够在随后的一段时间内获得良好的效果，但很快又将恢复平静，某些交通管理漏洞和交通陋习依然没能完全改变。实践中，为解决交通管理一直以来面临的"中国式过马路""中国式开车""中国式拥堵"

以及"中国式执法"等问题，交管部门集中开展了一系列社会化的专项治理活动，如交通安全社会化宣传教育和交通恶习的"社会化"整治活动，虽然这些措施在短时间内取得了良好的成效，但由于缺乏制度化、常态化的机制而并没有从根源上彻底消除这些问题。

其三，交通治理的动态性缺失。系统论的观点认为，由于系统内部或外部环境的影响，每个系统都将处于不断运动的状态，而这种状态会贯穿系统发展的始终。[1] 系统论对交通事务社会化改革实践存在深度的现实关照，特别是在我国机动化社会高速发展的现阶段，动态交通治理已不可或缺。事实上，动态的交通治理不但要保持运行机制上的动态，更要与时俱进，实现观念上的持续改良和理论上的迭代创新。具体而言，一个治理体系往往在形成初期能够科学地规划适时的治理机制，但伴随时代变迁的交通结构和社会结构的巨大变化，若不能与时俱进地进行自我调整和制度升级，势必不能有效治理交通事务甚至会阻碍交通事务的进一步发展。总的来说，我国交通治理的动态缺失主要有以下表现：

一方面，源头治理不足。交通事务治理是从交通规划、道路建设到交通管理全程动态的过程，需要兼顾"末端管理"和"前端治理"，而当前对道路交通问题源头疏于治理，主要表现为：第一，在交通治理初期的道路交通规划建设中，交管部门参与严重不足，城市交通规划、建设和管理之间缺乏沟通协同。这直接导致交通事务末端管理未能向前端规划提供有效反馈，前端规划也未能充分考虑末端治理的需求，交通动态治理首尾严重脱节。第二，交管部门治理模式落后，未能构建有效的道路交通事故预防机制，缺乏安全风险评估和道路危机预警，大多仍采用事后处理、应急处置的"救火"模式。

另一方面，动态治理不足。所谓动态治理，即行政机构不断调整其公共政策以及政策实施方案，以达成行政目标的动态治理过程。伴随我国机动化社会的高速发展，交通事务格局处在深刻变化之中，交管部门面临的新挑战不断涌现，交通事务治理亟须动态化调整。申言之，在交通事务治

---

[1] Alan Altshuler.The Urban Transportation System: politics and policy innovation[M]. Cambridge,Mass: MIT Press,1997:102.

理观念层面，交管部门仍倾向于被动处理、应急处置的传统管理思维，导致诸如网约车、共享单车和无人驾驶等新兴问题没有得到有效处理，进而引发了一系列社会性难题。在交通事务治理方式层面，城市交通管理勤务模式不适应现代城市管理需求，现场执法管理不到位；道路交通组织规划不精细，交通信号和标志标线设置不科学，道路交通资源利用不够充分；交通事务治理的科学性不足，车联网、云平台、大数据以及视频融合等技术在城市交通指挥以及道路交通安全管理等方面的应用有待深化。

其四，交通管理的碎片化严重。系统论的核心思想即整体性理念。系统即依据一定规则或秩序将相同或类似的事务组合而成的具有内在联系的整体。系统作为整体，它所包含的各个要素决定了其功能和性质，各个要素均受到系统整体性的制约，同时也反作用于系统。[1] 交通治理与环境污染治理、食品安全治理等高度复杂的社会治理相似，都属于跨部门的公共事务，在交通治理过程中不仅需要交通、公安、规划等部门尽职尽责，同时也要求城建、卫生、教育、工信、安监等部门协同配合。

然而，目前严重的条块分割体制，使得交通治理体系受到纵向业务治理"条条"和横向地域治理"块块"的双重分割与制约。申言之，在交通管理领域中，与道路交通运行相关的工作被划分到诸多部门，工作职能分工过细与机构重叠的现状，使得道路拥堵、交通事故、汽车污染等社会难题的解决工作缺乏整体性。当前，中心城市的交通事务并未实现由交管部门统筹管理和指挥，城市的发改委、规划、建委、城管等多个政府职能部门依然掌握着诸如道路规划、道路建设、交通管理等领域的部分权力，交通堵塞、交通事故及环境污染等治理难题由于管理部门缺乏统一的协调和配合，而长期得不到有效解决。

例如，在交通缓堵治理方面，条块分割的管理体制削弱了交管部门间的协同能力，这不仅使得交通管理和道路规划缺乏应有的统筹性和前瞻性，

[1] [美] 杰拉尔德·温伯格：《系统化思维导论》，王海鹏译，人民邮电出版社，2015，第71页。

更为严重的是，诸多城市表现出"城市交通悖论"[1]现象，交通缓堵治理反而使得交通越治越堵。在汽车污染治理工作中，一直施行"警察公路各管一段"的车辆管理体制，这种体制缺乏整体合力，不仅导致各自为政、政出多门、管理缺位、管理错位及权威效果降低等问题，亦无法出台标本兼治的综合治理措施。可以说，当前的汽车污染管理体制缺乏协同性和整体性，公安、交管、环保、工信、交通等部门之间也缺乏应有的整体意识和协同机制，横向沟通壁垒重重，加之环保部门缺乏对在用车辆进行抽查、处罚的有效执法手段，我国汽车环保管理工作一直举步维艰。

因而，在机动车保有量激增、交通状况日益复杂化、交通事故矛盾频发、交通执法日益透明化的新形势下，传统的条块分割管理模式和静态工作机制已无法有效应对新情况和满足社会公众的需求。特别是在社会机动化不断加快、城镇化不断推进及公安全面改革不断加深的大背景下，构建跨主体协同、跨行业协同、跨功能协同、跨部门协同的组织体制势在必行。注重政府各职能部门之间，政府部门与私营企业之间、与社会组织之间的协同合作，构建以社会化服务为治理导向、以整合资源为核心的运行机制，已然成为交通治理创新和治理体制社会化改革的重要课题。

综上所述，交通事务治理的客体是一个综合诸多互相联系的个体的复合型整体。交通事务治理所追求的并非实现个人出行利益最大化，而是达成系统内部各类主体之间的稳定、和谐以及有序状态，最终实现系统整体的效益最大化。也就是说，交通事务治理的主要目标并非纯粹的交通安全和道路畅通，而是构建安全、和谐以及有序的交通大环境；交通事务治理的影响因素也并非只是道路情况和机动车数量等，而是一个综合各类交通参与主体以及交通客体的复合型系统。基于此，交通事务社会化治理，既

---

[1] 当斯·托马斯悖论 (Downs-Thomson paradox) 是有关道路交通拥堵研究中的知名悖论，即公众采用公共交通方式出行时，从门到门的平均速度决定了道路交通网络上的汽车的平均速度，期望通过提高道路的通行能力来应对交通拥堵只会使堵塞更加恶化，这是由于路况得到改善会使人们更多地选择私人汽车而非公共交通，公共交通运营商为了收回成本只能提高收费或减少服务频率，这将导致公共交通乘客数量进一步减少，公共交通方式将走向没落；同时由于路况的改善而产生的更多的私人汽车会导致交通拥堵加剧，似乎还需要再修建或扩建道路，城市将在"拥堵—扩建—拥堵"的无限循环中演绎城市交通悖论。

需要公正规范的交通制度和智能高效的科学化手段，更需要各交通参与主体的协同合作。概而论之，不论解决交通事务治理体系中的子系统问题，还是改善交通社会化改革中的动态性和整体性问题，均为复杂的系统工程，需要深度整合交通治理主体与治理客体、市场与政府以及国家与社会各因素，形成多元主体协同共治交通事务的整体合力，最终实现我国交通治理体系和交通治理能力的现代化。

基于此，本文拟从协同治理理论视角出发，基于跨主体、跨行业、跨功能、跨部门四个社会化整合维度，对交通共同体的构筑、交通社会信用体系的创设、交通网格化治理的完善、多元化现代交通治理方式的探索等问题进行深入研究和全面探讨。同时，在改革与实践、反思和重塑、进步与回归的基础上，通过对交通管理现象的综合研究和高度概括，归纳总结出根本性、原则性、普遍性的交通事务社会化治理的运行机理和制度规范，以此解决现行交通治理中的整体性不足、开放性有限、结构性异化、动态性缺失等问题。

第二节　研究综述

交通管理社会化改革实践涉及的活动领域众多，内容十分丰富，因此现有研究中，理论视角十分多元，例如社会学中的社会共同体理论和组织结构创新理论，政治学中的参与式民主理论和民主政治理论，政治社会学中的国家与社会关系和公民社会理论以及公共管理学中的治理理论、多中心理论和网络化治理理论等。

其中，政治学侧重于关注"公共服务社会化改革"实践中的一个典型特征即"广泛的社会参与"，并指出这种"社会参与"是对民主参与理论的践行，是社会公众、民间组织、知识分子等主体"参与政治、利益表达和政治监督"的表现，有助于政府的社会管理以及社会的整体稳定；（蓝蔚青、周佳松、冯钢等）社会学视角下的研究成果，则大多将"社会化改革"

解读为政府构建的一种为应对社会转型的新型治理结构和组织形式；（杨建华、姜方炳、郑杭生、杨敏、童潇）政治社会学的研究认为"社会化改革"的推进创建了新的政府与社会关系，是"政府赋权社会"的体现。同时，从上海、杭州等地的交通管理社会改革模式[1]的案例中可以看出"政府引导、培育'交通共同体'的做法，正是对正在成长的公民社会的积极回应"（公安部道路交通安全研究中心）；此外，中国人民公安大学调研组、公安部道路交通安全研究中心、上海交通大学交通研究中心以及公安部发展战略研究所等研究团队也在利用网格化管理、多中心理论以及公共治理理论等西方公共管理理论解读我国交通事务社会化改革的具体实践。

以上，本文对以交通管理社会化改革实践为研究对象的文献进行了扫描式的梳理。鉴于本项研究选择从公共管理学视角对交通事务治理实践进行研究，因而公共管理学视角的文献对于本项研究更加具有参考价值。因此，本文将聚焦公共管理学视角的研究成果，以网络化治理、多中心理论、协同治理等西方公共管理理论的维度对研究成果进行分析、借鉴和评述。

1. 网络化理论视角下的文献及评述

（1）网络化治理视角文献

在国家治理体系日益现代化的趋势下，部分学者提出从网络化治理角度出发，结合现阶段我国交通管理现状，探索道路交通治理的网络化机制，以期构筑在政府主导下的网络合作型交通治理机制。纵观现有网络化治理文献，多是从政策网络、关系网络、信任网络和网络效用等领域来论述交通事务社会化治理的运行机制和体系构成。

所谓政策网络，即在决策过程中政府与交通参与者基于交通资源、出行利益以及协商谈判等良性互动所产生的非正式和正式关系的总和。（威廉·邓恩，2002）依据这一理念，在当前交通治理领域内，政策网络的关键内容便是民众参与和民意主导。毛寿龙以浙江省湖州市的警务广场为例，

---

[1] 我国上海和杭州等城市的公安交通管理社会化改革实践主要包括以下几个方面：公安交通安全宣传教育社会化、交通事故处理社会化、交通违章处置社会化、机动车检验社会化、交通管理执法与服务社会化以及交通缓堵治理社会化等。

从实证主义视角剖析了民意主导的警务机制。"湖州模式"已成为公安交通管理过程中扩展民众参与、构筑交通管理政策网络、推动道路交通网络化治理的成功实践。（毛寿龙，2011）张兆端通过整合现有治理理论和政策网络理论，总结出交通管理政策网络的产生规律和运行机制，同时建议政府通过交通共同体的构建，将各类交通参与者吸纳到交通管理工作中，以期实现交通管理领域内的共治共享。（张兆端，2012）郝良杰则采用"事件—过程"分析法对政策网络的运行现状进行了阐述，同时建议在交通问题解决环节，将民意征集作为主要手段，并将民众满意度作为考核重点。（郝良杰，2016）

关系网络则是通过存续于人际关系间的互利规则来实现个人利益和公共利益的统一。朱彩霞通过对传统行政体系下存在的警民关系难题及其成因的研究，建议政府充分运用关系网络的凝聚效用达成交通治理现状的改善和良好道路环境的构筑。（朱彩霞，2009）秦立强指出，在基层交通管理工作中，更应充分发挥关系网络的重要效用。（秦立强，2010）李晓波则通过"结构—功能"分析法，结合网络化治理理论，对现代警民关系的构筑进行了阐述，并建议整合和优化交通管理资源，建立警民共建共治的交通事务社会化治理运作机制。（李晓波，2012）

信任网络可以减少信息在网络治理体系中的交流成本，而高水平的信任程度则能够降低监督成本。徐葳通过对网络治理的动力来源的阐述，说明突破交通管理"路径依赖"的关键在信任机制的建构，并指出应通过构筑内部信任提升交通管理部门组织效力，通过构筑外部信任增进公安机关威望和决策力。（徐葳、吕宁，2015）

公安大学的李蕊团队，通过调研发现网络化治理机制在交通事务社会化治理领域具有效度优势，并且该优势有赖于交通参与者的良性互动，即交通治理体系内部各交通主体通过协同合作产生一种凝聚效用，并由各交通主体的同步集体行为打破单一主体的治理壁垒。（李蕊，2014）

（2）网络化治理

威廉·D·艾格斯和斯蒂芬·哥德史密斯最先提出了网络化治理理念，同时将网络化治理机制阐述为：政府的行政工作不仅仅依赖于传统模式中的公共雇员，更有赖于使各类协同关系、同盟、有关协议所构筑的网络体系服务于公共事业。（威廉·D·艾格斯、斯蒂芬·哥德史密斯，2008）

所谓网络化政府，即能够改变公共部门体系且有影响力的四类发展趋势的优化整合。四类趋势分别为：①协同政府：能够整合若干行政机构，甚至多级政府一同向民众供给整体性服务；②第三方政府：借用非营利机构和私人企业而非传统政府雇员来向民众供给公共服务，达成政策目标；③公共需求：随着时代发展，民众对公共服务拥有更多需求，要求多元化的公共服务和能够掌控自身生活，因此私人组织培植的个性化公共服务与此类日益增长的需求相得益彰；④数字化变革：革新技术可以使系统运用区别于传统的方式与外部进行交流合作。（刘兰华、朱立言，2010）

网络化治理机制中，协同取代竞争，逐渐成为体系内部关系的主要特征。萨拉蒙指出，网络化治理模式使得公共目标的达成发生了下列变化：①从分级转变为网络；②从组织转变为工具；③从控制转变为协商；④从公私互斥转变为公私协同；⑤从治理转变为赋能。（萨拉蒙，2009）申言之，在新型网络化治理机制下，虽然政府仍处于重要地位，但只是治理过程中的有效组成部分，而不必成为关键角色。据此，由主管机构、企业以及其他行政机构组成的组织管理体系、"命令—控制"模式和传统的利益诱导机制，已逐渐退出历史舞台。行政机构则更多地运用健全机制和管控治理过程等间接性工具，豪利特称之为程序性工具，即网络化治理。（豪利特，2000）

（3）网络化治理视角文献评述

概而论之，交通事务社会化治理与网络化治理在组织系统、运行机制以及主体构成等层面具有极高的相似性。其一，交通事务社会化治理体系和网络化治理系统均有赖于网络化组织模式的运行。其二，同网络化治理类似，交通事务社会化治理所面临的社会难题相当复杂，诸如交通安全、交通拥堵以及交通污染等问题，单一主体难以解决。据此，需要多元化主体在政策网络、信任网络及关系网络领域内的协同。例如在交通信用奖惩机制的构筑过程中，交管部门单一主体无法有效解决该机制运行所必备的信用档案、征信体系、失信惩戒、监督管理、教育引导等子系统的组建问题。江苏等地的交通管理部门通过与外部主体进行协同，有效地利用外部优质资源，收获了良好的交通治理效果。因此，交通信用体系的参与主体必定是多元的，凝聚在一起的各类主体构成了网络化组织体系，协同合作，优势互补。

虽然交通事务社会化治理与网络化治理存在极高的相似性，但两者也具有本质上的区别。其一，网络化治理理论是基于第三方政府理论产生的。近几十年来，西方发达国家通过持续增加非营利机构和私人企业而非公共雇员来向民众供给公共服务，达成其政策目标。而我国交通管理社会化改革实践的背景是社会主义初级阶段非政府组织欠发达，这一客观条件决定了当前阶段我国不可能实现真正的网络化治理。其二，同网络化治理类似，交通管理社会化改革实践中也存在政府、私人公司、社会组织及交通参与者等多元化主体，但在参与程度上存在较大差异。在网络化治理过程中，各类参与主体的地位是平等的，而交通事务社会化治理过程中的主体，或受限于行政机构的权威，或由行政机构直接成立，缺乏主体独立性。其三，在网络化治理过程中，政府机构、私人企业以及社会组织都能够成为"集成者"，即将各类参与主体凝聚到一起的主导组织。而在交通事务社会化治理过程中，交管部门是唯一的主导机构。从政策的制定、具体规章制度的起草和实施、组织体系的构筑、参与主体的构成到系统的日常管理，交通管理部门均具有绝对的权威和决策权。据此，我国交通事务社会化治理并不完全隶属网络化治理的范畴。

2. 多中心理论视角下的文献及评述

（1）多中心理论视角文献

杨昌军研究团队通过实地考察、调研杭州交通事务社会化治理实践，认为此次交通管理社会化改革是对交通事务治理模式和管理结构的创新与改进，是由政府治理的单中心治理结构向多元主体协同治理的多中心治理结构转型的积极尝试。并且，在此次实践中，交管部门逐步摆脱单方面负责的处境，从命令、领导、控制的公共治理机制和问题解决方式，逐步迈向责任分担、协商合作、沟通对话的治理机制和解决方式。同时，交通管理者与交通参与者之间的对立和权威关系逐渐消解，两者的合作和平等关系逐步建立起来。如图 1 所示：

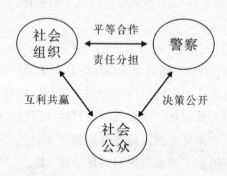

图 1 多中心治理关系图

公安部交通安全研究中心团队运用"多中心治理理论"，对警察、社会组织、公众这三类关键的交通主体进行了具体职能划分与分析，将其在交通事务社会化改革中的具体结构和具体功能进行了进一步的梳理与论证。如表 1 所示：

表 1 各交通主体的职能划分

主体	警察	社会组织		公众
		非市场化组织	市场化组织	
具体组成	交通警察和具有交通治理责任的各警种部门	交通协管员 辅警 交通志愿者 交通社团组织	保安公司 驾校 车管中介组织 各类交通设备产品企业	城市社区居民
具体职责	交通管理工作规划 交通秩序维护 交通安全管理 交通违章处理 交通事故处理 驾驶人管理和机动车管理	交通安全宣传 交通巡逻防控 交通纠纷调处 组织公众参与 交通秩序维护 反映民众需求	提供和增加交通基础设施 驾驶人培训和车检服务 提供特殊交通安全需求	提供道路交通安全建议 参与交通志愿活动 加入或促成交通自组织

作为周佑勇研究团队的重要研究成果之一，东南大学法学院刘启川的博士论文在丰富的实证研究基础上，对当前我国交通管理社会化实践的主

要特征做出总结，并对照多中心治理模式，比较整理出两者的异同，如表2所示。其认为，当前进行的交通事务社会化实践，是多中心治理理论同我国现阶段国情相结合而形成的实践模式，它为我国最终形成多中心治理格局提供了诸多方向性改革和可行性路径。

表2　多中心治理格局与交通管理社会化的异同

	多中心治理格局	交通管理社会化	同/异
主体类型	复合型	复合型	同
主体成分	政府、企业、社区、非营利组织、其他社会组织	警察、公众、企业、社会组织	同
主要主体	政府	公安交管部门	同
合作平台	多种平台	单一平台	异
公共物品提供方式	各主体均能提供	主要是交通管理者提供	异
目标	公共需求	交通需求和城市发展	异

总而言之，上述各个研究团队均认为我国当前进行的交通事务社会化实践与多中心治理理论之间存在差异，两者并不等同，但交通管理社会化实践依然值得肯定，它是我国交通管理机制向多中心治理模式转变的阶段性表现和成果。

（2）多中心理论

伴随社会的持续发展与进步，政府被赋予了越来越多的期许，公众对政府的诉求也越来越多元化，而传统的"单中心"政府管理机制因缺乏管理高效性和存在较低的服务回应性，面对复杂多样的公众需求越来越"力不从心"。因此，多中心治理理论所特有的"多元化服务供给、多中心管理交契"理念，为强化公共事务管理效率、提高多元化公共服务供给质量提供了理想的治理范式。多中心治理理念不仅意味着政府和市场都是公共管理主体，而且更加强调政府与市场的协同治理、共同治理以及多种治理机制、管理手段的应用。在解决公共事务问题过程中，既要保留和发挥政府统筹性和公共性的优势，又要融入和综合市场特有的高效性和回应性强的优势，把握好政府与市场相互协同、相互补充、相互融入的尺度，充分发挥各自优势，形成一种协同共治的公共事务治理新模式。尽管如此，多中心治理理论并不意味着政府退出公共服务供给领域或让渡公共事务管理责任，而是政府角色、责任和管理模式的改变。传统型的政府在公共服务供给中扮演着多重角色、承担着多重责任，其单一的服务供给主体地位决定了政府要参与公共事务管理的每一个环节和过程。而在多中心治理模式下，政府更多地扮演中介的角色，亦不再是唯一的生产者或供给者。这种间接管理的机制，使得政府仅作为多元服务供给主体中的一个主体，亦无须承担整个服务供给链条中的全部任务。

多中心治理理论具有下列四个主要特征：①强调多元化公共服务供给。单一的服务供给主体不利于服务效率和质量的提高，通过引入多元竞争机制，使得无论政府部门，还是社区组织，抑或私人组织，都可以作为公共物品的供给方参与到公共服务中来，进而通过相互竞争来满足复杂多样的服务需求、强化公共事务管理效率、提高多元化公共服务供给质量。②强调自主组织、自主治理。美国学者艾莉诺·奥斯特罗姆认为自主组织和自主治理理论是解决和处理公共事务的有效途径和最优选择。该理论以特定的公共问题为研究背景，以一群相互联系、相互依存的人为研究对象，并以此作为人类社会的缩影，通过大量经验研究，探求人们如何依靠自主组织来平衡各方利益、寻求高效率的问题解决途径，探求如何通过自主建立机制和制定规则来约束和避免诸如逃避责任、投机取巧和搭便车等不良行为，以求得公共利益可持续实现与发展。③强调多元主体的社会主体意识。多中心治理理论强调通过加强政府同社会组织及公众的沟通和互动，使得社会组织和公众能够积极地参与到社会公共事务的管理中来，增强其社会主体意识，从而推动公共事务管理社会化，降低治理成本。④强调多中心治理理念的机制建立和规则制定。多中心治理理论的落实，需要建立在既能体现多中心治理理念又具有现实可行性的机制与规则基础上。这一集体组织和集体行动的制度安排同样需要经历设立、运行、评价、修正等渐进式的实践过程。

多中心理论将人们对社会秩序的理解推向一个全新的领域，使人们认识到除了亚当·斯密所提出的市场这只"看不见的手"之外，在公共事务管理领域还有一只"无形的手"，这只"无形的手"在社会运转秩序领域建立起除市场秩序和国家主权秩序之外的另一种社会秩序，即多中心秩序。

多中心理论对于注重权力制衡的西方发达国家具有重要意义，用到发展中国家同样表现出旺盛的生命力。埃莉诺·奥斯罗姆指出，发展中国家本身具有的很多制度都具有无中心性特征，这一特征与多中心理论在制度安排上具有很好的制度契合度，也为多中心治理理念的顺利适用提供了基本的生长环境和条件。

（3）多中心理论视角文献评述

综上所述，上述各研究团队在对交通事务管理社会化改革所具有的特征进行研究、分析后，均对这一新型交通事务治理模式做出肯定，但对于"交通管理社会化实践所采用的管理模式究竟是什么"这一问题，并未做出明确的回答或解释。其中周佑勇研究团队以上海交通管理社会化实践为案例，试图通过研究这一成功案例所表现出的特征模式来解答上述问题，但由于该项研究对核心问题的把握以及描述框架不够科学、准确，导致其结论未能触及问题根基。申言之，为了能对公共治理模式的特征进行整体描述和总结，研究框架和核心问题必须紧紧围绕政府、社会组织及公众等各类治理主体的角色定位及协同关系上。而各类社会治理主体的角色定位和相互关系本质上就是对公共权力的分配和权衡。尤其是在考量西方社会公共事务管理模式的历史沿革以后，我们更能发现"如何科学、合理地在各个治理主体之间分配公共权力"是亘古不变的研究内容和讨论话题。显然，表2所示内容，并未对各主体间的关系和定位做出明确划分和分析，亦无法对公共事务治理模式根本特征做出准确回答。

此外，奥斯特罗姆对多中心治理理论做出这样的解释，即"通过将公共权力分散到不同的治理主体，使得每一个公共当局都具有各自独立但有局限性的官方地位，以保证没有主体或个人享有凌驾于法律之上的全能权力"。但从现实来看，政府部门在各地进行的交通管理社会化实践中，依然保持绝对的权威性，其垄断性地位依然显著。尽管我国的社会组织发展迅速，交通意识也在逐渐提升，交通管理部门已无法像以往的全能战士一样掌握全部资源，但政府在各类治理主体的权力分配格局中依旧享有"至高无上的权力"。

在各地的交通管理社会化实践中，交管部门逐步摆脱单方面负责的处境，从命令、领导、控制的公共治理机制和问题解决方式，逐步迈向责任分担、协商合作、沟通对话的治理机制和解决方式。然而，无法回避的是，实践中所谓的协商对话并未实现本质上的平等合作，依旧受到交管部门权威性体制的限制和约束。因此，当前的社会化改革实践与多中心治理理论之间存在本质上的不同和差异。本项研究认为，虽无法断定我国交通事务能否实现真正的多中心治理，但可以确定的是，多中心理论在中国这样的权威主义政治体制下缺乏生命力，中国缺少能够为其提供活力和养分的土壤。尽管如此，本项研究也同样认为，上海等地进行的交通事务社会化治理实践代表一种新型交通治理模式和治理发展路径，在多中心治理理论的影响下，新公共治理理念和公共服务社会化模式得到进一步开拓和发展，对我国进一步提升交通管理能力、完善交通治理机制具有积极的促进作用和借鉴意义。

3. 治理理论视角下的文献及评述

（1）治理理论视角文献

从理论角度看，交通事务社会化模式探寻和试点探索过程实质上是政府与社会关系在交通公共管理层面的调整和重构过程。在交通事务治理实践层面，体现为传统全能管制型交通管理模式逐步转换为多元合作、共同治理模式。

上海交通大学交通研究中心通过实践论证指出，以上海、杭州等地为代表的交通管理社会化改革实践项目，诸如道路交通缓堵治理社会化、车驾管社会化以及道路交通安全治理社会化等项目均是通过多方论证、良性互动、共同协同等方式最终达成共治共享的交通治理过程。（上海交通大学交通研究中心，2015）交通管理社会化改革实践展现了政府在治理理论基础上行政职能的转变。同时，为了突出此类政府职能转变的主要理论基础是治理理论，上海交通大学交通研究中心将传统的以新公共管理理论为理论基础的政府职能转变路径与现阶段在治理理论基础上的政府职能转变路径进行了对比。传统政府职能的转移路径为"委托—代理"，其理论基础为新公共管理理论，以提升行政效率为导向，以实现"善政"为目标，主要手段为"购买—提供"。与之相较,创新的政府职能转变模式为"复合治理"式,其理论基础为治理理论,以法治为导向,以实现"善治"为目标,主要手段为构筑社会协同关系。(上海交通大学交通研究中心,2015)据此,该调研组指出,与传统的新公共管理理论相比,交通管理社会化改革实践与治理理论精神更为契合。

除此之外,浙江省社科院交通管理调研团队也指出,交通管理社会化改革实践是由传统管理型治理向新型合作治理转变的典型范例。达成"善治"是现阶段西方发达国家政府职能转型的主要趋势,也应当成为现阶段我国政府职能转变的基本目标。道路交通作为与社会公众联系最为紧密的领域之一,实现"善治""共治"已刻不容缓。交通管理社会化改革构筑了一项能够将所有交通参与者紧密联系起来并促使不同主体产生良性互动的运行机制,其充分发挥了不同主体在交通治理领域中的效用,促进了交管部门由单一治理机制向多元化主体协同共治机制的转变。(浙江省社会科学院,2014)

（2）治理理论

"治理"的理念出现于20世纪80年代,此后得到不断发展,现已日臻完善。20世纪80年代末,世界银行首次采用"治理危机"一词来阐述当时非洲欠发达国家所面临的发展问题。而后,"治理"一词被普遍运用于社会学、管理学、政治学以及经济学等领域。联合国全球治理委员会所定义的治理过程包含以下几个方面:①存在多元化主体;②存在共同解决的事务;③通过正式机制和非正式机制的共同作用使问题得到有效解决;④解决问题的过程具有持续性,并且伴随对治理理念的普遍运用,治理方式日趋多元化。(全球治理委员会,2000)英国学者罗伯特·罗茨指出,治理理论的运用方式多元化,但体现普遍的特征:多元化的治理主体、多元化治理主体间的协同关系、协商的治理方式以及协同的治理机制。(罗伯特·罗茨,2001)据此,治理理论就是在公共治理过程中,通过多元化治理主体协商交流,构筑协同关系,进而实现多元主体的协同共治。

概而论之,治理理论不仅表明治理主体的多元化,同时也包含治理结构以及治理方式的多元化。此外，治理理论提倡治理主体多元化，即政府不再垄断公共管理，而使企业以及社会组织等更多的"第三部门"也作为治理主体参与到公共治理进程中。多元化主体间有权利依赖关系。面对单一治理主题，由于资源以及能力的有限性，不论公共部门还是私营组织均不能独自有效地解决问题。因此，多元化治理主体需要通过协同共治来解决公共治理问题。综上所述，治理理论的机制是多元化治理主体间的协同，而协同机制不仅构筑了政府、企业、个人以及社会组织间的协同关系，还摒弃了传统公共治理中存在的治理垄断，最终达成多元化治理主体的协同共治。（于兰兰、陈剩勇，2012）传统的新公共管理重视公共部门在治理过程中对市场机制的有效引进，而治理理论则强调重新界定公共部门的作用范围以及治理方式，深入拓展行政改革的视角。治理理论的核心在于，在公共治理过程中，拓展政府改革视角，改变政府单一的治理模式，引进多元化治理主体参与公共管理，最终达成多元治理主体的资源优化、协同共治。

（3）治理理论视角文献评述

上述调研团队通过研究上海、杭州的交通事务社会化治理实践，注意到多方合作、协商交流等治理特征。其虽与治理理论相似，但通过深入研究可知，现阶段我国交通管理社会化改革实践过程中所显现的多方合作、协商交流等特征与治理理论所强调的协同机制还是存在本质区别的。治理理论中的协同机制是各类平等主体为了实现其共同目的而形成的运行机制，而我国交通管理社会化改革实践过程中的多方合作、交流协商关系是基于政府作为唯一权威而构筑的，这与治理理论大相径庭。治理理论的实现基础是拥有完善的公民社会以及成熟的市场经济体制，而现阶段我国的治理背景是威权主义下并不充分自由的社会空间，该治理背景决定了"交通管理社会化改革实践的理论基础是治理理论"这一论述是亟待考量和商榷的。

尽管上述调研结论在认识论上存有缺陷，也对现阶段我国交通事务社会化治理缺乏精准定位，但以上调研对本文仍具有启示效用。其一，上述研究文献均注意到交通事务社会化治理过程中多元化治理主体参与协同的特征，以及交通管理社会化改革实践具有区别于传统治理方式的创新性和有效性；其二，上述研究文献从治理体系、政策网络、运作机制以及效果评析等层面对交通事务社会化治理进行了综合分析，这为本文的研究分析提供了可参照的维度；其三，虽然将交通管理社会化改革实践定位为治理理论在中国的发展还有待商榷，但以上调研团队均认识到交通事务社会化治理实践的创新性和有效性，同时也主张使这种方式在我国形成机制，实现常态化、制度化的发展。

4. 文献综述小结

（1）"行政—管理"模式的超越

从公共管理发展史来看，先后出现的传统官僚行政管理模式和新公共管理模式是受到普遍公认的两大管理范式。其中，传统公共行政模式以马克思·韦伯的官僚制理论（科层制理论）和伍德罗·威尔逊的政治—行政二分法为理论基础，等级化、制度化、专业化及政策制定与政策执行相分离是其主要特征；[1] 这一传统的公共行政管理模式主要盛行于 20 世纪 40 年代到 70 年代的西方社会，这是个"从摇篮到坟墓"的全民福利保障时期。然而，在实际运作中也相继出现了一系列较为严重的问题和矛盾，例如，在缺乏多元竞争机制的情况下，政府作为唯一的公共物品和公共服务供给者，无法保证服务供给的高质量和高效率；服务的供给重过程而轻结果，公共资源被浪费；政府部门面对多样复杂的民众需求缺乏足够的回应，民众满意度下降；一元化的管理模式导致监管缺失，民众对政府的信任度下降。在这种情况下，传统的公共行政模式难以承担优化公共政策执行和公共服务供给的重大使命，新公共管理模式逐步登上历史舞台。[2] 新公共管理理念强调公共服务供给的市场化和私有化，认为通过引入市场竞争机制，运用企业先进的管理手段和技术是提高公共服务供给效率和保证供给质量

---

[1] 官僚是具有专长的技术性和事务性人员，是政策的执行者。

[2] Stephen P. Osborne. The New Public Governance：a Suitable Case for Treatment?. In Stephen P. Osborne. The New Public Governance?.London：Routledge，2010:p6—7.

的有效路径。这一理念在注重多元竞争之余，更加强调企业化及私人化在技术上的先进性，以技术优势来增强公共服务供给的效率和回应性。然而，新公共管理模式对私人部门和单个组织过分倚重，在处理多元需求的复杂矛盾时往往捉襟见肘，其在技术上也很难保证真正意义上的与时俱进，难以确保技术手段的适用性。这就与公共行政所强调的公共政策过程背道而驰。"因此，从制度理论的完整性来看，传统的公共行政理论和新公共管理理论均存在短板。"[1] 奥斯本认为，无论先前的公共行政，还是之后的新公共管理，"两者都缺少对当前社会公共政策执行和公共服务供给现实的准确把握。鉴于前两种模式均存在硬伤和短板，当前亟须找到一种更为完整、更为全面、更为有效的理论方法来指导和优化公共政策的执行和公共服务的供给，实现对'行政—管理'模式的超越。"[2] 新公共治理理念应运而生。

其实，"治理"一词并不鲜见，很早就存在于公共管理学领域和政府部门的实践中。罗伯特·罗兹将"治理"概括为以下几个方面：其一，作为"善治"的治理，具体分为系统层面的治理、政治层面的治理和公共管理层面的治理；其二，作为社会控制系统的治理，强调社会所有参与者的互动和合作，并以此作为治理的结果；其三，作为自组织网络的治理，这一治理不同于等级制中的命令性和权威性管理，也有别于市场中的竞争机制，而以协调、信任、合作和互惠为治理基础。[3] 事实上，基于网络化治理理念和多中心治理理念的交通事务社会化改革实践，均属于新公共治理的范畴，同时也是对"行政—管理"二分法模式的超越。它既不属于传统的公共行政，也不属于新公共管理。它是以反思和重塑新公共管理为现实背景，以当前交通公共管理系统的效力边界和实践局限性为研究对象，以完善多元需求和多组织协同参与态势下的交通事务治理为目标导向的管理实践。同时，以历史发展维度的视角来看，交通事务社会化改革充分体现

---

[1] 欧文·E·休斯：《新公共管理的现状》，《中国人民大学学报》2002 年第 6 期。

[2] Stephen P. Osborne. The New Public Governance：a Suitable Case for Treatment. London：Routledge，2010：11—17.

[3] Rhodes RAW. The New Governance：Governing without Government. Political Studies，1996，44(4).

了我国"政府—社会"关系的发展与变迁以及公共治理理念和逻辑的演变与进展。我国政社关系由先前的"命令—服从"关系逐步转变为以协商和契约为基础的互动合作关系。与此同时，在交通管理领域，交管部门与公众、企业及社会团体的关系同样随之转变，先后由相互分化的政社关系演变为相互整合的政社关系，进而演变为相互合作的政社关系，政社关系演变的三个阶段分别对应和彰显三种公共治理逻辑：①替代逻辑，即政府完全替代和控制社会；②工具逻辑，即社会作为政府治理的制度性工具；③合作逻辑，即政府与社会以平等、合作、协商的伙伴关系共同治理公共事务。

（2）"多元化"的关注

总揽以上内容，不难看出研究者高度关注社会化改革实践，不单是因为其对公共事业的发展有着极大的促进作用，更是因为这次多元化改革实践所蕴含的全新内容。这种"新内容"被不同学科领域的研究者以各自的视角予以阐述和解析，例如社会学领域的研究者认为这是公民社会的培育和"社会共同体"的建设；政治学领域的研究者认为这是一种"参与式民主"；公共管理学领域的研究者认为这是多中心的、网络的。尽管可以通过多种解读方式和不同的观察角度进行解析，但这种"新内容"的实质就是公共管理主体的多元化，同时其多元化又与以往的交通管理模式存在鲜明的对比。

在公共管理的研究范畴内，"政府与其他主体的关系"这一中心点无法被绕过，因为其决定公共物品的供给源和供给方式，继而影响核心问题——能否有效回应公共需求。当前，中国政府正处于由固有的"一元化"模式向"多元化"模式发展的变革时期，此时交通事务社会化改革实践最重要的作用就是为政府提供了处理政府与其他主体关系的一种制度性选择和可能性操作。

和现有的研究相比，本研究不仅包含了交通管理事务社会化改革实践中的"多元参与主体"，还对其所蕴含的更为深层的内容加以研究和讨论。在以下章节中，本文将对深层多元联动治理模式的实践价值进行详细阐述。

（3）"中国式"治理的生成

通过对中外文献的分析和梳理，研究者找到了交通事务社会化改革与网络化治理、多中心治理等治理理念的理论契合点，即在改革实践中广泛存在的"多元主体共同治理"现象。这一现象在我国改革开放之前从未出现，却与西方国家的公共管理现状有极为相似的特征。然而，我国的"多元协同"同西方国家的"多元协同"有本质的区别。西方国家的社会格局呈现政府、市场、社会三足鼎立的局面，这也决定了西方国家的政府同其他治理主体地位平等和关系平等，这是真正意义上的平等合作。而我国经历了长时间的"一元化体制"，虽然政府转型仍在持续推进，但在强大的制度惯性下，我国政府依然处于政府、市场、社会三大权力格局中的绝对权威地位。加之，在我国，市场这只"无形的手"尚且无法从国家的调控之下完全脱离出来，社会也还未发展成为完全成熟和充分自由的社会。因此，在主客观因素的双重作用下，"政府主导"依然表现显著并会长期存在。

因此，政府的定位以及各个治理主体的相互关系是我国交通事务社会化改革同西方理论存在差异的原因所在，而这一原因的存在源于各自国家所处的背景不同。同时，随着治理实践和研究的持续深入，西方治理模式的问题和局限性也渐渐显现出来，例如市场原教旨主义问题、合作与竞争的平衡问题、法条主义问题等，于是，中国化治理理论渐渐提上日程。"中国式治理"，即以政府为主导，社会协同配合，公众积极参与的多元化治理模式。事实上，牢牢把握公共事务治理理论"中国化"的合理成分，发挥其治理理念、治理主体、治理机制的优势，解决我国当前面临的交通拥堵、交通事故、交通污染等交通顽疾，本身就是我们所强调的交通事务治理能力现代化的精髓。同时，交通事务治理理论"中国化"的合理成分可以概括为"坚持党委领导、政府主导、各部门综治协调、社会力量积极参与的道路交通治理格局"。

第三节 相关概念界定

1. 交通事务

本文中的交通事务，是指狭义的交通事务，即为保障道路交通有序、安全、畅通，公安机关交通管理部门（简称交管部门）根据国家有关法律、法规、规章和标准，用行政管理的办法和科学技术手段，对道路交通进行监督和管理，协调处理道路交通领域中的人、车辆、道路以及交通客体之间的关系的活动的总称。依据相关法律法规，交通事务的具体内容涉及道路通行秩序管理、道路交通安全管理、交通违章行为的纠正和处罚、道路交通事故处理、机动车辆管理、机动车驾驶人管理、交通紧急事件应急处理、交通安全宣传教育以及对道路规划、建设与道路交通运输的指导和监督等。

在新政治经济学视角下，本文认为交通事务具备明显的准公共产品特征。道路交通的供给主体为政府，需求主体是全体社会成员，同时道路交通在理想的最优状态下具有公共产品最为核心的特质：非竞争性和非排他性。但在现实中道路交通由于社会工作的非理性消费或居民利己思想的影响，会出现准公共产品的"正外部性"，即"具有消费的竞争性但不具有消费的排他性"。因此，城市交通的供给主体与需求主体，决定了其公共产品的本质。但同时因其具有使用高峰时期的拥挤性、局部排他性以及对需求主体有消费数量的非均等性等三类特性，又充分证明道路交通具有准公共产品性质，且是具有拥挤性的准公共产品。所以交通管理领域可以在社会治理理论和制度经济学基础上引入交通事务社会化治理模式，进行道路交通"公共产品"供给的制度重塑和创新。

2. 交通治理

所谓交通治理，是指政府与社会、社会团体、非政府组织、社会公众协同实现道路交通良性发展的过程。随着全面建设小康社会的深化以及城镇化的不断推进，交通拥堵问题、交通安全问题、交通污染问题以及城市交通秩序欠佳问题等，日益成为制约社会经济发展的重要瓶颈。但传统改革实践表明，单纯依靠颁布法律法规以及政府规划道路、改善路网等措施，无法解决交通事务治理这一牵涉政府、社会、公民三方主体的问题；道路交通作为公共产品同样面临公共选择理论中的"公地悲剧"和"集体行动困难"等困境；同时，城市交通秩序的建设和维护越发需要依靠社会公众的共同参与。综上所述，与交通相关的供给主体和受益群体的多元化，使运用公共治理理论分析解决交通问题成为可能。同时在治理相关交通问题时，公共治理理论具有应然性优势，这是由于公共治理的理念就是政府、私人部门以及社会组织等参与主体通过协商交流、谈判听证、评估论证等民主的、高效的方式协同联动治理公共事务。

在公共治理理论背景下，政府治理交通问题不再孤军作战，而转变为交通治理行动的"掌舵者"，在与多元治理主体协同联动中，使交通公共事务的治理过程日臻完善。同时，其他治理主体也不再像以往一样消极、被动地参与交通公共事务决策，而能够积极、主动地参与到交通公共事务的具体治理过程中。概而论之，交通治理取得成效的关键在于交通管理体系内部行政资源的合理配置，但要达到合理配置，还需要对社会力量进行正确引导。这是由于交通事务治理的核心便在于对公共治理理论的遵循和贯彻，内在要求引入社会、市场的力量以与政府的权力相互制衡。同时，交通管理部门内部应当构筑权力分化机制，即决策权、执行权、监督权的"三权分立"。完善的权力分化机制不仅能够避免传统的政社不分、交叉管理等乱象，还能够促进政府职能部门之间的协调合作，完成由传统治理向现代化治理的转型。

3. 交通事务社会化治理

所谓交通事务社会化治理，是在跨主体、跨行业、跨功能、跨部门协同的张力下形成的，以协同为组织形态特征，以社会化服务为导向，以整合为运行机制的核心，在价值取向上更加注重社会整体利益，围绕交通治理体系和治理能力现代化目标展开的合作共治的过程。作为一种新型的治理模式，其具体的运行机理在于以网络信息化为手段，以交通网格单元为载体，集成各种社会服务和信用管理资源，规避道路交通管理过程中部门主义、权力碎片化和功能分散化等协同缺失的问题，及时发现并综合解决交通拥堵、交通事故、交通失范、交通安全和交通冲突等问题。

交通事务社会化治理的原因在于道路交通问题多源于社会因素，所以仅仅依靠传统的公权力部门进行国家控制无法从根本上抑制交通问题的蔓延趋势。在道路交通领域中，行政措施需要与其他手段紧密配合，形成合力，而其中最为重要的就是部门协同和社会合作，从整个社会环境入手寻求解决道路交通问题的制度路径。交通事务社会化治理就是在法律权力尊重公民交通权利并进行一定让渡的前提下发展起来的，因此该模式的重要表征就在于充分彰显了国家权力和社会权力与交通权利的平衡互动、国家利益与社会利益的有机契合以及国家力量与社会力量通力合作下的多元联动协同。

就本质特征而言，交通事务社会化治理不像传统交通管理一样依靠集权进行从上到下的管理，而是要通过其他主体的参与，用多元协同的方式变行政单中心模式下"中心—边缘"的垂直结构为水平结构和垂直结构的结合，从而使交通治理主体间的平等和宽容取代行政单中心模式下的严格排他性，也使得"权威—控制—服从"为"信任—服务—合作"所取代。

第四节 研究视角、方法与内容框架

1. 理论视角

20世纪90年代中后期，以传统官僚体制为中心的公共行政模式和以市场化为价值追求的新公共管理运动，均无法克服日趋碎片化、分散性的现代社会的治理顽疾，西方国家由此掀起了一场继新公共管理运动之后的又一次政府改革浪潮。所谓协同治理理论，即在国家的公共行政领域中，以构筑整合式和互动式的治理机制为主要手段，对跨领域的资源、权力、优势以及职能进行优化配置，最大限度地调动相关利益主体参与到公共事务治理活动中的积极性，从而推动公共价值获得整体性提升的治理体系。[1]英国学者佩里·希克斯（Perry Hicks）直言："无法形塑整体性政府的根源在于碎片化，它不是一般意义上的专业主义或部门主义。造成碎片化的原因除了部门间的无心之过或政治人物的有意而为，更重要的是部门间属性的多样化。"[2]帕却克·登力维（Patrick Dunleavy）则从技术层面为协同性治理提供佐证。他在找准了新公共管理运动造成公共部门各自为政、体系碎片化和离散化的死穴之后，提倡将政府横向部门与纵向层级网络化，采取"纵向到底、横向到边"的社会综合治理体系，以破解跨界治理过程中存在的协同性缺失问题。[3]协同治理理论能否成为替代新公共管理理论的公共治理的新范式，对此学界虽持有不同意见，然而其倡导运用现代信息和网络技术打破组织壁垒，创建政府及合作伙伴之间的各种政策工具，促进政府与市场、社会等不同治理主体跨界协同的分析视角和框架已被国内外学界接受并开始应用。

协同治理理论强调要发展互动式、参与式和协同性的公共事务治理机制，以此实现各要素的优化与整合，倡导各种公共管理主体、私人部门等在公共管理流程中的协同，从而实现对各种现有资源的有效整合，提供无缝隙的政府服务。具体来说，协同治理理论有五个基本维度：一是协同建立在互惠价值基础上，协同过程体现为资源交换与共享过程；二是协同型组织通过文化、价值观、信息和培训进行协同工作，最大限度地清除损害彼此利益的边界和不同政策，建立跨部门协同网络，将某一特定政策领域或网络中的不同利益相关者组织在一起，实现协同效应；三是协同型方式——跨地区、跨组织协同工作的新方式，通过共同的领导、预算、整合结构和联合团队，以及资源整合和政策整合进行协同，更有效地利用稀缺

---

[1] 张贤明：《论协同治理的内涵、价值及发展趋向》，《湖北社会科学》2016 年第 1 期。

[2] 曾维和：《后新公共管理时代的跨部门协同——评希克斯的整体政府理论》，《社会科学》2012 年第 5 期。

[3] 方振邦：《管理思想百年脉络》，中国人民大学出版社，2007，第 91 页。

资源；四是提供公共服务的新方式，通过联合咨询和参与、共享客户关注点、共享顾客界面，为公民和整个社会或社会局部提供无缝隙、整体化而非碎片化的公共服务；五是新的公共责任和动机，通过共同的结果目标、绩效指标和规制监管推进协同。[1] 新近兴起的协同治理理论模式，是对传统官僚体制和新公共管理运动加以反思与调适的结果，与传统公共行政、新公共管理相比，协同治理理论模式在价值与理念诉求、组织结构、领导能力、政府与公民关系等方面，均有不同程度的创新和超越。同时，协同治理理论对于我国交通管理改革的理念与价值、过程与结构、技术和方法、评估机制和组织优化都具有重要的启示意义。因此，以协同治理为理论工具和观察视角，主要有如下三个基本认识：第一，从纵向层级和横向地域之间协同的维度探讨道路交通事务治理社会化问题。协同性治理有助于将道路交通管理体系从部门化的、低层次和碎片化的工作方式，转化成系统的、高层次的、社会化的治理体系，进而解决交通管理体制与结构的条块分割、交通治理理念以及方法滞后、道路交通行为的多元主义与原子化等问题。第二，从交管部门系统内部以及与其他部门之间协同的维度探讨道路交通事务治理社会化问题。在全面深化公安改革的大背景下，协同性治理有助于解决道路交通事务职能交叉和边界模糊、信息孤岛、信任危机、信息不对称以及交通公共服务供给的"最后一公里"问题。第三，从多元主体之间协商、互补与合作的维度探讨交通事务治理社会化问题。协同性治理有助于交通事务治理从行政部门的单一职能定位中走出来，由部门推进转变为社会推进，借政府之力，聚社会之能，科学合理地分解和转移部分政府的社会管理职能，破解传统管制型行政模式主体单一、理念陈旧、方式简单等问题。

2. 研究方法

（1）系统论研究方法

按照系统论的观点，交通管理实质上是一个系统，它把微观个体的行

---

[1] 杨华锋：《协同治理》，经济科学出版社，2017，第71—80页。

为与宏观系统的状态密切地、有机地联系在一起，形成一个人、车、路、环境为管理对象的复杂系统。同时，作为交通管理领域中的一项重要改革，交通事务社会化治理同样应具有系统性属性，包括整体性、开放性、结构性及动态性等。并且，如果交通社会化改革的整体性、开放性、结构性及动态性存在问题，将使得交通管理的系统功能失调，从而削弱交通事务社会化治理的实际效果。根据该原理，将交通事务社会化治理改革置于社会大系统之中，通过构建交通共同体，促进交通事务社会化治理"跨主体"的协同；通过创新交通信用体系，推动交通事务社会化治理"跨行业"的协同；通过改革交通网格化治理体系，牵动交通事务社会化治理"跨部门"的协同；通过探索交通管理智慧化路径，完善交通事务社会化治理"跨功能"的协同。

（2）历史制度主义研究方法

将历史制度主义研究范式引入交通事务社会化治理模式生成和变迁的研究中，将历史分析和制度分析结合起来，论述和揭示交通事务社会化治理生成的动因、逻辑和特征，提出未来交通事务社会化改革的方向、路径。历史制度主义是新制度主义政治学的三大流派之一，将其理论分析框架用来解释我国交通事务社会化治理的制度生成和历史变迁，不仅拓展了历史制度主义的理论解释范围，同时也给交通管理领域开辟了新的研究空间。

（3）规范分析与实证分析相结合方法

规范分析和实证分析是公共管理学等社会科学常用的两种分析方法，二者之间并不是非此即彼的对立关系。规范分析以某种价值判断为基础，解决和客观回答"应该是什么"的问题；实证分析则强调对象本身"是什么"的问题，所得出的结论不以人的主观意志为转移。简单地说，公共管理问题的研究与自然科学不同，它无法回避价值判断及其指导作用。本项研究的内容是交通事务治理社会化问题，安全、秩序、和谐、互助、诚信等基本价值判断必须蕴含其中，这就决定了规范研究方法的重要性。同时，在对当前我国交通治理社会化状况及问题的考察中，实证分析方法的基础性作用也不容忽视。因而，采取规范分析与实证分析相结合的方法，在对资料、数据的处理中坚持定性与定量、概括与抽象、理论与实践并重的研究进路。

3. 内容框架

社会化既是交通管理工作的重要手段，也是实现交通事务治理体系和治理能力现代化的重要途径。交通管理社会化的基本要求，是推动政府单方治理向政府、市场、社会以及公众多元主体合作共治和自治的转变。针对我国交通管理改革的问题和困境，以协同治理理论作为出发点，从运行机理、制度框架以及推进路径等方面构架我国交通事务社会化治理的分析框架；同时，在改革与实践、反思和重塑、进步与回归的基础上，通过对交通管理现象综合研究和高度概括，总结出根本性、原则性、普遍性的内在规律和改革方向；通过基本原则和价值共识的引导，以合作理性为理念基础，构建各交通主体联动协同的网络结构关系，为交通事务社会化治理的完善立法、制度建构以及推进策略提供思路和启示。本书的具体内容框架如下：

第一部分，导论。首先从现状、理论价值和实践意义等维度阐释了本文的选题背景和研究缘起；其次对交通事务社会化治理的相关文献进行汇总、整理和评述，分析该研究领域的研究热点和前沿问题；对涉及的交通事务、交通治理、交通事务社会化治理等基础核心概念进行界定；最后，在协同治理理论的研究视角下，全面阐明本文的内容框架和结构安排。

第二部分，理论分析框架。在导论的基础上，结合我国交通治理体系和治理能力现代化的研究目标，引入协同治理理论，建立本书的一般分析框架。重点对协同治理理论的体系框架、理论视野以及方法论等进行系统阐释和分析。同时，从国家治理现代化的背景特征、交通事务本身的内在属性以及我国交通管理制度表征三个维度阐述协同治理理论在我国交通事务社会化治理中的适用性和可行性问题。

第三部分，交通事务社会化治理模式的有效性条件分析。作为公共服务社会化的重要组成部分，交通事务社会化治理模式的有效性取决于三个基本条件，也就是协同治理理论的三个基本特征：主体的多元性、客体的确定性和权力的多向性。在主体层面，本章对多元主体共同进行交通治理因何可能、多元主体具体包括哪些以及它们的相互关系等问题进行阐释；在客体层面，对交通客体边界的确定和客体信息的确定以及交通客体强调的制度价值进行分析论证；在权力运行层面，对交通权力多向性的具体表现和交通权力多向性的制度实现进行研究。

第四部分，交通事务社会化治理的制度生成。本章将历史制度主义研究范式引入交通事务社会化治理模式生成和变迁的研究，将历史分析和制度分析结合起来，揭示交通管理社会化改革的驱动因素：公共行政发展的内生需求、制度供给中的"路径依赖"、交通形势发展的现实"倒逼"；分析交通事务社会化治理模式变迁的历史路径和现实逻辑：从工具任务型管理到联动协同型治理，从科层制结构到网络化模式，从实质性控制到程序性措施，从封闭性架构到参与型嵌入的发展；阐述交通事务社会化治理模式的具体表征：建构主义和经验主义结合、秩序价值和权利价值并重、局部变迁与整体推进交错、工具理性和价值理性耦合、增量改革和存量改革更迭。

第五部分，交通事务社会化治理模式的运行机理和制度架构。针对我国交通管理模式转型中的开放性、整体性、结构性和动态性等问题，本章在改革与实践、反思和重塑、进步与回归的基础上，通过对交通管理现象的综合研究和高度概括，归纳总结出根本性、原则性、普遍性的内在规律和实现机理；通过基本原则和价值共识的引导，以合作理性为理念基础，在理论上为"互为主体"的交通伦理模式以及交通人际关系的发展完善提供了有力的规范依据和道德支撑；通过对主体与结构的全面阐释，打破权力主导而走向权利平等，构建多元交通主体间的网络结构关系和联动协同平台；通过对机制与运行的不断创新，以主体互动、利益调整、资源整合和制度保障实现交通事务社会化治理机制的整体运转。

第六部分，交通事务社会化治理的改革路径和推进策略。在立足客观现实的基础之上，该部分从协同治理理论视角出发，基于跨主体、跨行业、跨功能、跨部门四个社会化整合维度，对道路交通共同体的构筑、交通社会信用体系的创设、道路交通网格化治理的完善、多元化交通治理体系的探索等问题进行深入研究和全面探讨。通过价值共识的引导，以合作理性为理念基础，构建主体间密切的网络结构关系，利用对互动、整合、协调、保障机制的协同运用，实现交通事务治理社会化的纵深发展和不断完善。

　　20 世纪 90 年代中后期，以传统官僚体制为中心的公共行政模式和以市场化为价值追求的新公共管理运动，均无法克服日趋碎片化、分散化的现代社会的治理顽疾，西方国家由此掀起了一场继新公共管理运动之后的又一次政府改革浪潮。其中，作为后新公共管理的典型代表，协同治理是指在公共事务管理过程中，通过发展互动式、整合性的治理机理，使基于特定议题的利益相关者自觉参与到公共事务的协同治理中，对跨界的权力、职能、资源和优势重新进行功能整合，以增进公共价值为最终目的的社会治理结构。

　　在协同治理理论语境下，公共服务政策的碎片化及利益部门化的顽疾其实并不是政策造成的，而是由制定公共服务政策的部门及公共服务供给体制的分散导致的。"将政策机械地合并从而达到政策一致性的时代已一去不复返了，而寻求通过整合的方式进行协同性治理已经成为西方公共服务改革的基本共识。"[1] 可以说，协同治理理论所蕴含的内在治理逻辑既是对时代发展规律的客观回应，也是现实制度对于理论指导的迫切需求。

---

[1] 丁煌、方堃：《基于整体性治理的综合行政执法体制改革研究》，《领导科学论坛》2016 年第 1 期。

第一章 交通事务社会化治理模式的理论支撑

第一节 协同治理理论模型的引入

1. 公共管理研究的多种模式

在公共管理发展史上，主要有以下几个发展阶段：基于"行政—管理"框架的官僚行政模式、以"市场—效率"为主导的新公共管理模式、以"民主—共享"为核心的新公共服务模式以及后工业时代的社会治理模式。其中，新公共服务模式因对公共政策的执行和公共服务的供给这一核心问题缺乏明确阐释，一直以来都受到很多学者质疑和排斥。

概括而言，官僚行政模式以伍德罗·威尔逊的政治—行政二分法为理论框架，等级化、制度化、专业化及政策制定与政策执行相分离是其主要特征。[1] 这一传统的公共行政管理模式主要盛行于 20 世纪 40 年代到 70 年代的西方社会，然而，在实际运作中也相继出现了一系列较为严重的问题和矛盾，例如，在缺乏多元竞争机制的情况下，政府作为唯一的公共物品和公共服务供给者，无法保证服务供给的高质量和高效率；服务的供给重过程而轻结果，公共资源被浪费；政府部门面对多样复杂的民众需求缺乏

---

[1] 竺乾威：《公共行政理论》，复旦大学出版社，2008，第 321 页。

足够的回应，民众满意度下降；一元化的管理模式导致监管缺失，民众对政府的信任度下降。在这种情况下，传统的公共行政模式难以承担优化公共政策执行和公共服务供给的重大使命，新公共管理模式逐步登上历史舞台。[1]

在 20 世纪 80 年代兴起的新公共管理理念主要发端于英美等西方发达国家，在这一理念的推动下，市场化和私有化的公共服务供给取向得到强化，管理型政府向服务型政府转变的治理理念得到应用，政府—社会分化的传统政社关系也在逐步向平等合作的政社关系改变，同时，该理念对政府存在的低质量、低效率、低回应的公共服务供给弊病同样提供了有效的解决路径。然而，新公共管理模式对私人部门和单个组织过分倚重，在处理多元需求的复杂矛盾时往往捉襟见肘，其在技术上也很难保证真正意义上的与时俱进，难以确保技术手段的适用性。这就与公共行政所强调的公共政策过程背道而驰。"因此，从制度理论的完整性来看，传统的公共行政理论和新公共管理理论均存在短板。"[2] 奥斯本认为，无论先前的公共行政，还是之后的新公共管理，"两者都缺少对当前社会公共政策执行和公共服务供给现实的准确把握。鉴于前两种模式均存在硬伤和短板，当前亟须找到一种更为完整、更为全面、更为有效的理论方法来指导和优化公共政策的执行和公共服务的供给，实现对'行政—管理'模式的超越。"社会治理模式正是在对上述问题的反思基础上应运而生的。

"治理"一词属于舶来品，源于西方的政府治理变革运动，它的出现以反思和重塑新公共管理模式为现实背景，并在社会治理实践应用中不断得到拓展，发展出诸如网络化治理、多中心治理、整合治理及合作治理等多种理论范式。然而，随着治理实践和研究的持续深入，西方治理模式的问题和局限性也渐渐显现出来，例如市场原教旨主义问题、合作与竞争的

---

[1] Stephen P. Osborne. The New Public Governance：a Suitable Case for Treatment.London：Routledge，2010：6—7.

[2] 欧文·E·休斯：《新公共管理的现状》，《中国人民大学学报》2002 年第 6 期。

平衡问题[1]、合法性问题和民主性问题[2]等。并且，西方国家的社会格局呈现出政府、市场、社会三足鼎立的局面，成熟的市场和自由的社会是其"治理"的基础保障，而我国经历了长时间的"一元化体制"，虽然政府转型仍在持续推进，但在强大的制度惯性下，我国政府依然处于政府、市场、社会三大权力格局中的绝对权威地位。加之，在我国，市场这只"无形的手"尚且无法从国家的调控之下完全脱离出来，社会也还未发展成为完全成熟和充分自由的社会。因此，主客观因素的双重作用决定了我国要在借鉴和吸取西方"治理"精华的同时，走出具有我国自身特色的中国化治理道路。

2. 协同治理理论模型的选择

协同行为普遍地存在于公共管理领域，并非一个全新的学说。申言之，有关协同行为的精确阐述早已存在于经典的行政理论学说中：国家意志在具体执行和表达上的一致，是现实政治的迫切需要。[3]根据分权原理，不同职能的政府行政机构只能行使相对特定的管理权力，从而导致行政机构的协同合作难度加大，并且随着行政机构数量的增加，这种部门间的协同难度会进一步攀升。这直接引发了一系列后果，致使不同行政机构在各相关领域内部都需要进行有效接洽，同时由于各行政机构的权限割裂，又使得实现部门间的有效接洽变得困难重重。据此，应当创设与政府行政举措相配合的协调机构来缓解上述矛盾和切实推进政府行政工作的有效开展。[4]而协同体系则是指一种由人、物和社会等要素以及它们之间的相互关系构成的复合型组织。该组织以多元主体的协同行为作为主要运作方式，以实现特定的共同目标为导向。[5]纵览现行的行政学理论，事实上有关学者早就已注意到公共管理领域中的协同性问题，并对其做了大量研究。但协同行为往往被视为一种特定的管理手段，缺乏常态性和普遍性。伴随时

---

[1] Mark Robinson. From Old Public Administration to The New Public Service，The Global Centre for Public Service Excellence，2015.

[2] 麻宝斌：《公共利益与政府职能》，《公共管理学报》2004 年第 1 期。

[3] [美]F·J·古德诺：《政治与行政》，王元译，华夏出版社，1987，第 12 页。

[4] [美]伦纳德·D·怀特：《行政学概论》，刘世佐译，商务印书馆，1947，第 76—82 页。

[5] [美]巴纳德：《经理人员的职能》，孙耀君译，中国社会科学出版社，1997，第 53 页。

代变迁，行政机构的分权化现象不断显现于以新公共管理理论为指导的政府再造运动中，引发了公共事务治理整体化与官僚机构权力碎片化的冲突和对抗。正因为如此，传统的协同理论得以再次焕发生机，并逐渐发展为一种全局化的研究体系，即协同治理理论体系。

从协同治理理论的视角出发，剖析现阶段我国存在的交通问题和交通治理实践，具有诸多的启示和价值。现阶段民众对良好交通环境和出行质量的需求日益高涨，而以政府单一管理为主的传统交通治理模式早已不堪重负，效能低下。在这种社会背景下，协同治理理论应运而生，其揭示的公共事务治理内在逻辑具有极强的现实指导意义。概而论之，协同治理理论在交通事务中的适用不仅存在客观的物质基础，更具有理论方面的应然性。具体体现在以下几个方面：

（1）从交通问题的本质来分析。其一，交通活动是一种公共事务，属于人类社会的公共产品。交通问题是作为公共事物治理理论的协同治理理论天然的适用场域，该理论本身对交通管理问题就有很强的针对性和效能性。其二，协同治理理论的主要内容之一便是重视多元化主体所带来的影响，而这与我国交通主体日益多元化的客观情况相吻合。其三，交通问题存在不同时空层次、物化形式以及内容层次，据此，应当充分考虑实际情况，因地制宜、因时制宜地对其进行有区别的制度规划，这与协同治理理论所强调的多制度安排不谋而合。

（2）从交通管理的现状来研析。对交通公共资源的享用面临集体行动的困境，这是集体行动的一阶困境。交通管理是为了克服这种一阶困境而进行的制度安排，这一制度安排本身也是一种公共事物。当然这一公共事物不是良好的交通本身，而是维护交通的措施、政策和制度以及由此建立起来的新交通秩序。所以，交通管理也面临集体行动的困境，即罗伯特·贝茨所说的"二阶集体困境"[1]。而协同治理理论恰好能够对二阶集体困境进行有效解决，换言之，制度规划所面临的二阶集体困境本就属于协同治理理论的应然适用领域之一。现阶段我国的交通管理以政府的单一管理为

---

[1] [美] 埃莉诺·奥斯特罗姆：《公共事物的治理之道：集体行动制度的演进》，陈旭东译，上海三联书店，2000，第79页。

主，存在的问题正是二阶集体困境，而协同治理理论恰好能满足民众对交通管理效能提升的现实需求。

（3）从多领域、跨学科的视角来剖析。交通管理的客体是由众多互相联系的交通个体要素所组成的复合型整体。现代交通管理所谋求的不是个体的交通利益最大化，而是实现交通体系整体效能的最大化和系统内部的和谐稳定；现代交通管理的首要目的也并非纯粹的道路畅通、出行安全等，而是构筑有序、安全、环保、和谐的交通环境；同时，现代交通管理的影响因素也不只是交通状况和车辆数量等，而包含人、车、路以及交通状况等。据此，对现代交通管理的研究和分析不能仅限于从某个学科选取概念、方法，而应当从多领域、跨学科的视角对其进行深度剖析。申言之，协同治理理论具有深厚的学术背景，涵盖公共管理学、政治学、经济学以及公共政策学等领域。在研究过程中，协同治理理论同样应用了涵盖系统论方法、政治学方法以及经济学方法等诸多领域的研究方法。概而论之，协同治理理论是一种适用范围广泛、综合性和理论性极强的学术理论，而这种多领域、跨学科的方法和理论正是交通管理社会化改革所必需的。

第二节 协同治理理论的概述

1. 协同治理理论的内涵 —— 体系框架

管理中的协同活动日渐成为公共管理者行动的核心。政府部门间纵向或横向的复杂行政关系以及与私营部门的互相依存关系，不仅为公共管理运动带来了潜在机遇和合作伙伴关系，也使公共管理面临新的挑战。实践证明，现阶段社会背景下，公共管理运动中的协同治理改革已逐渐成为一种崭新的框架模式并日显效用。协同性公共事务治理活动主要包括运行理念、框架模式、实现途径等方面。概括而言，协同治理理论的体系框架主要包括三个层次：价值理念、结构框架以及实现机制。

1）协同治理的理念

协同治理运行体系中的核心内容便是追求协同理性和实现公共价值。公共价值和协同理性都是人类社会价值理念和文明本质的具体体现。协同治理要达成的主要目标便是实现公共价值，而对协同理念的共同追求则是公共管理活动产生协同行为的前提。[1] 所谓价值，是指主体需求与客体的属性以及功能之间的利益关系。换言之，即客体对于主体的意义和效用。价值既属于关系范畴同时也属于实体范畴，当主体价值所追求的目标是客体时，客体就蕴藏着主体的价值理念，此时客体的存在即属于价值实体。所谓公共价值，是指某一类客体为满足社会公众需求所发挥的效益。因此，作为公共资源供给与社会公众需求间桥梁的公共价值便应时而生。公共价值所提出的"公共性"明确了该价值不为个人或少数群体所专有，而是为社会公众所共有。公共价值的实现，无法自然发生。从时代发展趋势来看，获取有效的公共价值需要行政机构的调控和人力资源的倾斜。[2] 实现公共价值不但需要国家力量，也需要社会公众的广泛参与。如果仅仅依赖国家力量的权威和行政强制力，往往会因过度发挥其刚性特点而抑制了公共价值的实现。并且，公共价值具有的公共性等特征也表明需要社会公众的广泛参与。在向后工业化社会转型的发展阶段，公共管理运动的主体构成日益多元化，这对公共价值的实现提出了更高要求。尤其是在公共服务的供给不再由公共行政垄断后，协同治理理念已日渐被公众接受，其作为一种高效的管理工具已被广泛运用。协同治理所具有的多元化形式、网络化运行机制、多元化主体等特征也大大促进了公共价值的完善和创新。与此同时，公共价值的不断提升也契合了协同治理理论的核心理念。

公共不单单指社会公众，也包括以政府机构为主体的、由社会公众组成的公共机构。公共理性既不同于"非公共理性"，也不是私人理性，它是公共价值实现的重要基础。只有通过公共理性，多元主体才能真正理解

---

[1] 解亚红：《"协同政府"：新公共管理改革的新阶段》，《中国行政管理》2004 年第 5 期。

[2] 杨博、谢光远：《论"公共价值管理"：一种后新公共管理理论的超越与限度》，《政治学研究》2014 年第 6 期。

客体对其的效益和意义，并形成社会共识，构筑公共价值规范。"公共价值是静态化的公共理性，而公共理性则为动态化的公共价值，公共价值与公共理性互相依存。"[1] 在公共理性的推动下，在后工业化社会日趋网络化的组织结构中，多元化公共管理运动的主体共同担负起公共服务的供给责任，崭新的公共责任体系正在形成。以社会公众的广泛协同为模式、以社会公众之间的信任为基础的公共管理运动不断在运作中完善协同模式，巩固信任基础，也形成了诸多新型合作机构。与此同时，各类协同运行机制也为公共管理运动决策者形成独立的行政人格奠定了基础，从而使其更趋于协同治理理念。由此，多元化协同治理主体共同行动的逻辑思路已基本形成。

2）协同治理理论的结构

从科学理性的角度来讲，人类世界的本质就是各个运行体系相互联系、相互碰撞、相互融合后出现的一种趋于稳定的有机整体。进一步深入观察分析可以得知，各个运行体系构成了人类世界这一有机整体，而各种变量以及其相互间的联系构成了不同的运行体系。[2] 若以科学分析的方法，将各变量看作一个个孤立的点，各变量之间的联系看作彼此相连的线，那么抽象的运行体系就可以通过这样一种清晰明了脉络化的立体网络结构呈现在我们眼前，而这种分析各个运行体系的方法则成为我们深入了解人类世界这一有机整体，理解、推行协同治理模式的有效途径。

（1）协同治理模式的主体构成

协同治理模式的主体范围涵盖十分广泛，涉及多个部门、多个领域、多个类型，其创造性地将政府各层级、各部门，政府与非政府组织机构，政府与社会组织、企业，社会组织、企业与公众，政府与公众等联系在一起，建立了由政府出面引导、搭建平台，多方力量共同参与、共同管理的协同机制，同时也实现了由管理一元化向管理多元化的转变，令管理行为更加科学、合理、高效。在这种多元化协同的管理体系中，最重要的是针

---

[1] 汪辉勇：《论公共价值的生成与实现》，《广东社会科学》2010 年第 2 期。

[2] 埃莉诺·奥斯特罗姆、罗伊·加德纳、詹姆斯·沃克：《规则、博弈与公共池塘资源》，王巧玲、任睿译，山西人民出版社，2011。

对具体的公共管理任务以及实际生活中的客观情况，选择合适的协同对象与社会资源开展管理工作，确保管理行为的可行与有效。而这种管理机制正是建立在将政府、社会组织、企业、民众作为变量所构建的网络化管理体系上。通过将各个变量之间的联系以点与点相互作用从而构建立体网络结构的方式，对公共管理中各参与主体之间的关系与相互作用的方式进行深入研究。也就是说这种各主体之间网络化联系的方式既是协同治理模式的要求也是协同治理理论的先决条件。

职责明确、各司其职、相互沟通、相互配合是协同治理模式的核心内容。在具体的管理过程中，政府、社会组织、企业、民众等管理参与主体相互协同，根据自身不同的特性，承担对应的职责，发挥各自的作用，为社会提供稳定、高效、和谐的公共管理服务。与此形成鲜明对比的是传统的政府一元化管理模式，在该种模式下，政府是唯一的管理者，而社会组织、企业、民众只是单纯的被管理者，被动地接受政府管理部门的管理行为，阻断了政府、社会组织、企业、民众之间的沟通渠道，既无法发挥政府的管理潜能，也无法调动社会组织、企业与民众的积极性，使得公共管理效能不尽人意，也造成了社会资源的浪费。[1] 公共管理作用的对象是涉及公共利益的，与社会每一个成员、每一个社会团体、每一个组织机构都息息相关的事务。正因为如此，每一个社会成员，每一个社会组织、企业都有参与社会公共管理的权利。这不仅是公民权利的体现，更是调动社会各方积极性、充分利用社会资源、完善社会公共管理体系的重要举措。这项举措的推行能够极大地提高公共管理的效率，为构建和谐有序的社会交通提供有力的保障。

协同治理模式拥有重要的战略意义和价值，它不仅促进了由管理一元化向管理多元化的转变，同时通过各管理主体相互配合、取长补短，实现了对社会管理资源的有效利用，调动了各方的积极性，提高了管理效率以及社会各方对公共管理的满意度，对整个国家行政体系的完善与社会主义和谐社会的构建均有十分积极的促进作用。

---

[1] 陈天祥：《新公共管理——政府再造的理论与实践》，中国人民大学出版社，2007，第112—131页。

(2) 协同治理模式的网络结构

当传统组织结构无法满足民众当下对公共治理的诉求时，必然需要推陈出新引用全新的组织结构。协同治理模式的网络结构正是在这一背景下诞生的，它与传统组织结构有非常大的差异，其最大的特点是"非正式组织、非科层节制"，即内部运行依靠公共价值和合作理性，在一个秩序化的框架下，让参与者拥有相对稳定的关系以及信用形式，进而使他们一起努力实现共同的利益。[1] 参与者在这一网络中不再是以往完全的独立状态或依赖状态，他们通过网络建立、运行的一系列规范与机制来达到既相互依赖又相互独立的横向关系。在网络框架中，一切参与者都会被默认同意彼此的规则，因此一旦出现背叛或欺骗，则该参与者的失信行为将被公布于众，从而有效降低信息与交易成本。[2] 总而言之，网络结构成为协同参与者实现治理的最有效框架，不但能够实现资源的有效整合，还可以实现参与者之间的优势互补。

只有深入了解协同治理模式的网络结构特殊性、区分其与市场结构以及科层结构的异同，才能更好地发挥其最大功效。虽然，网络、市场结构以及科层制本质上都是一种协调模式，但它们三者在特征上有着较大的差别。就市场结构而言，其参与者在自由无序的状态下追求自身利益最大化，仅仅受到合同契约关系的制约；而科层制的一切参与者皆处于明确的规则之下，受到强有力的控制和命令，来达到资源分配；协同的网络结构作为一种全新的协调模式，同前两者有明显的区别，在网络中，其参与者在单一的正式权威下进行自主谈判和协调，而网络本身也有着自身的组织、管理、控制能力，这使结点之间达到一种协调状态，进而使网络趋于稳定。

3) 协同治理模式的机制

协同治理模式是在不同机制的共同配合与作用下开展的动态活动，主要体现了跨界整体协同的功效与相互联动配合的运作效率。在这一机制下，能够充分调动各参与主体的联动性，增强其互动与交流，协调其利益

---

[1] 解亚红：《"协同政府"：新公共管理改革的新阶段》，《中国行政管理》2004 年第 5 期。

[2] [美] 戴维·奥斯本、彼德·普拉斯特里克：《再造政府》，谭功荣、刘霞译，中国人民大学出版社，2010，第 321—324 页。

关系，完善相关制度，合理整合现有资源。[1]

在协同治理模式中，各参与主体能够通过互动交流形成更为密切的战略合作关系，这种紧密关系主要是通过相互之间信息资源的传递与共享来保障和维持的。同时，真正的资源共享既能体现各参与主体彼此的信任度，又能够确保各参与主体形成合力，共同面对新形势下的挑战与机遇。所以，要实现真正的信息共享不仅需要外在制度的硬约束，更需要参与个体自我认知意识的提高，从而对资源共享保持更高的期待。

在协同治理模式中，为确保协同的有效性和持续性，必须保障各参与主体的权利地位平等。信息资源共享可以说是互动机制形成的基础，而互动机制在实施阶段的前提就是保障各参与主体能够确立平等的关系。这一平等的关系，是以各参与主体的权利地位平等为原则的，旨在营造平等和谐的多元协同联动格局，同时各参与主体能够自主地、自愿地参与互动，而不是以各自的资源多寡或实力大小来确立各自的权利地位。各参与主体在平等的条件下，围绕共同的问题、共同的挑战，各谈看法，互换意见，共同分析，共同解决，从而为协同治理模式创造良好的互动氛围。

在协同主体的共同价值引导下，对现有资源的整合调配主要是由各参与主体的管理能力和资源的匹配程度决定的。各参与主体在互信互益、目标一致的基础上，对现有资源按照关联性和互补性进行重新整合，实现各主体之间资源优势的调配，同时弥补个体局部资源的欠缺和不足，这有利于解决以往仅依靠单一个体所不能解决的问题。这一过程是从整体性协同出发，立足长远，弥补各自缺陷，求同存异，突显相互信任，进而可形成合力，最终实现局部大于整体的功效。

在共同协同的背景下，各协同主体互信互益，保持和谐的协同态势发展。但在协同过程中，难免会存在一些不稳定的因素，例如个体受局部利益的驱使，进而影响对方利益。针对这样的摩擦与冲突，还需要一种利益协调机制来逐步调整和完善。这种利益协调机制必须具备实质性的公平正义，既要能够更加公平地调整各协同主体的利益关系，还要能够确保每一个协同个体都具备平等的互动协同关系。虽然在一定程度上，协同治理模

---

[1] 韩兆坤：《协同性环境治理研究》，博士学位论文，吉林大学，2011，第 125—128 页。

式主要还是依靠个体的自主性和自觉行为来实施完善的，但是要形成真正的标准规范，既需要这种自愿性的"自治"行为，还需要外在制度的"他治"规范来保障。[1] 这主要体现为两方面，一是从国家和社会层面，仍需要完善相关协同规范及准则，进而引导个体的协同行为；二是从内部着手，由各协同主体共同协商制定适合公共协同发展的准则，从而保障协同关系的建立与维持。这样一来，通过内外两方面的双向努力，就能够实现对协同治理模式的制度保障。

2. 协同治理理论的理论视野 —— 关注改革

协同治理理论的问世得益于对新公共管理理论的反思和重构，同时其在此过程中还吸收了协同论的知识基础与方法论。[2] 协同治理理论和协同论一脉相承，所以自然也存在理论交融。治理理论的中心内容"多元共治"与协同论"协同导致有序"的观点也极度相似，两者均着重指出"协同合作"这一内容。事实上，除了方法论和理论内容高度契合外，两者的理论视野也都关注和重视改革。

20 世纪 90 年代，全世界范围掀起了新公共管理改革的浪潮，国家、社会关系发生巨大的变化，治理理论随之兴起。20 世纪 70 年代出现了严重的停滞性通货膨胀，这使得"政府失灵"的短板显露无遗；90 年代市场化改革的呼吁和诉求风靡一时，"市场失灵"的弊端也浮出水面。"政府失灵"和"市场失灵"使得"不可治理性"的矛盾逐渐被激化，社会急需一种切实可行的实用性理论。在这样的环境下，承担着历史和现实双重使命的治理理论问世。该理论主张公共事务治理主体的多元化，同时也强调政府、市场、社会等多元主体的协同合作、共同治理。公共治理理论作为全新的理论，一经问世就普及政治与行政改革的研究与实践。可以说，治理理论是随着改革的潮流而诞生的理论。

协同型公共管理理论吸收和继承了协同论和治理理论，强调多元治理

---

[1] 曾凡军、韦彬：《整体性治理：服务型政府的治理逻辑》，《广东行政学院学报》2010年第 1 期。

[2] 李汉卿：《协同治理理论探析》，《理论月刊》2014 年第 1 期。

主体协调合作，共同治理社会公共事务。以协同论为导向的"协同型治理"主张多元主体运用经常化、制度化以及有效的互动合作等手段来促进治理的优化。[1] 所以，新公共管理改革的功绩就是将协同论引入公共管理体系，并与治理理论的成果相结合，正面破解政府和市场难以解决的各种难题。[2] 所以，改革的需要促使协同治理理论的诞生，而协同治理理论也关注并服务于改革的现实需要。

3. 协同治理理论的方法论 —— 系统论

协同治理理论是通过吸纳协同论中"协同合作"的理念，并将其运用到审视治理理论的进程中，而形成的一种公共管理研究领域崭新的理论视角。协同论源于 20 世纪 70 年代物理学家为管控自然系统的有序发展而做的研究，它是系统科学的重要分支，详细阐述了在演化过程中系统内部各构成要素的协同现象，主张系统、协同、整体的理念。协同论强调构筑一种以整体性的理念去解决复杂系统问题的模式和方法。[3] 据此，协同治理理论的主要方法论即系统的观点。协同论指出，从生物界到现代社会的各类迥然有别的系统，虽然性质截然不同，但是均显现出引人注目的整体性，而任何系统也均是由众多互相作用和互为关联的个体要素所组成的整体。

协同论的发展为社会治理领域的研究开辟了全新的视角，即关键在于以系统论的方法论来解决问题和审视社会。系统论的方法论将现代社会视为一个庞大的系统组织，并且在系统内部存在众多彼此独立又相互开放的子系统。所谓功能特征，即当各子系统独立运动时，整个系统便呈现出一种无序的状态；而当各子系统彼此协调运动时，整个系统就呈现出一种有序的状态。处于庞大的现代社会系统中，各子系统通过不断运动和发展也

---

[1] 潘开灵、白烈湖：《管理协同理论及其应用》，经济管理出版社，2006，第 10 页。

[2] 王惠琴、何怡平：《协同理论视角下的雾霾治理机制及其构建》，《华北电力大学学报（社会科学版）》2014 年第 4 期。

[3] 曾凡军、韦彬：《整体性治理：服务型政府的治理逻辑》，《广东行政学院学报》2010 年第 1 期。

呈现出有上述规律的系统结构即功能特征。[1] 因此，系统论中功能特征的形成机理也同样适用于此：当构成现代社会系统的各子系统彼此竞争、缺乏协调时，整个社会便呈现出无序的状态，而现代社会的整体效能也将大打折扣；当构成现代社会系统的各子系统彼此协同、合作共赢时，整个社会就会呈现出有序的状态，同时现代社会的整体效能也将得到充分发挥。

系统论的方法论，其关键内容便是将庞大的系统结构视作一个综合性整体，即充分把握系统呈现的整体性特征。运用系统论的方法论来指导当前的社会发展，其首要内容便是树立社会整体发展的大局观。从系统的视角剖析现代化改革，就是要求人们认识到改革的系统性、协同性、整体性。据此，在当前的改革背景下，要综合运用全局化的观念、系统性的视角，才能精准、充分地把握改革的全面特征。[2] 通过对协同治理理论中系统论的方法论的有效运用，能够培育现代社会的整体性发展观。全面深化改革是一项浩大的社会工程，由于单一主体的资源和能力有限，任何系统问题的有效解决必然需要多元主体的协同配合。只有通过联系各构成要素、协调各子系统，才能够充分把握事物所呈现的全局性特征，进而有效解决改革深水区存在的各类难题。概而论之，运用系统论的方法论指导解决改革难题，要求政府能够有效地整合多元主体的资源和能力。在交通治理改革实践过程中，政府应当重视公共管理领域所呈现的系统性、协同性、整体性的特征，通过有效协调和联动多元主体的资源和能力，充分整合多领域、多行业、多功能的不同主体优势，进而推进交通管理体系的不断完善和交通治理能力现代化的有效提升。

---

[1] 郑小强：《政府职能转变动力机制研究：系统动力学观点》，《上海行政学院学报》2013 年第 3 期。

[2] [美] 弗莱蒙特·E·卡斯特、詹姆斯·E·罗森茨韦克：《组织与管理：系统方法与权变方法》，傅严、李柱流等译，中国社会科学出版社，2000，第 229 页。

第三节 协同治理理论在本研究中的应用

1. 协同治理理论的适用性分析

随着治理碎片化、利益部门化等问题的日益凸显，政府在公共管理领域的改革已刻不容缓。事实上，通过完善公共服务政策内容来解决治理难题往往事倍功半，公共服务供给体制的分散化以及决策部门权力的部门化是当前公共管理问题的主要诱因。同时，一味地采取简单合并相关政策的处置方式亦无法保持公共服务政策导向总体的一致性，若要求得更好的发展，就必须寻求新的治理路径。正是在这一背景下，强调整合跨领域、跨部门、跨功能的不同主体优势的协同治理理论应运而生。由于重视公共管理领域中所呈现的整体性特征，妥善解决了行政机构碎片化与事务治理整体化之间的矛盾，协同治理模式已逐渐成为公共管理领域改革发展的重要趋势。从协同治理模式的理论视角审视我国当下的交通难题和交通管理改革实践，以公安交管部门为单一交通治理主体的管制型治理机制早已不堪重负，无法满足社会公众日益增长的对更高质量交通和更完善交通服务的诉求。在新时代背景下，协同治理模式理论则为交通治理带来了新的启示，其本身所蕴含的公共事务内在治理机理不仅是客观实际对理论支撑的迫切需求，同时也是时代发展规律对交通治理现状的客观有效回应。在此，本文从国家治理现代化的背景特征、道路交通本身的内在属性以及我国交通管理制度表征三个维度阐述协同治理模式在我国交通管理社会化改革中的适用性。

首先，协同治理模式为交通治理体系和治理能力现代化的推进提供了新的路径和发展范式。随着公共事务管理的复杂化和利益主体多元化的不断加深，公共问题的解决往往牵涉多个组织、多个部门、多个管辖区甚至整个社会，不仅需要政府的相关职能部门尽职尽责，同时也需要非营利组织、私人部门以及社会公众通力合作。然而，如何建立跨部门、跨地区、跨行业、跨主体的协同管理机制，整合公共服务资源，提高社会运作效能，精简管理机构及管理流程，使得社会服务和公共利益以最经济、最有效的方式得到实现，是道路交通管理乃至整个社会治理领域共同面临的时代课题。协同治理模式不仅为当下社会变革中的多元主体合作提供了新的战略框架，更是实务界和理论界对公共管理现状的积极回应。

国家治理体系和治理能力现代化是全面深化改革的总目标，它在强调转型时期国家发挥主导作用重要性的同时，还回应治理理念内在的社会化诉求。道路交通事务是国家公共事务与政府管理的重要内容，是国家治理体系中的重要组成部分，具有较强政治性、政策性和广泛的社会涉及面。因而，若要实现交通事务治理体系和治理能力现代化，就应当摒弃以"交通"作为事务界定和领域划分标准的狭隘观念，统筹协商、法治、市场等多种治理机制，实现交通治理从管制型向服务型的部门职能转变。道路交通管理作为一项复杂的协同治理活动，绝不能局限于在某一方面内推动，而应当被纳入跨行业、多部门、多主体和多功能的整合式的社会化治理领域。事实上，我国交通管理问题的产生有着极其复杂的社会根源。道路交通的急剧变迁，出行方式的多元发展，导致交通结构和社会结构都发生了深刻而长远的变化。交通安全、交通拥堵和交通污染等问题日益严峻，成为时代变迁下社会失范的集中反映，严重制约了经济社会的进一步发展。尤其是道路交通管理制度和交通参与者文明意识之间的矛盾、交通管理部门与交通参与主体之间的矛盾、机动化社会迅猛发展与机动车驾驶人管理严重滞后之间的矛盾、机动化社会中行人与机动车之间的路权矛盾和交警执法能力建设与交通执法环境变化之间的矛盾，已成为我国当下交通管理体制改革所面临的主要挑战。可以说，以交通拥堵、交通污染等为代表的交通事务治理难题在本质上仍属于治理碎片化问题。因而，不论从交通事务的本质属性来研究，还是从制度体系的内部或外部来分析，交通管理机制碎片化程度的进一步加深，都将倒逼协同治理理论在交通事务社会化改革进程中发挥效用。

概括而言，协同治理理论引导下的交通管理社会化，是在跨主体、跨行业、跨功能、跨部门协同的张力下形成的，以协同为组织形态特征、以社会化服务为导向、以整合为运行机制的核心，在价值取向上更加注重整体利益，围绕交通事务治理体系和治理能力现代化目标展开的合作共治的过程。基于主体与客体、时间与空间、国家与社会、政府与市场高度整合的立体式治理结构、功能及与其关联的交通治理模式，从整体性治理理论的各个维度协同发力，不断化解制度规范间的阻隔，使自上而下与自下而上的纵向层级和横向部门之间保持贯通，形成互联、互动、互利共赢的格局，有效发挥多元主体共同治理道路交通事务的整体合力。

其次，协同治理理论与交通领域所具有的整体性和公共性是相辅相成、协调统一的。道路交通作为一种公共物品，其公共属性显而易见。申言之，以经济学的角度来看，公共服务物品具有非排他性和非竞争性，而交通是典型的公共服务物品，这决定了所有的社会主体都能够因交通事务的公共服务性而受益，既立足于交通本身而充分享有对路权的占有、使用和收益，同时也要承担相对应的责任。[1] 尽管在公共行政的视角下，政府是承担道路交通管理任务的主体，并在国家整体的交通治理中扮演着重要角色，但由于交通本身与任何社会个体都息息相关，因此维护道路交通又是每一位公民不可推卸的责任与义务。换言之，道路交通与社会个体是密不可分的，任何社会个体、组织、团体都有责任与义务以积极的态度参与道路交通维护。另外，由于道路交通具有公共属性，同时还产生了两个问题：其一是公共价值取向的问题，即交通事务的治理不仅要与整个社会、国家的福祉相吻合，同时享有良好优质交通出行也是所有公民的权利；其二是公共问题，由于道路交通具有公共性，假若对于道路交通的管理与使用不合理，那么就会导致公共问题。基于上述两大问题，有必要选择一种更具针对性的方式，加强政府和公共机构与公民以及其他社会参与者之间的协同关系。而协同治理模式无疑是最好的选择，它是在对以往落后的交通管理方式进行归纳、总结以及重塑后的一种新型治理模式，其公共价值指向为道路交通事务的现代化治理创造了更为广阔的可选择性与可操作性。除此之外，道路交通还具有整体性，因此在特定的范围内，其治理主体之间普遍存在联系，这就使得交通管理同时还存在外溢性特征。"天地交而万

---

[1] [美] 罗伯特·阿格拉洛夫、迈克尔·麦奎尔：《协作性公共管理——地方政府新战略》，北京大学出版社，2007，第 297 页。

物通，上下交而其志同也。"[1]交通的存在使得人与人之间联系频繁而紧密，并因交通活动而产生了权利义务关系。交通的这种关联性特征决定了无法对其采用碎片化管理模式，即交通本身无法分解为单独的具体的部分来被使用、占有、收益。因此，对交通的维护必须采用各方协同式的整体性策略，即使在处理个别的交通问题时，也要充分考虑所采取的措施可能造成的整体效应。由于交通整体性特征的存在，传统官僚制交通管理模式（包括等级控制、垄断性权威、行政区划独立管控的割裂式）和碎片化交通管理模式已经不合适，所以需要一种更具整体性的多元联动协同治理模式。

最后，全面深化公安改革为协同治理模式的适用提供了合理合法性。由中央审议通过并印发实施的《关于全面深化公安改革若干重大问题的框架意见》中明确指出，要深化公安行政管理改革，完善公安机关管理体制，提高管理效能和服务水平，从政策上、制度上推出更多惠民利民便民新举措，提高人民群众的满意度。目前的交通管理机制仍是以传统官僚制管理模式为主，这种管理模式主要表现为管理主体的单一性，虽然其提高了行政管理和公共服务的效率，但也产生了权力封闭、机构间严重的协调与合作不佳问题。特别是现有交通问题治理显现出较强的权力封闭性特征，交通管理的权限被完全控制在政府手中。尽管在民主推进的时代背景下，交通管理部门会因为自身规模、能力的有限而试图在交通社会性问题的解决层面寻求与社会力量的互动合作，但整体而言，这种合作无论在理念规范还是在制度结构上都是有限且低层次的，公安交管部门对其他社会主体的介入仍持排斥或限制态度。

与之相对，"协同治理理论要求政府更多地关注公众交通权益诉求，并在尽可能坚持社会公正的原则下通过一些途径和方式积极吸纳社会各类主体参与道路交通公共事务的决策与实施中来，通过平等、协商，在共识的基础上推动道路交通管理的发展。"[2]因此，协同性治理的交通管理中参与的主体更加多元，除了交通管理部门之外还包括非政府组织、企业甚至个人。从而形成一种政府主导的、公众参与的多元协同结构模式。其中，

---

[1] 周立升：《易经集注导读》，齐鲁书社，2009，第12页。
[2] 解亚红：《"协同政府"：新公共管理改革的新阶段》，《中国行政管理》2004年第5期。

多个治理主体不是管理与被管理的关系，而是就交通事务展开合作治理，彼此关系平等地进行参与，它们基于一定的行为准则和制度规范展开协同，在彼此适应中形成多元道路交通事务管理体系或组织模式。也就是说，政府的这种主导性并非表现为过去那样对社会其他主体进行绝对控制和支配，而是基于在协同关系中掌握资源、信息等方面的先天优势，从而负有主动进行引导、组织与协调的责任。在这种多元参与的协同模式下，各利益相关者要在承认彼此利益的前提下，针对道路交通问题的产生、造成的危害与影响、联合解决的措施以及如何对交通安全秩序进行维护进行磋商与谈判，最终达成一致并展开协同共治。

2. 协同治理理论应用中应注意的问题

1）主体间关系问题

多元协同治理体系要求政府、社会组织、公众等各类社会主体共同参与某一社会领域的管理，是多层次交互、多主体联动、广范围协同的全民共治过程，倘若不能厘清多元主体的相互关系与职责分工，必将影响整体治理效果。[1] 当前我国进行的交通管理社会化实践尚处于协同性治理的浅层治理阶段，政府的交管部门依旧处于权威和主导地位，公共财政支持仍然是其他社会主体获取资源的主要途径，这就导致社会组织和交通志愿服务团体面临被动和被领导局面，也使其被迫成为政府这一"雇主"的"雇员"。实践表明，缺乏平等合作关系的协同治理不仅无法提升治理绩效，反而会加深多元主体在公共服务供给中的不协调，造成联动困境。正如学者所言，在协同治理实践中，有不少地方政府将"政府出资购买服务"简单地理解为"资方雇佣劳方"的市场行为，商业心态导致政府"理所应当"地以"甲方"身份对社会公共服务机构的计划及事务横加干涉，跨越职责分工界限，破坏协同互动关系。[2] 究其根源，政府与其他社会主体之间的关系界定错位和职责分工模糊是导致多元主体协同治理陷入困境的重要

---

[1] 姜士伟：《"协同治理"的三维辨析：名、因、义》，《广东行政学院学报》2013年第6期。

[2] 张兴杰、肖小霞、张开云：《政府购买社会工作服务：实践检视与未来政策选项》，《浙江学刊》2013年第5期。

原因。

因此，首先要解决的问题便是如何科学合理地界定多元主体关系、明确职责分工。本文认为可以从两方面考虑。其一，从横向角度进行职责界定。在多元联动交通治理中，政府的交管部门可扮演方向决策者、资金支持者、政策监督者、协同促进者。美国学者 E·S·萨瓦斯强调："政府作为一种社会工具，其角色定位应是'掌舵手'，而非'划桨手'，应将更多的注意力集中于服务对象确立、服务标准设定、资金交付流程等制度安排和建设上。"[1]社会组织可扮演交通服务生产者、专业知识指导者、服务方式设计者。交通志愿服务团体可扮演交通诉求探索者、专业服务供给者、交通知识宣传者。其二，从纵向角度进行职业界定。即通过构建多元治理主体协同配合、平等合作的公共服务"供给链"和"供给网"，以此作为催化剂来提高多元协同联动效果。[2]交管部门处于该链条和网络的起始阶段和始发点，担任服务规划、政策制定、规则设计、资金供给的职责。而社会组织、交通志愿服务团体等其他交通治理主体处于该链条和网络的施行阶段和终结点，担当交通服务供给者和生产者的角色。

2）关于自组织的问题

自组织理论常常用来描述诸如社会系统等复杂系统的内在机理和发展机制，解释了复杂系统内部各子系统、各要素之间由无序转为有序、由低层次有序转为高层次有序的形成和发展过程。[3]申言之，在管理学中的自组织，是指管理系统内部的各子系统及要素在协同作用这一自组织基础的作用下，完成整个管理系统有序发展，并逐步实现系统结构和系统状态自我修复、自我完善的过程。在系统自组织的过程中，通过对各子系统和各要素的内在有序性及结构适应性的增强，以达到整个复杂系统竞争力和完整性的提升，最终实现系统的稳定和可持续发展。

---

[1][美]E·S·萨瓦斯：《民营化与公私部门的伙伴关系》，周志忍等译，中国人民大学出版社，2002。

[2]张勇杰：《从多元主体到程序分工：公共服务供给网链化模式的生成逻辑》，《党政干部学刊》2015 年第 10 期。

[3]张永宏：《组织社会学的新制度主义学派》，上海人民出版社，2007，第 329 页。

在交通管理领域，具有相同交通诉求和出行需求的群体相对容易完成协同组织，但要想调动其他主体参与的积极性往往需要依靠具有公益主义和利他主义的精神导向。然而，目前我国在交通公益、交通志愿组织方面相对匮乏，这也是阻碍我国交通系统自组织和交通管理协同发展的重要难点。此外，即便各类社会主体具有组织的意愿，也常常会受到协同能力和范围的限制，所以自组织是一个循序渐进的协同过程。因此，我国在推进协同治理改革实践时，要注意为交通系统的自组织提供必要的外部支持与客观协助，而政府就是提供支持和协助的主要力量，同时也要发挥好NGO等社会公共组织在道路交通方面的积极作用。

3）协同性联动机制问题

社会治理在理论上可分为前后两个治理阶段。第一阶段为浅层治理，即工具治理逻辑，社会力量作为政府治理的制度化工具；第二阶段为深层治理，即合作治理逻辑，社会力量与政府平等合作、协同共治。[1] 就我国当前情况来看，交通治理逻辑尚未发展至合作治理逻辑，多元联动协同治理水平尚停留在浅层阶段。实践表明，在我国多地进行的交通管理社会化实践中，"政府主导"现象依然显著，政府交管部门在"工具逻辑"和"政绩任务逻辑"的指导下，依旧将多元社会力量视为政府行政功能的延伸，并将其作为政府实现政绩目标、完成任务要求的"工具"，治理逻辑中所透露的"鸟尽弓藏"含义也严重挫伤了社会力量同政府之间的信任协同关系。在这样的治理逻辑背景下，协同性联动平台难以建立，多元主体沟通机制难以健全，不仅影响联动治理绩效，也削弱和压缩了公众参与社会治理的意愿和空间。

因此，想要切实落实协同治理理念，需要积极主动地转变政社关系和公共治理逻辑。在交通治理领域，应变政府与社会的"命令—服从"关系为"合作—伙伴"关系，变权威控制式的垂直单向治理机制为协同合作、联动互补的纵横双向治理机制，变自上而下的资源组织结构为平等共享的资源组织结构，以共同的交通治理目标和价值追求为导向，建设平等、高

---

[1] 张开云：《多元联动治理：逻辑、困境及其消解》，《中国行政管理》2017 年第 6 期。

效的沟通、信任机制，完善协同联动平台，充分调动和发挥包括政府在内的多元治理主体的优势和特征，助推我国多元联动协同交通治理体系进入深层治理阶段。

此外，在对协同治理理论进行适用性分析时，除了要注重上述三个问题，还要充分认识到我国社会所处的大的时代背景及独特的历史文化背景，在结合我国社会实际的基础上吸纳协同治理理论的理念和思路，走出一条中国化的交通事务社会化治理道路。

协同治理理论并非主张一切多元联动协同机制都是卓有成效的。同理，以该理论为基础而进行的交通事务社会化治理，其成效也取决于一定的前提条件，即交通主体多元化、交通客体确定性以及交通权力的多向性。在交通事务社会化治理模式中，主体多元性强调的是交通治理的主体要素，客体确定性是多元主体的载体，权力多向性则是主体多元性的延伸，是对多元交通主体围绕交通客体所形成的交通治理系统如何运行的描述和阐释。

第二章 交通事务社会化
治理模式的有效性条件分析

第一节 交通客体确定性

1. 交通客体确定性的内容

客体确定性是指客体的信息和界限是明确的，这是客体作为多元主体组成依据的前提，而多元主体的相互关系以及其权力的具体行使也都须以明确的客体为基础来进行配置，并且对于不同客体类型，可以进行针对性规划。据此，客体的确定性包含客体信息的确定和客体界限的确定两方面。

（1）交通客体信息的确定

精确掌握交通客体信息是交通事务治理取得良好成效的基础。在交通管理社会化改革实践过程中，交通治理机制的确立、交通问题的处理、违法责任的追究以及交通治理机制的监督执行，都应以充分掌握交通客体的信息为前提。现阶段我国交通信息的采集工作主要由交通管理部门单独负责。由于单一部门的资源有限性和能力局限性，在交通问题日益复杂的局势下交通管理部门越来越捉襟见肘，交通信息收集问题突出，进而引发交通管理制度的制定与现实交通管理需要不符的后果。

一般情况下，社会公众或社会组织掌握着交通客体的具体信息。因此，首先应当通过制度设计将社会公众和社会组织吸纳到交通政策的规划和实施环节中，有针对性地解决交通拥堵、交通秩序、交通安全等重大交通事宜。同时，这也是交通管理社会化改革所强调的交通治理进程中维持主体多元化的意义所在。其次，所需收集的交通客体信息的类型，需要具体情况具体分析。交通客体信息主要包含与交通客体直接相关的信息和与交通客体间接相关的信息两类。与交通客体直接相关的信息大多是交通客体的自然信息，例如交通环境、交通容量等；而与交通客体间接相关的信息则是利用该交通客体的交通行为人的情况等。此外，虽然交通治理过程中的各个环节都需明确交通客体的信息，但每个阶段所重视的内容是互有差异的。例如政策实施阶段和绩效考评阶段所重视的是单个主体的有关信息，而制度供给阶段则更为重视对总量信息的收集。

（2）交通客体界限的确定

从交通事务社会化治理体系的架构中可以发现，在交通治理的各个环节，都需要明确客体的界限。这是由于主、客体规模的匹配程度会直接影响交通事务社会化治理的成效。多元主体的规模应当与交通客体的规模相当，至少不能小于交通客体的规模。据此，在交通管理社会化改革实践中，对交通客体界限的确定十分重要，其主要包含两个层面：其一是对交通客体物理界限的确定。交通客体的物理界限属于其自然属性，明确交通客体的物理界限有助于进一步发展和完善交通客体。其二是对交通客体权责界限的确定，即多元主体对交通义务的承担和交通权利的享有应当以交通客体的物理界限划分为基础。

交通客体信息和界限的明确，对于交通事务社会化治理体系的发展至关重要。但由于受到传统单一行政主体的治理模式影响，我国交通治理在交通客体层面存有诸多问题。首先，在交通管理制度的供给阶段普遍存在"一刀切"现象。我国幅员辽阔，地域差异明显，不同地区在地理特征、经济发展水平以及民众的出行习惯等方面均存在极大差异。交通管理决策的制定应当因地制宜，而现阶段我国的交通管理制度广泛存在"一刀切"现象，即交通管理部门对于不同地区的同类交通客体通常会出台相同的规定，而这样的规定往往流于形式，严重影响交通治理的成效。其次，现阶段我国交通治理体系中的大多数交通客体均以科层制的行政区域为界限，这直接造成了各地交管部门普遍采用"命令—控制"的方式对本地域内交通事务进行一元化管理，不仅拒绝了政府以外其他主体的参与，也隔绝了辖区以外其他主体的协同。政府各部门之间往往也缺少联系和交流，信息闭塞，治理方式缺乏创新，交通管理不良效果严重外溢。

与上述有所不同，协同治理理论下交通管理的客体确定性重视两个层面：首先，在交通管理制度的供给阶段，杜绝对于不同地区同一客体"一刀切"的现象，而是充分考虑交通主体的利益诉求和地域性差异，最终满足不同主体、不同地域的不同需求，推进交通治理水平和交通治理模式现代化。同时，交通事务社会化治理除了在必要的情况下以行政管辖作为空间范围外，更多地打破部门壁垒和政社界限，以具体的交通事务、交通问题和交通利益为中心形成作用的场域，消解日益凸显的"外溢性"。

2. 交通客体确定性的意义

（1）客体确定性有利于交通管理制度的公平供给

交通领域法律制度的供给与社会公众的切身利益息息相关，故其公平性是不可或缺的。衡量交通政策公平与否的标准就是决策主体所颁布的政策规范能否与交通本身的承受能力相适应，能否确保宏观的交通管理政策与民众的利益诉求相契合。尤其是当前社会的机动化水平与日俱增，各行业、各机构、各群体的交通需求日益多元化，经济状况、出行习惯、交通环境等与以往也有很大差别，极易影响交通管理的现实绩效。但是在单中心的行政管理模式中，这样的现实差异往往被我国法律制度忽略，而进行对同类交通客体的"一刀切"式管理。这种"一刀切"式的管理中，公平往往流于形式，看似公平的表象下却是不公平的实质。与之相对，客体确定性则可以更大程度上兼顾不同交通主体的现实情况，促使交通管理领域中法律层面的管理制度与现实层面的交通需求相耦合。另一方面，交通管理法律制度的公平性还需要社会公众道路交通消耗和道路交通责任相匹配，客体确定性有利于针对具体的客体分析不同人群的交通消耗，从而实现交通责任与交通消耗相匹配。

（2）客体确定性有利于实现主体多元与权力多向

交通管理的实际操作应展现权力的多向性与主体的多元性，这对主体和客体分别提出了要求，即主体要具备多元参与性，客体要能够承载多向度的权力运行。围绕具体交通客体展开的交通治理，可以根据客体特点定位各个主体的优势领域，并据此界定各主体在交通事务治理领域的地位，进而为各力量的发挥预留必要的作用空间。同时，客体确定性还可以促进行政封闭型决策中心向公众参与型决策中心的转变和改革，这是权力多向性得以实现的重要保障。

另外，交通治理特别是交通权益保护的过程还存在交通客体不明确、不完整的弊端，其在导致交通权利边界混乱的同时也成为交通权利"落地难"的症结之一，这是我国交通事务治理实践活动的又一大短板，而交通客体的确定性将在解决以上问题时发挥积极的作用。

第二节　交通主体多元性

多元化的主体构成是推进交通事务社会化治理的重要因素和条件，对主体多元性的研究主要集中在以下三个方面，即多元主体共同治理的可行性、多元主体的结构及多元化主体间关系。

1. 反思性的"复杂人"假设

"人"是管理中最关键也是最根本的元素，而人性假设是对人本质属性的基本认识和看法，其直接影响交通治理工作的方向。在西方管理学领域，人们将人性假设的发展大致划分为四个阶段，分别对应四种人性假设，即"经济人"假设、"社会人"假设、"自我实现人"假设和"复杂人"假设。美国学者埃德加·沙因在综合考虑前三种人性假设的基础上，于1965年在《组织心理学》一书中首次对"复杂人"假设做出阐释：人具有多元化的动机和多样化的需求，而且新情境的出现也会对人的价值导向和目标取向产生作用，进而影响人的动机与需求，使之发生更新和变化，新的动机模式和目标需求往往并未完全脱离旧的动机模式和目标需求，最终表现结果是原有动机模式与新组织环境交互影响形成的；随着人类个体生存环境或工作条件的改变，基于人性本质的引导，人类个体会更新目标需求而形成新的动机；人没有万能、不变的管理模式，因个体能力、地位、年龄等差异的存在，面对同一管理方式会做出不同的反应；一个个体的动机结构与管理组织模式的匹配程度，决定了其能否满足于现状，能否为组织出力。[1]"复杂人"假设在总结和反思先前假设的基础上，肯定了"经济人""社会人""自我实现人"假设的合理成分，但同时也指出了其理论的片面性和单一性。人性是复杂的，不同的自然环境、社会环境、文化环境都会对人性产生影响和制约，需求、动机的多元性、动态性，决定了其行为结果的复杂性。[2]

在道路交通管理领域，亚当·斯密的"经济人假设"是单中心行政管理机制建立的基础和理论来源。[3]在经济理性的思维影响下，追逐个人利益是一切行动的动机，正如学者所指出的，类似交通资源这样"最多数人共享"的公共事物会成为"最少人关照的事物"。[4]在这样的人性假设之下，任务管理和权威命令成为交通管理模式的核心理念，交通行政部门往往以绝对的管理者和权威者自居，而公众和社会组织便"理所应当"地处于被管理者的地位。

协同治理理论视域下，关于人的本质属性的认识可概括为：人在面对利益关系时会表现出理性特征，并且这种对于利益的理性权衡会随着自身认识的变化而改变；同时，人的理性并非完全理性，而是受到多因素制约的有限理性。[5]显然，探索协同治理模式下的交通事务社会化改革实践，

---

[1] 埃德加·沙因：《组织心理学》，中国人民大学出版社，2009，第71—73页。

[2] 王萃萃、刘宏杰：《"复杂人"假设对 NGO 志愿精神持久化的启示》，《中共郑州市委党校学报》2008 年第 1 期。

[3] 陈天祥：《新公共管理——政府再造的理论与实践》，中国人民大学出版社，2007，第129页。

[4] [美] 埃莉诺·奥斯特罗姆：《公共事物的治理之道：集体行动制度的演进》，于逊达、陈旭东译，上海译文出版社，2012，第 421 页。

[5] 孔繁斌：《公共性的再生产》，江苏人民出版社，2008，第 91 页。

要建立在对人性的复杂认识基础上。因此，本文提出了反思性的"复杂人"假设。该人性假设主要涵盖以下内容：第一，在复杂多变的外部环境中，行为者无法获取完全的信息，不具有完备的信息处理和计算能力，无法将所有价值标准统一于理性决策中；第二，人性的复杂性致使人的行为动机显现出多元性和动态性，自利人性和他利人性共生交错，人性正是处于绝对自利和绝对他利的交叉区间和结合点上；第三，行为者适应复杂外部环境的能力可以在不断的学习和经验的持续累积中得到提升；第四，有效的交流机制可以帮助行为者弥补有限理性的不足，以合作互惠的方式追求各自都可接受的利益，实现自身利益的同时也实现公共利益。

反思性的"复杂人"假设让我们看到人性中价值取向的复杂性和利益关系的复杂性，看到社会公众提高适应能力的可能和多元主体共同治理的可能。该假设对人性进行了更实际、更深层的阐释，为我国交通事务管理工作中的理念、制度、结构、机制等制度性安排提供了可行、可靠的理论支撑，更有助于提升交通治理工作的实际效果。

2. 多元交通主体的构成

协同治理模式的理论认为："只要单位组织面临类似的战略博弈，策略是相互影响的，行动是同时发生的，都可以看作协同性联动的分析单位。"[1]美国学者亚诺斯基认为，文明社会可以分为国家、公众、市场、私人四个领域，其是彼此抑制、彼此平衡的。申言之，公众与市场会共同对国家的权力加以约束；国家会与公众共同协调市场，以防止市场权力的失控；公众本身也会被其他主体约束，从而避免民主的泛滥。[2]在道路交通领域亚诺斯基的理论同样适用。

当前，道路交通已经成为人们生活的基本需要，民众对于交通环境的变化愈来愈关心。所以，当交通环境恶化而引发社会性的不满时，政府就会舍弃部分经济方面的利益，运用市场手段引进社会力量，进行新的资源调整和利益分配，从而维护政权稳定和政府权威。而市场主体为了在交通

---

[1] 曼瑟尔·奥尔森：《集体行动的逻辑》，陈郁等译，上海人民出版社，1995，第102页。

[2] [美]托马斯·雅诺斯基：《公民与文明社会》，辽宁教育出版社，2002，第121页。

领域谋取更多经济或其他方面的利益，就会联合公众抑制政府，以获得更多的交通权利，这客观上会促使公民个体的交通权益得以保障。

部分学者认为应当借鉴亚诺斯基将文明社会划分为四个领域的理论，把我国社会化改革的主体分为国家、社会、市场、公民。[1]但实际上，这种把公民和社会割裂开来的四分法是与我国实际情况相违背的。在中国，社会组织的发展缺乏有力的社会基础来支撑，公众的力量有待加强，公民社会也并不成熟。这些情况在道路交通领域表现得尤为明显，公众的交通参与能力和参与意识均是短板。基于以上情况，本研究使用政府主体、市场主体、社会主体的三分法，并将公众看作社会主体的一部分，从而实现公民与社会组织的结构互补和力量互助。

申言之，现阶段中国市场力量正持续增强，公民社会也在稳步发展，有别于国家主体的第二、第三交通利益主体的法律地位得到不断巩固，并且保障和维护其相应的权益已成为时代的潮流。交通利益作为公共利益的一部分，正逐渐由原来政府一元分配转变为政府、市场、社会等多元主体共同支撑，相应的运作体系也在逐步更新，进而间接凸显了多元化的交通利益取向。在这种以交通利益为中心的模式中，政府、市场、社会等主体通过维护自身利益、行使自身权利，造成交通利益和经济利益、公共利益和私人利益的冲突与整合，最终形成错杂的网状关系。其中，所有利益形态的冲突与整合都需要主体对其权利的行使和利益的维护来实现。以之为代表的实际国情决定了在社会转型期，只有实现交通事务治理主体的多元化改革，形成多元主体的互助和互动，才能实现良好的交通利益保护与平衡。就交通治理体系的主体结构来说，不能仅由代表国家主体的交通管理部门来维护交通公共利益、承担交通治理责任，代表市场主体的企业以及代表社会主体的公民和社会组织也要参与进来，成为交通治理的重要主体。

主体多元化的交通事务治理体系中，作为国家力量的政府、作为市场力量的企业，以及作为社会力量的公民个人和社会组织，都会以直接或间接的方式对其他主体的交通治理行为做出干预和影响。在社会化的交通事务治理模式中，就其结构性独立地位和所具有的特定作用而言，各主体间

---

[1] 张康之等：《任务型组织研究》，中国人民大学出版社，2009，第 309 页。

的关系是动态的多元联动协同。

①政府主体：在单中心的交通管理体系中，无论宏观上的制度供给还是微观上的实际执行，基本上都是由交通管理部门进行直接操作的，大量运用行政管理手段是其一大特点。而所谓的"经济手段"本质上也是政府作为主体进行直接操作的一种形式，其他主体发挥作用的空间十分有限。在这种一元化的交通治理模式下，政府的负担会不断增加，但治理效果则可能会持续下降，因此多元联动协同的交通治理模式已势在必行。尽管如此，关于政府在交通事务多元主体治理结构中的角色定位，建议走中国式社会治理之路，即坚持政府的主导地位不动摇，依照以国家为主导的"前置逻辑"充分发挥交通管理部门在交通决策的制定、施行和监督三大环节中的核心作用，构建党政主导下共同体化的交通事务治理体系。也就是说，为促进交通事务治理从单中心向多元治理转型，从平面性向立体性发展，从割据性向联通性转变，应坚持党政主导型治理的主体建设，强化政府与其他主体合作治理公共事务的能力，发挥各级党政领导力量在社会治理共同体中的作用。

②市场主体：市场主体在此处主要是指交通领域中的企业、团体和行业协会。鉴于当前国情，市场配置资源的基础地位和作用仍受限制，尚未形成交通资源整合的市场化机制，在交通治理领域中社会化模式的运用远落后于经济领域。尤其是当前，大多数企业参与交通治理事务的主观能动性较差。而如今社会，企业作为庞大且重要的交通责任主体，其必须在合理谋利的同时，担负起相应的交通责任。所以，充分利用行业资源的优势必须与推动交通事务的多元化同步进行，促使企业积极主动地参与交通事务治理。

③社会主体：公民社会是交通事务多元协同联动结构的体制性基础。社会主体是社会化模式下交通治理主体的重要一维，社会维度的交通治理主体包括社会组织和社会公众等社会力量。

申言之，社会公众是交通事务治理社会维度的重要基础。社会公众既是交通权益最基本的主体，也是交通法规最基本的保护对象，同时也是交通损害最终的承受者。因此，公众要想使自己的交通权益得到根本保障，就必须成为交通事务治理主体的组成部分。但客观上，公众以个人身份参与交通事务治理的过程一直都存在成本高、力量弱的障碍，这一现象是普遍的，并且无论现在还是将来都会持续存在。因此，对公众以个人身份参与交通事务治理的正当性和合理性应当给予足够的认可和保障，与此同时还要积极探索行之有效的新方法、新途径，如通过社会组织的桥梁作用来推进公众参与交通事务治理的进程。

本研究认为社会组织应在交通事务多元主体结构中发挥更为积极主动的作用，这是因为拥有社会资源的社会组织相较于政府有更大的优势，其具体表现为：第一，信息灵活性。社会组织的信息灵活性与信息社会的特点相契合，无论在信息的收集、加工还是交流方面，社会组织都比政府更具优势。同时，社会组织还具有沟通和连接政府与公众的重要作用。第二，横向网络性。与政府的纵向等级网络相对，社会组织的网络体系是横向的，这使得其相较于政府具有社会资本优势。这一特点有利于推动人与人之间的信息交流与合作，从而更具弹性、创意和效率。[1]第三，人本性。采取自下而上的方法参与交通治理是社会组织的一大特点，这使得其在本土化方面具有更强的优势，同时也更容易获得认同感和归属感，所以社会组织相较于政府更富有人文关怀。社会组织可以提供政府和市场难以提供的交通事务治理效能。相较于政府，其优势表现在具有多元代表性、民主参与性和自助互助性。相较于市场，它的优势则表现在具有非营利性和志愿性。在应对交通问题时，社会组织既没有政府"行动等待立法"的时间限制，也没有企业"仅限营利性活动"的领域限制，所以其兼具及时性和灵活性的优点。尤其是在应对短期难以用统一标准的方法来解决又危及公众自身权益的问题时，社会组织能够发挥重要的作用。

---

[1] 张康之、李东：《任务型组织之研究》，《中国行政管理》2006 年第 10 期。

第三节 交通权力多向性

作为交通管理社会化改革的前提，主体多元性强调的是社会化治理的形式层面，而作为主体多元性的延展，权力多向性则突出的是社会化治理的核心和本质。可以说，正是在多向性权力的运行背景下，交通管理社会化改革实践进程中的多元主体联动协同才能实现。

1. 交通权力多向性的表现

现阶段，我国交通治理模式中以政府作为单一的行政主体，权力运行体系趋于自上而下的封闭式单向管理，其主要包括两方面内容：一是权力运行体系内部上级对下级的控制和命令；二是政府作为行政主体对社会公众的控制和管理。

在权力运行体系中，各项交通管理权力普遍集中于交通管理部门，且交通管理部门拥有核心决策权。交通管理部门作为单一的行政主体通常运用绝对的政治权威，向社会公众和相关职能部门发布行政命令，制定和施行相关交通政策，对交通事务实行自上而下的单向管理。在权力日常运作中，交通管理部门不仅需要负责交通安全管理、道路秩序维护和违法行为处罚，还需要负责宏观层面的政策法规制定和微观层面的监督执行。在传统交通治理模式下，交通管理部门日益捉襟见肘。而反观社会公众，却由于政府没有调动民众在交通事务治理领域的积极性而始终处于一种被动消极的地位。

交通管理社会化改革实践重视权力运行的多向性，强调权力运行过程的多元主体协同联动，即多元主体以交通客体为基础所构筑的交通治理体系内，不只存在自上而下的权力运行方向，从而使得交通治理过程显现上下的互动。除此之外，权力运行还应彰显围绕交通客体所形成的内外互动状态，即交通治理互动不应仅限在以交通客体为界限所划定的范围之内，该范围之外的主体也可以对域内的主体施加积极影响。概而论之，权力运行的多向性不仅体现在政府、市场和社会公众等不同主体之间，也体现在同类主体之间。

在传统行政模式下，主体之间的关系主要是一种由政府主体和社会主体所组成的双层级的体系，权力运行趋于"命令—控制"形式，即政府主体通过交通政策和法律法规对交通行为进行管理和控制。在交通管理社会化改革实践中，治理主体则由传统的政府、社会两维主体转变为政府、市场和社会三维主体，同时在此之间构筑了单层次的关系模式。也就是说，在交通事务社会化治理过程中，政府主体的权力运行模式由传统的单一行政主体的"命令—控制"为主转变为"引导—服务"为主。交通行为人由被动的服从交通管理转变为主动地参与交通治理和监督落实相关政策，即社会主体不仅需要践行相关的交通政策法规，还需要参与交通法律法规的制定和相关的交通治理行动，同时监督政府对交通政策法规的执行；同理，政府不仅需要对市场主体进行管理，还需要对其进行政策引导和为其参与交通事务社会化治理提供必要服务。而市场主体也应当参与交通政策的制定和监督执行，具体可以采用协商交流、项目引进、书面建议等方式。除此之外，在现阶段政府作为单一行政主体的治理体系中，社会主体和市场主体之间的互动潜能还有待开发。在多元主体协同联动的交通事务社会化治理体系中，市场主体不仅能够引导社会主体积极参与交通事务治理，还能够参与由社会主体发起的各项交通治理行动。换言之，社会主体也能够通过其主体行为对市场主体进行监督和引导，现阶段在社会中普遍倡导的"绿色出行"理念就是社会主体和市场主体互相积极影响的产物。

上述内容是针对不同主体之间的权力运行的多向性分析。同理，在同类主体之间也存在多向度的权力运行过程。一方面，在社会主体之间，传统治理模式中的交通行为人为了个人出行利益而轻视公共交通利益，交通违法现象层出不穷，造成不良的交通负外部性。而在交通事务社会化治理模式中，社会主体之间的关系类似于市场主体之间的关系，其能够为了最大的出行利益而采取协同联动的交通治理行动。另一方面，在政府主体之间，交通事务社会化治理模式将传统行政模式中上级部门对下级机构的单一控制转变为适当分权。这样，治理局面不仅不会失控，下级机构治理交通事务的积极性也得以充分发挥。

2. 交通权力多向性的实现

如何从实践意义上实现权力运行的多向性，是推进交通事务社会化治理不可回避的问题。本文以参与主体的不同为切入点进行具体分析。

在多元交通主体方面，交通主体意识和交通参与意识的提升是助推社会主体和市场主体发挥监督和参与作用的前提和有效条件，而参与意识和主体意识的提升需要积极的引导和教育。除了相关专门教育机构之外，政府、优秀企业及交通社会组织同样是可发挥引导和教育作用的重要力量。尤其是交通社会组织，其有效参与可以最大限度地调动社会公众的积极性，通过强化公众的力量，进而提升整个社会主体的力量和活力，这对培育多元主体的参与意识和主体意识具有重大意义。

然而，当前我国进行的交通事务治理在公众参与方面依然存在诸多问题：其一，公众参与意识较弱。长期存在的行政单中心模式使得人们普遍认为交通管理是政府的事，公众的交通参与行为颇为被动。特别是涉及交通缓堵治理或智能交通建设等专业性很强的事项时，公众的参与意识就更显薄弱。其二，公众参与能力较差。道路规划和交通规范制定与人们的切身利益密切相关，影响人们的生活，也影响社会的发展。对某一新建项目或事项进行交通影响评价的过程就是为科学规划和合理决策提供可靠依据的过程。而现实是，公众对政府所提交通议题或交通管理规范往往缺乏足够的理解能力和把握能力，整理和表达自身意见的能力也相对较弱。其三，公众参与效率不高。因公众知识结构和利益诉求存在差异，即便生活在同一地区的人也会因认识和所处立场不同，而对同一问题的意见和看法大相径庭，交管部门在面对这些存在差异的观点时势必有所取舍，无疑会降低公众参与交通治理的效率。此外，以"控制—命令"为核心的行政单中心模式缺乏有效的信息反馈机制，对于搜集来的公众意见没有畅通有效的反向回馈途径，公众无法知晓自己的意见是否传达到位、是否被正确理解、是否得到考虑、是否被采纳，一系列的"未知"不仅降低了公众参与效率，同时也削弱了公众参与的积极性。而且，公众以个人名义参与交通事务管理，力量过于分散，加之前文提到的观点冲突和意见差异，公众参与的力度将被进一步削弱，难以得到政府交管部门的足够重视，同时在缺少有效组织的情况下，参与者难免觉得人微言轻，公众参与的活力和主动性会降低，不利于我国交通事务治理的发展。

在这种情况下，社会组织便有了发挥引导和教育作用的现实空间。首先，社会组织作为社会主体的重要组成部分，更容易在社会上形成广泛的交通治理参与氛围，其对媒体及交通志愿团体的调动能力也优于政府部门；其次，社会组织多由专业人才和社会精英组成，具有专业能力和高知识水平的人群结构决定了其对现实中的各类交通顽疾具有更为敏锐、更为精准的理解能力和把握能力，同时还具有较强的整理和表达能力；再次，社会组织代表社会交通利益的诉求，这一地位属性决定了其相较于政府部门而言具有更好的协调能力，更便于在各类意见冲突中寻求平衡，以更平和的方式取得社会公众的理解和接纳；最后，社会组织在整合公众力量和搭建信息双向沟通平台方面也有突出优势，社会组织可以作为社会公众的代表，同时作为公众与政府部门有效沟通的纽带和桥梁，及时将信息反馈给公众，使公众真正体会到自身参与城市交通管理的成就感。

上文以社会组织为例简略阐述了社会主体如何实现对市场主体和政府主体的监督。除此以外，多向的权力运行同样是市场主体和社会主体实现对政府监督的重要路径。而且这一作用要得到切实的发挥，必须有制度加以保障，这就需要法律发挥作用。当然，在具体的制度建构中，必须从法律实体和法律程序两方面来规范和保障这一权利的实施，两者不可偏废。市场主体之间、社会主体之间以及市场主体与社会主体之间的权力运行同样需要制度和法律作为保障。

通过分析交通事务社会化治理模式的有效运行条件，我们清楚地看到，以具有复杂利益诉求的多元参与者为主体，以明确的治理目标和治理对象为交通客体，以权力运行的多向度为运作基础的社会化交通治理系统同传统的两级别、分层次系统存在本质上的区别，前者从根本上弥补了行政单中心模式所固有的要素缺陷和结构缺陷，因而具有分析角度广、治理手段多样、多元互补制约等功能优势。

第一，有利于多角度地分析问题。以"控制—命令"为核心理念的行政单中心模式在主体构成上存在较为明显的要素缺陷，管理方式往往表现为命令式要求和强制性指标，将注意力过多地集中于表象的"物"，而忽视了更具本质属性的"人"。交通事务社会化治理模式在重视交通客体的同时,同样强调多元参与的主体构成,在重视"物"的同时,同样强调"人",进而通过转变人们的观念和行为方式来解决交通问题。同时,站在"人"的角度,立场不同则视角不同,多样的视角选择会导致信息的不对称和关注点的不均衡。社会化交通治理模式有利于我们多角度地分析问题,进而以更全面的视域来思考当前交通问题。

第二,有利于运用多种治理手段。传统的行政单中心模式以"管理"为指导思想,外在形式往往表现为命令式要求和强制性指标。交通事务社会化治理模式的多元主体结构,将市场手段和社会手段引入交通管理,补充并丰富了交通治理手段,使之更为多样、更为全面。同时,对"人"和"物"的充分分析也使得各种治理手段能够因地、因时、因事、因势而宜,相互补充,相互协同。

第三,有利于实现多元主体的相互制约和协调。各类治理主体都或多或少存在问题和局限。例如交通决策部门不具备过硬的调查研究实力,可能导致调研数据不实;社会组织在相关交通组织实施过程中可能出现极端治堵等现象。这些不足都不利于交通治理的稳步推进。交通事务社会化模式则在对多元主体进行具体分析的基础上,厘清了其权力界线,明确了其各自的优势、劣势,有利于实现主体的相互协同和配合。

第三章 交通事务社会化
治理模式的生成逻辑和制度表征

第一节 新制度生成之动因

1.新型价值理念的影响

系统论提出，所有的系统都会基于内部或外部的因素而处于运动状态，并且这种运动贯穿每一个系统的初生、发展、成长和变化过程，而交通管理系统也在此列。[1]同时，其飞速发展、与日俱进的外在特征决定了道路交通管理工作必须时刻注意其系统的动态变化。纵使初期通过科学的方法制定出合理的管理体系，但如果不能根据时代的变化并顾及交通系统本身的发展及时进行调整，原先的管理体系则会因为难以适应新型环境而对道路交通的发展造成阻碍。并且，这种动态不仅要包含形式上的动态，更为关键的是还要做到思想理念上的不断创新。

过往的实践反复表明，相对封闭的政策使得我国对世界大多数国家，尤其是发达国家的情况不了解。随着我国对外交往的增多，尤其是与西方发达国家的交往增多。一些新信息和新观念不断输入。按照豪尔（Peter A.

---

[1] Alan Altshuler.The Urban Transportation System：politics and policy innovation[M]. Cambridge，Mass：MIT Press，1997：102.

Hall）等人的说法，这可能会导致制度的变迁，尽管皮尔森认为学习效应在政治领域不如经济领域那样明显，但是学习效应所构成的制度演进的动力依然是存在的，虽然世界各国制度结构存在差异，但是存在一些共有观念。[1]特别是在机动化社会快速发展的当下，各国日益严峻的交通拥堵、交通污染、交通事故等问题不仅普遍影响其公共安全和社会秩序，同时也给日常的交通执法工作带来新的问题和挑战。正是在这一背景下，交通管理问题的解决和社会治理的相关概念被提出并关联到一起，同时"智慧交通""互联网＋"和"车联网"等理念在交通管理改革中也得到充分彰显和体现。当前，纵观世界范围内的交通管理发展趋势，很多国家都开始在反思和探讨交通管理问题的基础上，对交通事务治理的理念和模式进行有益探索，这其中包括英国交通管理决策的全民参与、意大利交通违法行为的社会化处理、瑞典交通安全管理社会化、新西兰"大部制＋委托"的交通协同治理以及美国驾驶人社会信用管理体系的构建。

事实上，正是在上述国家交通事务治理理念的影响下，我国交通管理也有了长足的进步，特别是域外交通管理社会化改革中的"部门协同""需求导向""教育引导""汽车治理"以及"社会组织培育"等，为我国交通事务治理的发展提供了诸多经验和启示。使我们认识到，在机动化社会中，道路交通已不再局限于公共行政的范畴，而更多地体现社会化的特征，因而随着城市化的迅速发展和汽车的不断普及，政府管理理念应逐步发生转变，并且这种转变应涉及多个维度，有管理层次、管理范围、管理手段以及管理思维等多个方面。

2. 公共行政发展的内生需求

治理的本质是实现秩序与发展的统一，其原则是：所有的发展主体，既是秩序的创造者，也是秩序的维护者。在这个意义上，治理往往体现为发展主体合作共治的形态。对于交通而言，其最基本的主体就是往返其中的社会公众，交通治理离不开社会公众的主动参与，社会与政府的互动与

---

[1] Peter A. Hall. The Political Power of Economic Ideas: Keynesianism across Nations[M]. Princeton: Princeton University Press, 1989: 383—384.

合作是交通治理的内在形态。

"天地交而万物通，上下交而其志同也。"[1]协商共议是人类自我组织和管理的最基本的治理形态，从"交通"一词的起源中就不难看出，合作共治的交通治理基因早在古代中国就已存在。到了现代，市场经济使得每个人拥有平等的自由权利，成为在法律上能够主宰自己的主人，这种合作共治也逐渐成为普遍和成熟的城市治理形态，以至于人们往往以此为标准或模板来反思交通管理模式的发展。改革开放以来，中国交通治理也是沿着这个轨迹发展的，大中型城市在这方面进行了许多卓有成效的探索和实践，创造了不少社会公众参与交通治理的新机制、新平台和新活动，如"牵手"平安行[2]、"三员"网络构建[3]、文明交通行动计划[4]以及交通安全宣传教育的社会化措施等。

事实上，这种交通治理形态的立足点就是"交通是社会公众生产、生活的必要公共空间"，所以，交通治理应该基于其公共性来展开。申言之，首先，交通治理应通过提供必要的公共设施，以满足社会公众的最基本出行需求。其次，交通治理必须提供有效的公共产品来供给公众、服务公众。再次，交通治理必须保证公众参与。交通治理不涉及国防、外交等重大问题，主要涉及社会公众以及城市自身的发展，天然具有很强的公共性，理应最大限度地吸纳社会力量，既保证交通治理能够符合社会的愿望与要求，又保证公众在交通治理上的服从与合作。最后，交通治理必须不断提高交通行为人的公共意识，让每个人既认同自己的身份和责任，也共同遵守交通制度规范、参与交通公共事务、维护交通公共资源。因此，交通事务社会化治理模式的推进，事实上充分彰显了现代公共行政发展的内生逻辑和

---

[1] 周立升：《易经集注导读》，齐鲁书社，2009，第 12 页。

[2] 2012 年起连续三年实施的"牵手平安行"，要求公安交警真正与各有关部门、运输企业、驾驶员和广大交通参与者手牵手、心连心，共同做好道路交通管理工作，切实解决影响道路交通安全的基础性、源头性问题。

[3] 以万名交通安全员、万名交通安全信息员、万名义务监督员为主要内容的"三员"网络体系。

[4] 2010 年起实施的"文明交通行动计划"，充分调动了社会力量、群众力量、道德力量和舆论力量管理交通，着力建设与汽车社会相适应的汽车文明。

基本要求。

3. 制度供给中的"路径依赖"

"路径依赖"原本是阿瑟用来描述技术演进中的轨迹依赖的术语。经济学家诺斯把这一机制扩展到制度变迁中，来阐述过去的绩效对现在和未来的影响。由于制度本身的路径依赖特性，"一旦一个国家或地区沿着一条道路发展，那么扭转和退出的成本将非常昂贵。即使在存在着另一种选择的情况下，特定的制度安排所筑起的壁垒也将阻碍在初始选择时非常容易实现的转换"[1]，加上政治活动的独特性——"集体行动的核心地位、制度的高度密集、政治权威和政治权力的非对称性、政治过程的复杂性和不透明性"[2]，相比经济生活而言，反而容易强化路径依赖特征。改革开放以来，交通管理体制随着社会主义经济体制和政治体制的形成而生成，也随着社会的稳定，进入"路径依赖时期"。在这一时期，制度不断自我强化，形成路径依赖。这导致进入汽车社会以来，在治理交通问题时依然使用旧的制度、方法来解决新的问题，进入"野兔—山猫"此消彼长的生态循环，也就是"一乱就管""一管就稳""管完更乱"。[3] 而新的制度供给严重不足，正是由于制度的路径依赖特征，决定了它很难与社会经济的变迁形成一一对应的关系。

具体而言，在目前的交通管理领域，除了中国传统社会形成的"专制""集权""礼法并用"等制度集合的路径依赖，还有两重路径依赖。一方面，在具体的治理方式上，我国交管部门仍习惯于传统的管制性行政措施。申言之，我国交通治理方式结构中，一直以来都以行政化为导向而缺乏社会化管理所倡导的经济手段和市场调节。所谓经济手段指的是交通管理部门顺应客观规律，通过对补助、税费等经济指标的调节，反向调整和

---

[1] 陈平：《当前我国制度反腐的宏观策略、路径依赖与现实对策分析——新制度主义的视角》，《河南大学学报（社会科学版）》2016 年第 3 期。

[2] 何俊志：《结构、历史与行为：历史制度主义对政治科学的重构》，复旦大学出版社，2004，第 239 页。

[3] 荆轲：《峰谷探迷：中国犯罪问题的数量分析与预测》，中国人民公安大学出版社，2000，第 146 页。

统筹民众交通方式的行政手段。目前，我国道路交通管理中对经济手段的应用大多停留在传统的成本回收（如高速公路收费）、对违法行为进行罚款处罚的层面上，应用不够广泛。事实上，在交通管理改革中，经济手段应该得到更加灵活广泛的应用。例如，国外多个城市或地区广泛采用的差别化停车收费制度，有效地通过对停车的控制达到对交通流的引导和控制；有些城市开始逐步应用交通拥堵收费政策缓解城市交通拥堵；有些城市实行购车高购置税政策以抑制私人汽车保有量的增长，有效地调节了机动化交通需求的增长与交通供给之间的平衡。[1] 从发达国家的经验看，多元化治理方式已经成为提高交通管理效率和水平的重要途径，但无论从静态结构还是动态应用情况来看，我国交通事务在治理方式上还存在较大的提高空间。

另一方面，就交通事务的治理形态而言，自上而下的"运动式"执法往往成为解决交通社会性问题的一种常见模式。如上所述，在目前政府权威型治理范畴中，重点依赖顶层的法律体系以及行政管理的上下分治模式来推进交通管理事务，然而该体系虽然具有纵向的关联和横向的合作，但无论在实体内容上还是在具体形式方面都存在诸多不足和缺陷。基于此，作为一种在短期内调动社会治理资源的方法，"运动式"执法往往成为有效整顿、清除交通社会难题的重要选择。然而，不可忽视的是，尽管阵风式的执法与治理运动能够在一定时期获得较好的治理效果，但是由于常态化制度保障机制的缺失，交通管理漏洞和交通陋习等问题通常会迅速反弹甚至更为严重。[2] 实践中，为解决一直以来交通管理中面临的"中国式过马路""中国式开车""中国式拥堵"以及"中国式执法"等问题，交管部门集中开展了一系列社会化的专项治理活动，如交通安全社会化宣传教育和交通恶习的"社会化"整治活动，虽然这些措施在短时间内取得了良好的成效，但由于缺乏制度化、常态化的机制而并没有彻底消除这些问题。

---

[1] 公安部交通管理局：《公安交通管理工作调研论文选编》，中国人民公安大学出版社，2009，121—125 页。

[2] 韩兆坤：《协同性环境治理研究》，博士学位论文，吉林大学，2011，第 125 页。

由此可见，由于存在路径依赖特征，导致机动化社会中交通管理制度的供给不足，在交通问题的具体解决和处理过程中，既有的制度成本高，收益不达预期，最终效率较低，亟待创新。

4. 交通形势发展的现实 "倒逼"

在道路交通管理领域，随着我国汽车数量的迅猛增加以及向机动化社会的迈进，我国在交通管理实践中遇到诸多新的问题和挑战，特别是机动化社会发展过快与驾驶人管理滞后之间的矛盾、人权和车权的 "路权" 矛盾、交警业务能力建设与新时期执法环境变化之间的矛盾、交通参与者与交通管理者之间的矛盾以及新时期道路交通管理 "硬" 制度和安全意识 "软" 文化之间的矛盾，成为机动化社会交通管理体制改革面临的主要难题。就本质而言，机动车激增、交通事故、交通拥堵、交通污染而引发的道路交通问题实质上属于社会治理难题。并且，无论从行政系统内部和外部，还是从城市治理的环境系统来看，交通理念、文化、机制、规范、方式等因素都不同程度地强化了社会治理的复杂性，从而使得政府一元化的管理模式很难适应机动化社会公众的新需求、新特点和新动向。

当代社群主义认为，由于单方主体的力量有限，所以其在表达自身利益诉求或参与政治活动时必须依托社群的力量。[1] 相对于自由主义，社群主义的创新点在于更多地着眼于社会整体的利益，其所追求的更多是共同体的 "善"。社群主义主张政府将部分权力让渡给社会组织，促成和谐的协同合作关系，在社会组织具备更多独立性与自主性的基础上，通过社会组织的参与、执行，将社会力量整合进国家整体发展进程中，进而更好地促进公共政策的有效实施和贯彻落实。[2]

当前，城市化和机动化的发展日新月异，单靠政府已很难解决交通问题及其所连带的社会问题，所以政府需要进一步借助和整合公民、非政府组织和私人部门的力量，在治理道路交通事务的过程中共享权利、共同治理。在交通事务社会化治理体系中，民众的注意力会从治理过程中政府的

---

[1] 俞可平：《权利政治与公益政治》，社会科学文献出版社，2000，第 121 页。

[2] 毕素华：《法团主义与我国社会组织发展的理论探析》，《哲学研究》2014 年第 5 期。

作用和地位扩散到治理过程中政府的治理方法和治理途径。法治、高效、负责的政府会对有效治理起到关键的促进作用，交通事务社会化治理模式在对此做出肯定的同时还主张以制度化的合作方式推动多中心的公共行动者共同参与净化交通污染、维护交通安全、商榷交通议题、制定交通法规、调节路权冲突等交通问题的活动。交通事务社会化的治理体系中，基本上每个交通主体的行为都会影响其他主体，因此每个交通主体制定自身的行动决策时都应该着眼全局，维护交通的整体利益。由此可知，交通事务治理社会化改革作为公共治理主体多元主体的一种具体表现形式，其既区别于个体原子化形态游离于社群的极端自由主义，又区别于强调无差异的极端集体主义，而是取精去糟后的理论弥合和思想重构，是一种健康的发展方式。因此，交通事务社会化治理模式的出现一方面体现道路交通客观形势的现实"倒逼"，另一方面也彰显交通主体之间以平等合作为基础的组织形态以及社群主义在交通管理社会化改革中的嵌入和耦合。

第二节　新制度生成之逻辑

1. 从工具任务型管理到联动协同型治理

多元协同治理在理论上可分为前后两个治理阶段。第一阶段为浅层治理，即工具治理逻辑，社会力量作为政府治理的制度化工具；第二阶段为深层治理，即合作治理逻辑，社会力量与政府平等合作、协同共治。[1]就我国当前情况来看，交通治理逻辑尚未发展至合作逻辑，多元联动协同治理尚停留在浅层阶段。实践表明，在我国多地进行的交通管理社会化实践中，"政府主导"现象依然显著，政府交管部门在"工具逻辑"和"政绩任务逻辑"的指导下，依旧将多元社会力量视为政府行政功能的延伸，并将其作为政府实现政绩目标、完成任务的"工具"，治理逻辑中所透露出

---

[1] 张开云：《多元联动治理：逻辑、困境及其消解》，《中国行政管理》2017 年第 6 期。

的"鸟尽弓藏"含义也严重挫伤了社会力量同政府之间的信任协同关系。在这样的治理逻辑背景下，一方面，社会组织缺少必要的生存空间和长效的发展条件。社会组织不仅在运行资金和资源分配方面依赖政府部门，其生存更受到制度环境的高度约束，无法拥有完整的自生能力。另一方面，社会组织行政化特征凸显。社会组织的"工具性"和"依赖性"特征导致其成为交管部门行政功能的延伸，而非独立自主的主体。有学者指出："社会组织时刻处于政府的隐形控制之下，资格审查、资金审批、项目化管理、人才遴选等手段的应用使得社会组织的志愿属性和非政府属性逐渐弱化，官僚化和行政化特征愈来愈显著。"[1]

因此，想要切实落实协同治理模式，走协同治理之路，我们需要积极主动地转变政社关系和公共治理逻辑。在交通治理领域，应变政府与社会的命令—服从关系为合作—伙伴关系，变权威控制式的垂直单向治理机制为协同合作、联动互补的纵横双向治理机制，变自上而下的资源组织结构为平等共享的资源组织结构，以共同的交通治理目标和价值追求为导向，建设平等、高效的沟通、信任机制，完善协同联动平台，充分调动和发挥包括政府在内的多元治理主体的优势和特征，助推我国多元协同交通治理体系进入深层治理阶段。

2. 从科层制结构到网络化模式

20 世纪 90 年代以来，整体社会环境趋于全球化和分权化，社会组织和社会公众的力量日渐壮大，公共事务管理中的权力配置变得不再集中，组织界限亦变得不再固定，传统的科层制政府模式已然无法与新的时代需求相匹配。以单纯的控制—命令手段、僵化的运行模式、机械的工作限制为特征的官僚制度，在解决多元需求的复杂问题时常常显得捉襟见肘。企业型政府作为新公共管理学的核心理论之一，过分强调第三方主体的作用而忽视了由此可能产生的间接政府问题。企业型政府试图通过市场力量来转变中央集权，而实际出现的权力分散状态并未达到真正意义上的民主分

---

[1] 杨宏山：《整合治理：中国地方治理的一种理论模型》，《新视野》2015 年第 3 期。

权。[1] 与此同时，公共服务领域所呈现出的纵横交织现象愈来愈广泛，原本泾渭分明的公共部门和私人部门以更为丰富、更为复杂的方式交织融合，固化的部门界线已不复存在。美国学者斯蒂芬·戈德史密斯认为，网络化治理的本质便是多元化的公共治理主体共同参与治理社会公共事务，建立多元主体合作共治的治理形态是实现网络化治理的基础。[2] 网络化治理作为公共治理的新形态、新理念，不仅深刻反思了传统公共行政范式，更是对新公共管理范式的重塑和超越。在交通管理领域，网络化政府理论的发展推动了交通治理结构和组织体系的变革，协同共治已成为各类交通主体的基本共识。以协同互助为治理手段，以功能互补为合作目标，以社会各类交通主体的通力合作为力量保障，共同应对机动化社会所带来的问题和挑战。面对交通事故、交通拥堵、交通污染等一系列复杂的交通难题，交通参与主体中任何一方都无法保证能够依靠"一己之力"将之彻底解决，因此各个交通参与方就需要在自身利益和战略目标上做出相应的取舍和调整，以保证整个社会公共政策绩效的最大化。政府部门要逐步从原先的公共服务直接供给者转变为社会公共价值的掌舵者和推动者，在跨部门、跨功能、跨主体、跨行业的网络化交通治理体系中发挥导向和把控作用。申言之，在交通治理领域主要有以下几个方面：①第三方警务：将警务主体向社会组织和私人部门辐射，以社会化警务来完成政策目标；②协同政府：以多部门、多层级的政府协同来保证服务供给的整体性，克服交通管理的"碎片化"问题；③智慧交通：依靠现代电子信息技术来实现交通主体的合作和实时互通，实现交通管理的现代化和智能化；④公共需求：私人部门所特有的个性化服务供给模式可以有效弥补政府在公共服务供给中的不足，为交通参与者提供更为多元化的选择。

3. 从实质性控制到程序性措施

随着后工业时代的到来，公众民主意识不断增强，不可治理性公共事

---

[1] 朱立言、刘兰华：《网络化治理及其政府治理工具创新》，《江西社会科学》2010年第5期。
[2] [美] 斯蒂芬·戈德史密斯等：《网络化治理：公共部门的新形态》，孙迎春译，北京大学出版社，2008。

务增多，政府已无法再扮演唯一核心的角色，虽然目前其依然在绝大部分的情况下处于十分重要的位置，但也逐渐转变为多元主体的一部分。所以，传统的实质性管理工具已不再适用于当前的治理环境，例如：行政机构采用的"命令—控制"方法，组建管制机构或其他行政性机构或企业，传统的利益诱导等。[1] 加拿大学者 Howlett 所提出的程序性工具，实际上就是政府通过控制过程或制度来间接影响结果的工具。政府使用程序性工具时会使用不同类型的资源（组织、资财、权威和信息），也会抱有不同的使用目的（否定或肯定），Howlett 就依据此对程序性工具的类型进行了系统的划分。[2]

实际上，程序性工具的关键就是政府为维护自身统治的合法性而对治理网络进行管理的手段，即政府通过程序性工具对治理网络进行控制，以影响处于治理网络中的标的群，进而维护政府的合法性，增强治理行动能力。Klijin 与 Teisman 认为，网络管理的任务就是调节制度、观念和行动三者间的关系，这从根本上决定治理过程中工具的选择。申言之，以制度为中心的网络管理旨在探索影响网络的规则和标准，进而最大程度优化网络中的博弈，这对当前和未来的网络行动都有间接的影响；以观念为中心的网络管理，其任务在于促进行动者的合作，引导行动者的观念、价值和目标，以此协调其差异；而围绕行动者的网络管理则旨在影响整个网络的混合体与网络中的博弈活动。[3]

交通事务社会化改革是一项系统工程，它本身就意味着政府提供交通公共服务手段或方式的改进，因而从"命令—控制"方式到程序性工具的转变在技术层面充分体现了交通管理制度变迁的内在逻辑。具体而言，为了完成交通管理社会化改革任务，我国在交通治理中除了运用传统的市场

---

[1] 约翰·布莱顿·托马斯：《公共决策中的公民参与》，孙柏瑛等译，中国人民大学出版社，2010。

[2] Mickael Howlett. Muuugiug the "Hollow State": Procedural Policy Instruments and Modern Governance[J].Canadian Public Administration，2000 (9).

[3] Walter，lulius Michael Kickert，Erik——Hans Klijn，Johannes Franciscus Maria Koppenjan. Managing Complex Networks： Strategies for the Public Sector [M].London：SagePublications Ltd，1997.

化工具外，还比较注重程序性工具在具体治理中的应用，如在交通事务中充分发挥非营利组织在提供公共服务中的作用；在"大部制＋委托"的交通事务社会化过程中建立激励机制、对外包绩效的测量与监控等；加强交通安全领域中的宣传教育和行政引导；强化信息沟通机制特别是交通信用数据在各政府部门以及政府与社会之间的交互、流转和共享。

4. 从封闭性框架到参与型嵌入

在"中心—边缘"的框架结构中，行政权力在相对封闭的"中心"空间运行，而社会公众要么直接处于结构之外，要么进入结构之中成为"边缘"。也就是说，社会力量没有参与具体的治理事务，他们往往都是以"外围"的身份而存在。[1] 然而，到了工业社会后期，随着社会的进步和公民意识的觉醒，人们逐渐开始意识到这一问题，于是很自然地提出了社会公众的"参与"问题。

从权利的角度来看，由于公民的权利是工业社会得以确立的一个重要基础，对各种权利的不断强调业已成为人们思考和解决一切问题的出发点。由于人们看到在政策制定中缺乏民众的身影，于是自然而然地就产生了赋予民众参与权的方案。尤其，当参与的技术性难题由于技术（如电子政务、新媒体）的发展得到解决的时候，参与就呼之欲出了。另一方面，也不能简单地将公众参与视为政府对社会大众诉求的被动回应，一定意义上，这也是政府主动选择的结果，或者说，居于治理中心位置的政府有能力"消化"这些新要素，允许边缘参与治理会给边缘带来良好的心理感受，这就会减轻政府在政策执行中可能遇到的阻力，让管理变得更容易，因为中心会说（边缘也认可）："已经给了你参与和表达的机会，这是你们共同的决定。"[2] 正如罗尔斯所言："既然宪法是社会结构的基础，并且是用来调整和控制其他制度的最高层次的规范体系，那么每个人便有同样的途径进入宪法所建立的政治程序。当参与原则被满足时，所有人就具有平等公

---

[1][法]让-皮埃尔·戈丹：《何谓治理》，钟震宇译，社会科学文献出版社，2010。

[2] Ann M. Florini， Hairong Lai， Yeling Tan. China Experiments：Form Local innovations to National Reform.Washington， D. C.：Brookings Institution Press，2012：123—160.

民的相同地位。"[1]

在交通管理领域，随着交通参与权在交通事务治理体系中的结构性嵌入，以"中心—边缘"为基础的封闭性权力运行模式开始逐渐消解和转化。依据法律法规，我国交通管理领域中的公众参与权可以具体分为交通事务知情权、表达权、决策权、监督权等权利。同时，为了保障交通参与权从抽象到具体、从形式到实质的发展，交通管理改革还大力从制度上对其予以相应的规制和保障。具体而言，为保障公众的知情权，专门规定了以公告制度为核心的信息公开制度；为保障公众表达权，专门规定了以听证会和论证会为主要内容的意见表达制度；为保障公众的决策权，全力推进了协商民主以及协商决策模式在交通管理领域的法律化、制度化和程序化；为了加强公众参与的权利救济，专门规定了以批评、建议、检举、申诉和控告为内容的监督制度。可以说，交通管理改革中的公众参与权是在国家治理体系和治理能力现代化背景下公众参与权在交通事务治理领域的具体延伸和直接体现，对于我们化解机动化社会进程中的诸多交通冲突和交通问题具有重要作用。

第三节 新制度生成之表征

1. 建构主义和经验主义相结合

经验理性与建构理性是人们探求知识与改造世界的两种不同的认识论和方法论，同时也是国家法律制定和宏观制度设计中两种不同的思维方式和路径选择。依据哈耶克的观点，建构理性倾向于从预设概念出发，强调逻辑推理的重要性，重视先验知识的价值，坚信理性认识能力的无限性。经验理性认为，经验是认识之母，一切知识和社会进步均源于实践经验，

---

[1][美]约翰·罗尔斯：《正义论》，何怀宏等译，中国社会科学院出版社，1988，第217页。

而人的理性是不完备的和有限的。[1] 经验理性和建构理性互有短长。经验理性更贴近现实，有利于社会的稳定与持续发展，但因其眼光向后，前瞻意识弱，对社会的必要变革经常谨小慎、畏首畏尾，缺乏主体积极性和主观能动性，容易错失机遇，阻碍创新，滑向保守主义。而建构理性可以充分发挥人的主观能动性和历史首创精神，积极推动社会进步，但也容易否定传统经验，盲目迷信理性，走向"致命的自负"，陷入教条主义泥潭和乌托邦迷途。[2] 因此，单纯的经验理性和建构理性都具有片面性，正确的选择应是将二者有机结合，走出一条"蜜蜂"的道路。

在推进我国交通事务社会化治理的过程中，建构理性和经验理性的协同发展，具体体现为立法者既在理性认识和逻辑推理的基础上进行宏观的制度设计，同时也不忽视经验理性的现实经验和渐进发展。一方面，面对交通发展的新形态，国家通过宏观层面的理念引领和制度建构，不断推动交通事务社会化治理的深层次发展。机动化社会的交通发展新形态，实质上是交通中人与人关系变化、人与物关系变化以及人与整个城市关系变化的综合体现，其在带来社会经济发展新空间、新取向、新境界的同时，也对交通管理的组织方式、运营方式、发展方式以及治理方式提出一系列新挑战。鉴于此，国家从制度建构主义视角出发，从宏观战略、制度、组织和治理上不断进行探索和创新，以适应交通的发展变化。例如，全国人大常委会修订的《道路交通安全法》以及国务院联合发布的《关于加强道路交通安全工作的意见》，要求创新完善交通安全社会化宣传教育机制，加强交通安全文化建设。公安部、司法部和中国保险监督管理委员会发布的《关于推行人民调解委员会调解道路交通事故民事损害赔偿工作的通知》，要求公安部、司法部相关部门引入交通事故赔偿的社会化处理机制，即充分发挥人民调解委员会在化解交通事故损害赔偿矛盾纠纷方面的积极作用，促进交通事故处理的社会化措施的完善。国务院《社会信用体系建设规划纲要（2014—2020 年）》和中央文明委《关于推进诚信建设制度化

---

[1] [英] 哈耶克：《自由秩序原理（上）》，邓正来译，三联书店，1997，第 64 页。

[2] 程汉大：《美国立宪成功之道——经验理性与建构理性的有机结合》，《山东女子学院学报》2012 年第 4 期。

的意见》，对交通信用体系的总体制度框架和运行操作规范进行了统筹规划。《公安科技创新"十三五"专项规划》要求着力推动交通管理"四大平台"的共建共享，通过对交通管理综合应用平台、交通集成指挥平台、交通管理分析研判平台、互联网交通安全综合服务平台的资源进行整合，不断促进交通管理服务社会化模式的转型升级。

另一方面，交通管理社会化改革坚持在经验理性主义指导下走渐进式发展之路。申言之，在制定交通管理法律规范时，有效处理规范性与业务性之间的关系，将在交通管理实践中证明是正确的做法用法律法规形式固定和保留下来，巩固取得的成果；同时坚持审慎立法政策及包括试行立法、试点立法和先行先试等的立法试行机制，通过交通管理科学经验的不断积累推动交通事务社会化治理体系的渐进发展。例如，面对交通领域新产品、新业态和新问题，各地方立法机关和交管部门综合施策、协同治理。江苏建立城市交通管理专家会诊机制，开展全省城市交通组织优化提升行动；上海市积极畅通民意渠道，搭建网上沟通平台，鼓励群众举报交通违法行为，拍摄上传交通信号灯和标志标线问题；北京起草了机动车停车管理条例，创新设置"内嵌式"路侧停车位，积极破解"停车难"问题；上海、深圳针对共享单车、共享汽车等新业态，积极推动政府和社会组织研究管理办法。各地通过破解难题，进一步创新了管理方式、健全了管理体制、完善了治理机制、推动了协同共治。

由此可见，我国交通事务社会化治理的一个重要特征便在于建构理性与经验理性的有机结合，即政府通过理性的行为和制度规范引领并建立交通事务共同治理的机制，同时又保持求真务实的精神，正视交通管理中存在的多元利益冲突，并通过经验积累和地方创新不断化解矛盾。

2. 秩序价值和权利价值并重

对秩序的追求，是符合国家、社会和人民利益的，一个动荡不安的国家，不仅无法实现国家发展、社会进步，而且其人民利益也无法保障。特别是在机动化社会背景下，不稳定的风险不断增加，其影响也不断加大，维护道路交通秩序的稳定，为城市化建设以及全面深化改革的推进提供良好的外部环境，成为交通管理部门的首要任务。近年来，随着汽车数量的不断增长，交通事故呈快速增加态势，死亡人数基本上以每年 5000 人以上的数量增加，死亡总量在这一时期达到峰值，同时重特大事故仍处于高发阶段，年均发生 51 起。[1] 面对交通事故高发频发的局面，政府和社会各界越来越重视交通管理工作，自 2003 年以来，党中央领导和国务院领导前后就交通管理工作做出数次重要批示，在科学准确研判交通安全情势的基础上，为今后加强交通管理工作明确了目标。2013 年 10 月，国务院组织并建立了由公安部、交通部、发改委、国家安监局、中宣部等 17 个职能部门参与的全国道路交通安全工作部级联席会议机制。同时，公安部陆续组织开展了"平安大道"创建、"平安畅通县区"创建、"牵手平安行"和"五进"交通安全宣传等活动。

在追求秩序稳定的同时，保护人民合法权益成为与维护秩序并列的主要任务之一。这不仅是为人民服务的宗旨的要求，也是特定历史背景下坚持执法为民、走群众路线、解决人民内部矛盾的治本之策，更是对 2004 年《宪法修正案》中"国家尊重和保障人权"精神的践行。另外，公共服务社会化提倡的"顾客至上"理念，不仅推动了政府行政改革的深化，而且对道路交通管理领域中"交通权利"的维护产生了深远的影响。可以说，交通事务社会化治理的推进，始终坚持执法为民，在执法理念、执法方式和管理模式层面不断促进由传统管制向权利维护的转变。一方面，探索以行政权力为中心向以公众需求为中心的转变，在交通管理社会化改革中，将社会公众的呼声作为第一信号，把社会工作的需要作为第一选择，把社会公众的合法权益作为第一考虑，把社会公众的满意作为第一标准；另一方面，完善科学、民主的决策机制，实行社会公示和社会听证制度，有效构筑了交通参与权和交通监督权的实现途径。在社会化改革的探索中，交通管理部门不断强化管理和服务并重的服务观，陆续推出便民利民的社会化管理措施，改变了过往管理思维固定、管理理念滞后、模式僵化等问题，交通管理的权利维护和服务功能逐渐得到体现。

---

[1] 公安部交通管理局：《交通管理工作调研报告选编》，中国人民公安大学出版社，2015，第 112 页。

3. 局部变迁与整体推进相交错

有学者认为中国的制度变迁就是"将地方试验上升为国家规则的过程"。[1] 也有学者提出"中央选择性控制的试验"是中国改革的主要方式，中央根据地方的试验情况进行事后确认。[2] 事实上，交通管理制度的创新也不例外，既有中央推动的整体变迁，又有地方试点的局部"实验"，并在全面深化改革的整体框架下朝着理性化、现代化、科学化的方向逐步迈进。

第一，在中央的主导下，"将地方试验上升为国家规则"[3]。在交通管理社会化改革初期，交通事故处理社会化、驾驶人培训社会化、交通违章的处置社会化、交通窗口服务社会化、机动车检验社会化、交通管理执法与服务的社会化以及交通缓堵治理的社会化制度创新得到中央的事后确认和认可，通过"自下而上"的扩散和"自上而下"的推广，逐步推动交通管理制度的创新。

第二，公安制度顶层设计能力提升，理性化程度不断增强。在进行局部改革的同时，制度变迁的行动者开始系统思考，向机构设置、权责分配、人员管理、监督制约等改革的难点和深水区进军。2011 年，新修订的《道路交通安全法》专门对公安、交通、司法、教育、金融等相关机构提出了共同构建跨部门、跨领域、多层面、多维度的协同合作机制，整体推动交通管理社会化的发展。2012 年国务院联合有关部门发布的《关于加强道路交通安全工作意见》明确载入了"政府相关主体、媒体等社会主体同为交通安全宣传教育的责任主体"的规定，要求充分发挥政府主管部门、社会行业机构、社会团体组织以及社区、学校和单位在交通安全教育社会化中的作用。2010 年起国务院组织实施的"文明交通行动计划"，要求调动

---

[1] 周雪光：《权威体制与有效治理：当代中国国家治理的制度逻辑》，《开放时代》2011年第 10 期。

[2] 刘培伟：《基于中央选择性控制的试验：中国改革"实践"机制的一种新解释》，《开放时代》2010 年第 4 期。

[3] Ann M. Florini, Hairong Lai, Yeling Tan. China Experiments：Form Local innovations to National Reform.Washington，D. C.：Brookings Institution Press，2012：123—160.

社会力量、群众力量、道德力量和舆论力量管理交通事务，着力建设与汽车社会相适应的汽车文明。2013 年以来，公安部着力推动了交通管理"四大平台"的共建共享，通过对交通管理综合应用平台、交通集成指挥平台、交通管理分析研判平台、互联网交通安全综合服务平台的资源进行整合，不断促进交通管理服务社会化模式的转型升级。2012 年起公安部在全国范围内连续三年实施"牵手平安行"，要求公安交警与各有关部门、运输企业、驾驶员和广大交通参与者手牵手、心连心，共同做好交通管理工作，切实解决影响交通安全的基础性、源头性问题。交通事务社会化治理制度创新的整体规划和设计，逐步从务虚到务实、从局部到整体得到推进，在实现与机动化社会相适应的理念和职能转变的同时，内在要求交通管理组织机构、人员管理、工作机制、方法技术等要素实现治理现代化。

第三，局部变迁的"试验"仍在继续。当前，系统的顶层设计受到越来越多的重视和青睐，但与此同时并不能否认"摸论"和"个案"的地方局部经验。地方交通管理部门学习效应增强，在交通基层基础工作领域中推动开展了多种形式的社会化改革，同时通过实践经验的共性概括和现实探索中的创造性"试错"，归纳总结出交通社会化改革在资源整合、公众参与、措施创新、部门协同等方面的路径选择，并在对交通管理运行规律提炼的过程中，提出回应和完善交通改革顶层设计的立法意见和现实对策。可见，这种"自下而上"的扩散和"自上而下"的推广[1]的增量改革，在"量"的不断积累基础上实现了交通管理快速反应能力和整体工作效能的提升，推动了交通管理体制的整体变迁。

4. 工具理性和价值理性相耦合

工具理性与价值理性是影响和制约交通管理社会化改革发展的重要因素，构成交通事务社会化治理体系的深层结构。追求价值理性和工具理性的有机契合，不仅是现代警务工作发展的主要趋势，也是交通管理社会化改革的基本要求。依据马克思·韦伯的社会学观点，所谓价值理性，也

---

[1] 刘培伟：《基于中央选择性控制的试验：中国改革"实践"机制的一种新解释》，《开放时代》2010 年第 4 期。

称"非自我利益的理性",即人类对于自身社会实践在价值与意义上的自觉把握,包括人类社会政治方面、伦理方面以及精神文化等方面的需求。价值理性重视终极关怀,追求道德理想,强调采取真、善、美的方式来探究科学以及推进人与自然、人与社会的全面发展。工具理性则是"对他人行为和外部环境的期望,同时将这种期望当作条件,乃至达到自身符合理性所追求的目标"[1]。简言之,就是人类出于功利目的而发明工具、选用工具和运用工具的能力和经验,因此也称为"自我利益的理性"。工具理性重视效率,强调收益,关注工具的现实可操作性和实践可行性,但却极少重视工具的道德性、审美性和价值性。实质上,价值理性和工具理性是相互依存、辩证统一的,价值理性是工具理性的精神力量源泉,价值理性的发挥能够推动实践活动的发展,提升人类实践活动的社会价值;工具理性则为价值理性的发挥夯实了现实基础,工具理性的发展会不断促进价值理性由自发状态向自由状态拓展和延伸;价值理性是人类社会进步和繁荣的保障,而工具理性则是时代发展的动力和源泉。

交通管理作为一种人类活动,也打上了人类理性的烙印,存在价值理性和工具理性的区分。其中,交通管理的工具理性是指交管部门为推进交通管理改革而综合运用各种评估方式、方法和手段的能力和经验。从根本上来看,工具理性具有明显的功利性,其将对交通事务的治理作为庞大机器进行管理与组织,着眼于找寻促进交通管理的最优方法、最佳模式和最大效能,体现的是交通管理部门为促进交通事业发展而创设和选用所需方法的自觉能动性。交通管理的价值理性体现了交管部门对自身道路交通管理活动价值与意义的全面把握,其主要回答了交通管理改革"应当是什么"以及"怎么样才能更好"的问题,并给其以公平、正义、和谐等价值引导,力求使之能够尊重公共利益,符合交通行为人的自身意愿,满足社会公众的交通需要。

事实上,交通事务社会化治理不仅是解决现代交通管理面对的各种危机的内在需要,也是工具理性和价值理性有机耦合的典型表现。申言之,一方面,交通事务社会化治理将重点放在部门层级、功能等方面的协同与

---

[1] [德]马克斯·韦伯:《经济与社会(上卷)》,林荣远译,商务印书馆,2004,第56页。

整合上，力图将以管理流程有效性为导向的组织运作转移到以公众需求为导向的组织整合上，通过服务与管理、价值与技术的紧密结合，有效促进治理从主体、技术到体制机制整体、彻底的社会化。另一方面，在坚持工具理性与价值理性辩证统一的基础上，交通事务社会化治理注重超越政府及其内部协同的"管理主义"取向，更加强调整合政府、市场和社会等多元主体资源在共同治理交通事务中的作用和价值。这一改革理念不仅消除了"技术至上"以及"泛经济化"的极端倾向，而且超越了工具理性与价值理性的分裂，恢复了理性的总体性特征，并在很大程度上彻底扭转了社会化治理中的价值危机和道德错位。

5. 增量改革和存量改革更迭

在制度经济学视角下，改革的成本主要包括"实施成本"和"摩擦成本"。前者是搜寻和学习新制度、为改变制度而重新签约的成本，后者是因利益冲突而导致的损失。前者是改革激进程度的减函数，而后者是改革激进程度的增函数。改革开始得越早，在既有制度下经济还没有彻底恶化，就越可能走上"渐进改革"道路。越是顽固地企图保留已被证明无效率或不再有效率的既有制度，一拖再拖，越容易走上"激进"的道路。[1] 改革开放以来，中国实质上走了一条渐进式的变迁道路。

同样，交通管理体制的变迁就是在整个国家渐进式变迁过程中开展的，而其鲜明的渐进式特征最大的表征就在于从增量改革到存量改革的衍化、更迭。

申言之，改革最初采取"摸着石头过河"的策略，应用既有的运动式的制度安排，对乱设站卡、乱罚款、乱收费的"三乱"现象以及"车匪路霸"等严重干扰社会秩序的违法行为开展"严打"，为期三年，取得了显著效果。[2] 在"以机动车为主、非机动车为辅"的机动化发展期，面对道路交通事故高发频发的局面，政府高度重视道路交通管理工作，全国人大常委

---

[1] 樊纲：《两种改革成本与两种改革方式》，《经济研究》1993 年第 1 期。

[2] 公安部交通管理局：《交通管理工作调研报告选编》，中国人民公安大学出版社，2007，第 312 页。

会审议通过《道路交通安全法》；国务院制定颁布《道路交通安全法实施条例》，批准成立 17 个部委和单位参加的全国道路交通安全工作部际联席会议；2010 年起，中央文明办、公安部连续 6 年联合实施的"文明交通行动计划"，充分调动了社会力量、群众力量、道德力量和舆论力量管理交通，着力建设了与汽车社会相适应的汽车文明；公安部还陆续组织开展了"平安大道"创建、"平安畅通县区"创建和"牵手平安行"等制度创新。[1] 同时，各地交通管理部门也积极探索交通管理社会化改革创新，如 2012 年起各地公安机关实施的交通信用管理体系，尝试将文明交通信用与职业准入、个人信贷、车辆保险、评优评先等挂钩，大力推动交通违章社会化处置体系的完善。

通过"自下而上"的扩散和"自上而下"的推广 [2] 的增量改革，不断扩大制度创新的增量，同时还对存量体制进行改革。第十八次全国公安会议提出的"改革与市场经济不相适应的管理体制、运行机制"，在机构设置、人员管理、训练等方面按照"不同于一般行政机关"的要求进行改革，这为公安交警工作体制向"深水区"的改革提供了基本指导。同时，在国家治理现代化的背景下，交通管理机制顺应从集权到分权、从管理到服务、从人治到法治、从一元管理到多元治理的转变，全面构筑政府、企业、社会三位一体的治理框架。另外，全国交通管理部门按照中央关于全面深化改革的统一部署，坚持问题导向，锐意改革创新，在机构设置、职务序列、编制管理、执法执勤以及权力监督等方面进行统一和规范。总体来说，推进交通治理能力现代化建设等，都是对存量的改革。我国交通管理机制的理性化、专业化、法制化、现代化程度明显增强。

---

[1] 陈艳艳、刘小明、陈金川：《城市交通需求管理及应用》，人民交通出版社，2009，第 32 页。

[2] 刘培伟：《基于中央选择性控制的试验：中国改革"实践"机制的一种新解释》，《开放时代》2010 年第 4 期。

第四章 交通事务社会化治理模式的运行机理和制度架构

社会化既是道路交通管理工作的重要手段，也是实现交通事务治理体系和治理能力现代化的重要途径。交通事务社会化治理的基本要求，是推动政府单方治理向政府、市场、社会以及公众多元主体合作共治和自治的转变。针对我国交通管理模式转型中的开放性、整体性、结构性和动态性等问题，本章在改革与实践、反思和重塑、进步与回归的基础上，通过对交通管理现象的综合研究和高度概括，归纳总结出根本性、原则性、普遍性的内在规律和运行机理。通过基本原则和价值共识的引导，以合作理性为理念基础，在理论上为"互为主体"的交通伦理体系以及"全民参与"治理模式的发展完善提供有力的规范依据和道德支撑；通过主体与结构的全面阐释，打破权力主导而走向权利平等，构建交通主体间密切的网络结构关系，利用互动、整合、协调、保障机制的协同运用促进交通事务社会化治理的纵深发展；通过机制与运行的不断创新，以主体互动、利益调整、资源整合和制度保障四个维度实现交通事务社会化治理机制的整体运转。

第一节　交通事务社会化治理体系的形成

依据协同治理模式，交通事务社会化治理机制的形成应当是一个兼顾各方利益自发产生的过程。换言之，就是处于交通治理领域的所有交通利益主体在应对交通客体的变化时，不断调整自身以适应环境的过程。同时，在长时间的调整过程中，各交通利益主体会逐渐形成一种多元联动的协同关系。但在我国现阶段的社会环境下，不论从公众的文明意识现状和交通主体的发展水平来分析，还是从交通治理机制的构筑和运行本身来研究，交通事务社会化治理体系自发形成的条件都尚不完备。此外，交通问题和民生息息相关，其解决的迫切性也不允许我们过久地等待交通事务社会化治理机制的自发形成。因此，当前阶段我国构建交通事务社会化治理体系需要适当的引导，同时在其构建过程中也需要遵循一定的原则。

1. 交通事务社会化治理的基本原则

（1）坚持国家和社会的互动共治，促进交通事务社会化治理的民主性和多元化

概而论之，国家和社会的相互关系是交通管理社会化的基础，国家和社会的相互关系学说是交通管理社会化的重要理论来源。交通管理社会化改革以国家和社会的良性互动为基础，因此国家和社会的相互关系决定交通管理社会化进程的推进和发展。

近现代西方的市民社会学说以国家和社会的相互关系为核心，创造了一系列分析研究范式，如卡尔·马克思的社会构成学说、黑格尔的国家主义学说以及洛克和康德的自由主义学说。然而，这些理论在我国都面临如何本土化的难题。在中国传统的习俗和思想文化中，国家依托宗法体系来全面管理乃至支配社会，社会完全被国家化。自古以来我国的国家和社会之间的界限便是模糊的，例如在20世纪20年代出版的《先秦政治思想史》中，梁启超认为"国家不过是由许多宗法家族构成天下之一时期"，

而后在《中国文化要义》一书中，梁漱溟也表达了类似的观念："西方国家是建立于阶级前提下，而我国的国家和社会界限模糊，国家与社会合二为一。"[1] 无独有偶，在《习惯法、国家和社会》一书中，梁治平认为，国家和社会之间的关系应包括三个方面：官与民、公与私和家国天下。法律是体现国家与社会关系的重要节点。[2] 法律体系是一项浩大的社会工程，是立法人员、法学专家等人士为实现公平正义和法治自由而设计的规则体系。

　　然而，自 20 世纪 80 年代以来，我国的国家和社会之间的关系发生了翻天覆地的变化，国家与社会的分化日趋明显，二者之间关系日趋紧张，各类社会问题和矛盾日益显现。其中，交通问题就是社会急剧变迁的典型反映，是经济、文化、理念和整个社会问题的缩影。如上所述，随着汽车数量的迅猛增加以及向机动化社会的迈进，我国在交通管理实践中遇到诸多新的问题和挑战，特别是机动化社会发展过快与驾驶人管理滞后之间的矛盾、人权和车权的"路权"矛盾、交警业务能力建设与新时期执法环境变化之间的矛盾、交通参与者与交通管理者之间的矛盾以及新时期道路交通管理"硬"制度和安全意识"软"文化之间的矛盾，成为机动化社会交通管理体制改革所面临的主要难题。正如学者所言，"法律问题的发生实质上是社会某方面发展失衡的结果，而后又反作用于社会秩序，因而法律问题不单单是法律问题，而是整个社会问题的缩影"[3]。在交通管理中，仅仅依靠传统的公权力部门进行国家控制无法从根本上抑制道路交通问题蔓延的趋势，这就要求政府给社会让渡一定的权力空间，有效处理公权力与私权利的关系问题，从根本上尊重社会公众的交通权利。

　　可以说，交通权作为一项与社会公众息息相关的权利，不仅包括路权优先权、占用权和使用权等自由权特征，还包括民众参加道路筹建和运行的社会权特征。出行与人类的生存密不可分，关系人身自由，乃至生活尊严，是人类进行交流的核心渠道。现阶段社会中，交通权就是社会公众在各类交流、互动活动中享有的权利。交通权是一种综合权利，包括路权优先权、

---

[1] 梁漱溟：《中国文化要义》，上海人民出版社，2005，第 97 页。

[2] 梁治平：《清代习惯法：社会与国家》，中国政法大学出版社，1996：

[3] [美] 罗斯科·庞德：《通过法律的社会控制、法律的任务》，商务印书馆，1984，第 31 页。

占用权、参与权、使用权、保障权等多个子权利系统。特别是其中的交通参与权，是公民对道路交通领域中的交通规划、建设、管理等一系列行为有要求公开、听证以及参与决策的权利。所以，在社会交通问题的管理领域，应当充分协调国家和社会的关系，积极调动社会公众参与的积极性，响应民众出行诉求，尊重和保障社会公众的交通权。申言之，交通事务社会化治理的推进，不仅需要国家法律法规体系的有效运行，也需要社会公众的广泛参与；不仅需要行政的刚性管控，也需要交通文化的"软实力"建设，在充分满足公众交通诉求的基础上，最终形成国家与社会协同合作、良性互动与平衡发展的局面。

（2）坚持技术理性与公共理性相结合，促进交通事务社会化治理的科学化

技术理性与公共理性是影响和制约交通管理社会化改革发展的重要因素，构成交通事务社会化治理体系的深层结构。技术理性和公共理性均为人类社会理性的主要构成部分，两者相辅相成、缺一不可。但现代科技尤其是互联网信息数据技术的高速发展，引发公共理性逐渐衰败而技术理性日益活跃的趋势。技术理性偏离公共理性的引导，虽然能够快速发展，但其问题和弊端同样不可忽视。比如，随着电子政务和数字政府的快速发展，"技术至上"的工具理性思维在交通管理改革进程中影响深远，人们认为只要依靠政府自上而下单方建立起的交通指挥体系和警务信息研判系统就能搞好道路交通管理工作。殊不知，道路交通工作战线长、专业性和政策性强、面广而事多，不仅需要一整套信息化的技术系统，也离不开社会各方面力量的参与以及政府各部门的有效协同。

除此之外，长期以来交通治理改革进程中"泛经济化"的理念取向，也在一定程度上造成交通管理"价值理性"的弱化。比如，交通事务治理的市场化措施，强调运用市场化竞争制度给予普通民众更广泛的"消费者权利"。"过度追求经济效率和管理工具，会造成政府机构无暇反思公共行政和公共服务的终极价值和根本目标所在，进而使公共行政变为单纯的管理执行工具，不仅无法承担提升社会公众道德水平的责任，也无法担负

捍卫公平正义等社会价值的使命。"[1] 也就是说，交通管理领域中的市场化改革虽然在一定程度上改善了政府和社会公众的关系，但也削弱了公共责任等价值理性。

技术理性和公共理性的协调整合是应对交通治理社会化改革进程中各类难题的内在要求，也是人类社会和人类理性沿着正确方向发展的基本前提。[2] 所以，要想彻底解决交通社会化改革进程中的难题和从根本上改善价值错位和理性危机，就必须重塑技术理性和公共理性的关系。概而论之，在统筹价值理性和工具理性的前提下，着眼于超越信息化政府和部门协同的管理理念，强调社会公众、政府和市场等多元化主体在交通管理运动中的价值和作用。可以说，从传统"管理主义"到现代治理理念的更新，对于推动交通事务治理社会化具有重要指引作用。因而，在交通管理领域中，应把交通服务与交通管理、社会价值与科学技术紧密地结合在一起，以促进交通事务治理从主体、技术到体制机制整体、彻底的社会化。这需要交管部门大力协调各职能部门，将传统的交通管理体系转变为以社会民众诉求为导向的新型交通管理体系，以部门协同和组织协同模式解决现阶段的各种交通治理难题。

（3）坚持法治思维，依法治理，促进交通事务社会化治理的制度化和规范化

法治化水平是衡量一个国家治理水平的重要指标，因为法治不仅是国家治理体系内在的灵魂，也是国家治理能力的外在表现。历史实践证明，法治是管理者治理国家最基本最有效的方式。有法必依，执法必严，违法必究，依法治国的战略方针决定了深入推行交通事务社会化治理改革的本质就是进行国家治理法治化改革。法治为国家治理提供了管理的标准与尺度，拓宽了治理思路，对于国家治理能力与治理体系的现代化有决定性作用。实现由法治国家向法治强国的转变，升级法治管理体系与管理水平是社会主义现代化的一项重要目标，因而在交通管理社会化改革进程中，必

---

[1] 彭国甫、张玉亮：《多元竞合是地方政府绩效改善的有效路径》，《广东社会科学》2006 年第 2 期。

[2] 孙孝文：《和谐交通体系构建研究》，博士学位论文，武汉理工大学，2007，第 25 页。

须坚定法治思维方式，有法必依，依法治理，为交通事务社会化治理的制度化与规范化提供坚实的保障。

一方面，通过科学、严谨的立法工作，妥善解决治理难题。完善、健全的法律是依法治理的前提，目前我国的法律体系尚不完善，在部分领域立法仍是空白，须大力发展立法建设，加强法律覆盖，增强国家治理法治水平。同时，随着社会主义现代化建设的深入进行，社会飞速发展，部分法律的适用性发生偏移，立法机关应不断对法律进行适时修改，以适应当前日新月异的交通状况。例如，应通过立法将交通信用体系应用到交通管理工作中，打破不同部门、体系间数据信息分享与互联的障碍，将机动车驾驶人的违法记录、责任信息纳入个人信用评估体系，同时车辆维修改装、道路交通运输、机动车审验、机动车运营等相关行业信息也应一并纳入个人信用体系，实现全行业的信息共享和流通。除此之外，立法应强化交通失信监管机制，通过立法对交通信用体系的框架、环节、运行方式予以法律保障，建立失信行为认定与惩罚标准，以及具体的执行方式和流程，切实提高交通违法成本。同时，注意将机动车驾驶人的信用查询与驾驶员用人单位共享，由驾驶员聘用单位对机动车驾驶人的驾驶资格进行管理认证，搭建全方位、多层次交通安全防范网络。

除此之外，在交通管理实践中，应适时对法律法规进行适当的修改以应对新时期新背景下不断变化的交通状况。对交通管理实践中反映强烈、矛盾突出的地方，应及时分析、深入分析、科学合理地进行修改和调整。例如，在工业化与信息化高速发展与社会转型的时代背景下，对涉及民众参与交通活动与动员广大交通参与者的法律法规应进行适应性调整，即着重在交通事务社会化治理过程中推行符合时代特点的方式方法，搭建警民沟通平台，采用多种形式积极与民众互动，充分调动民众参与交通治理的积极性，使民众主动参与到交通事务社会化治理改革的工作中来，形成多方治理、多方完善的良好局面。与此同时，应注意优化道路安全体系中的参数标准，完善交通安全管理体系。根据对机动车事故的调查情况来看，有相当比例的交通事故是由机动车自身安全标准参数和道路建设指标不够严格所致。当前，党、国家一致将人民生命安全放在首要位置。对机动车的安全、道路基础设施的建设都应该执行更加严格的标准，在制定新标准的过程中，交管部门应积极参与，充分利用科研机构、专家学者的专业知识与技能，使设计标准与社会发展程度相接轨，更加符合国家治理法治化水平。

另一方面，加强交通法规知识普及，加大宣传力度，提升交通参与者整体素质。要实现交通事务治理社会化的预期目标，还需要每一个交通参与者提升素质，尤其是提升参与精神、法律意识、守纪意识。因此必须将提升交通参与者整体素质作为交通管理工作的基础环节，建立与时代相适应的交通文明体系。对此，可借鉴西方发达国家的相关经验，调动社会各阶层的力量，加强交管系统、教育系统、司法系统、新闻宣传系统之间的协调配合，并落实学校、机关、企业、团体、宣传机构等单位、组织的宣传教育义务。通过政府管理引导各单位、组织建立多层次、全方位、高覆盖的立体式宣传教育网络，全面推进交通管理社会化的宣传教育工作。

（4）坚持科技引领、互联互通，提升交通事务多元联动协同治理能力的现代化

每一次科技革命都将引导社会的变革与时代的进步，当前正处于新一轮世界性科学技术迅猛发展浪潮的关键节点，科技革命的重点由日益成熟的网络信息技术向数据处理技术升级转型。科学技术的飞速发展不仅改变了人们的生活方式，也改变了人们对世界的认知，同时还深刻影响着交通管理工作方式的变革。在交通管理社会化改革的过程中，同样也应当紧跟时代发展步伐，灵活运用网络信息技术与数据处理技术，以科学技术为载体，以交通管理体系为依托，进一步提升交通事务治理社会化水平。

如上所述，交通管理社会化是在跨主体、跨行业、跨功能、跨部门协同的张力下形成的，以协同为组织形态特征、以社会化服务为导向、以整合为运行机制的核心，在价值取向上更加注重社会整体利益，围绕交通治理体系和治理能力现代化目标展开的合作共治的过程。可以说，协同治理模式下的交通管理社会化不仅需要政府部门以及政府部门与社会组织的协同合作，也离不开信息技术的有力支撑与合理应用。

因此，在交通管理社会化改革中，首先，应当强化信息互联互通，破解信息集成共享难题。网络信息技术的重要意义在于它将整个世界从一个

分散的、孤立的状态通过信息互联的方式串联为一个有机的整体。因而，在交通管理社会化改革中，应充分运用大数据模块完成对数据资源的共享与应用，提升管理的效率与水平。在实际操作过程中，一是横向融合部门行业数据资源。对内加快与信息资源库的对接融合，与治安、刑侦、禁毒、反恐等部门共享信息资源，实现机关内部数据资源联通。对外积极协调交通运输、安全监管、工业和信息化等部门及高速公路经营管理、保险等单位，共享重点企业、车辆、从业人员信息和公路监控视频、收费站过车数据、保险公司理赔数据等资源，形成汇聚整个交通管理信息的资源池、数据云。二是对垂直方向的交通信息数据进行融合、联通。应侧重对机动车与机动车驾驶员信息的收集与整理，将两者的信息与交通违法行为、交通事故等关联信息进行有机串联，通过对相关信息的集成与绑定，解决交通管理工作中交通活动因流动性强而难以管理的难题。同时，还应打破地区间的壁垒，加强不同地区的信息互联，通过建立指挥中心，引导、建立信息的分享、流动机制，不断将各地区、各部门所获取的实时动态信息进行收集、处理，与信息数据库的各类数据融合。三是对已有数据进行进一步加工处理，深入挖掘数据信息的潜在价值。当前，交通管理部门已收集机动车与机动车驾驶人数据一百二十亿条，公路布控记录信息七百余亿条，并仍以年均十个百分点的速度增长。但这些丰富的信息资源的利用率却不到百分之十，信息的潜在价值巨大。[1]对此，交管部门应主动建立信息分析、预警体系，通过静态信息与实时动态信息的交互、融合，以大数据为依托，以数据处理技术为工具，对庞大的数据资源库进行科学、合理的利用，对影响道路交通的不利因素进行预警处理，降低道路交通风险系数；通过与各高校专家学者、科研机构研发人员、科技企业研究员等专业科技机构、人员的交流合作，共同研发科技含量高、稳定高效、易于操作和推广的数据处理分析工具，提高对大数据的应用能力，完成由对交通不利因素的被动防范向对交通不利因素主动出击的转变。

其次，推动线上与线下相结合的交通治理新模式，提升交通管理智能

---

[1] 交通运输部公路科学研究院：《2014 年中国道路交通安全蓝皮书》，人民交通出版社，2014，第 231—233 页。

化、网格化水平。当前，交通网格化治理中的网上网下结合不够，很多地方都存在网格化管理的"虚化"现象。对此，应充分利用丰富的网络信息技术资源，进行线上线下警务活动的有效配合，积极进行基层交通执法体系改革，切实提高交通管理水平。一是应积极构建线上线下相结合的交通管理勤务机制。所谓线上线下警务活动相结合是指线上进行视频监控、巡逻，对交通路面状况进行实时监控，并对可疑车辆和可疑人员实施预警盘查；同时，线下根据线上提供的交通警务信息进行有重点的勤务活动，有效提高线下交通警务活动的工作效率。二是不断创新网格化勤务指挥机制。勤务机制改革，应强调领导机关为一线服务，指挥中心要把领导机关与一线交警联系起来，把前方与后方联系起来，发挥整个团队的力量。三是推进农村交通的网格化管理体系的构建，农村地区面积广、人口众多，但农村的交通基础设施陈旧，管理体系落后，警力、管理资源不足。构建农村交通网格化治理体系应当增大视频监控范围，设立交管站点，加强农村道路基础设施建设，敦促各项措施落实，强化农村交通网格化治理体系的管理能力，完善道路管理体系。

最后，要积极将高新科学技术运用到交通基本单位中，增强交通管理基本单位的素质，不断创造新知识、新技术，提高交通管理效果。一是运用先进技术提升车辆安全性能。现在许多车辆安全技术、辅助驾驶技术，如车辆偏离报警、自动防撞、电子稳定性控制技术在发达国家已经得到广泛应用，对于这些成熟、可靠、有利、安全的技术，应积极推动相关技术标准的提升、扶持政策的出台，从鼓励使用到强制使用，普及先进技术，提升车辆安全性能。二是运用先进技术丰富社会化管理手段。从现有技术的发展趋势看，以无人机、机器人等为代表的执法新技术预计未来三五年将步入应用阶段。对有利于解放警力、提升能力的新技术，应大胆尝试，特别是在管理力量延伸不到、覆盖不全的区域，要多利用科技设备消除盲区、堵塞漏洞。三是运用先进技术再造政务服务，推进了政务服务模式的现代化。在交通管理领域中，应加快车驾管业务与网上服务平台融合，形成线上线下功能互补、相辅相成的政务服务新模式。同时，增强车驾管信息资源互认共享，推动服务事项跨地区远程办理、跨层级联动办理、跨部门协同办理，逐步形成全国一体化服务体系。

2. 发挥主导作用的主体和方式

综上所述，依据协同治理模式的基本原理，交通事务社会化治理机制应当是社会发展到一定阶段自发形成的制度产物。但在当前的社会背景下，不论从民众的交通文明程度和多元主体的发展水平来看，还是从交通治理自身的体系构筑和运行机制来研究，我国交通事务社会化治理机制自发形成的条件都尚不成熟。与此同时，交通问题的迫切性也不允许我们过久地等待交通事务社会化治理机制的自发形成，亟须我们有所作为。因此，我国交通事务社会化治理机制中应当由一种或多种治理主体充分发挥引导作用，通过一定的方式、途径，引导其他交通主体对特定的交通事务进行有效治理，进而形成新的治理机制。除此之外，引导主体还应当能够分析不同主体的优势作用领域，从而引导多元治理主体在优势作用领域充分发挥效用。

由于地点、时间以及环境不同，能够充当引导主体的治理主体也有所不同。从我国的交通治理现状来看，引导主体主要还是由交通管理部门来担任，当然也鼓励愿意承担交通治理责任的社会团体和社会组织与政府交通管理部门共同发挥这一功能。

引导主体主要通过对交通权益的分配来发挥引导效用。除了公益和私益这种笼统的划分方式外，依据不同功能，交通权益也可以细化为交通参与权、交通安全保障权以及道路交通使用权等。引导主体在引导其他治理主体形成交通事务社会化治理机制时，应当首先对交通权益进行分析，即对某一特定的交通客体，分析其关联主体享有的交通权益以及成因、运作原理和影响，研究交通权益背后深刻的经济、文化和社会等相关因素。如此一来，便能够对不同治理主体进行针对性引导，从而形成多元主体协同联动机制。同时应当考虑周全，避免将某一权益主体忽略。在实际情况中，交通参与权、交通安全保障权以及道路交通使用权可能互相促进，也可能互相矛盾，这就需要考虑不同权益的重要程度，应当保证基本的、重要的交通权益优先得到保障。在此前提下，交通事务治理体系中所有主体的交通权益都可能受到保障或受到约束，而交通事务社会化治理机制的重要意义也在于此。值得注意的是，交通治理体系是一个不断完善的系统，而不同交通权益的良性互动成为其不断完善的动力之源。

具体而言，主体的引导方式包括政策解读、技术指导、理念教育、协议签订等。例如，部分民众为了顾及面子或单纯享受而使用大排量机动车，对此可以通过倡导"低碳出行，绿色消费"的理念使民众意识到奢侈消费只是一种低级的物质追求，而为了交通公共利益而进行的绿色消费才是高品位、文明的追求。也有部分企业在交通治理上存在技术门槛，在此情形下，引导主体就应当通过有效的方式向此类企业提供技术支持和实践指导等。

第二节 交通事务社会化治理的主体与结构

由某种意义上来看，我们所生存的世界实质上就是由多种相互联系、相互制约的系统构成的有机体。系统科学认为，系统由元素构成，各类元素的相互关联、相互作用便构成了系统体系。假使我们用"点"来代替元素，用点与点之间的连线代表元素的相互关系，那么系统便成为一个网络。网络是系统抽象形态的具体表现，也是我们分析人类社会、理解协同治理模式以及推进交通管理社会化改革的重要切入点和突破口。

1. 交通事务社会化治理的主体构成

在主体关系上，交通事务社会化治理是一种多维度、多层面、多主体的立体化治理体系，既包括自上而下与自下而上的纵向贯通又涵盖跨部门、跨行业、跨功能的横向联动。协同性机制设置不是基于一个中心权威之上，因此不能由一个单一的组织目标来指导。这种设置中管理者的首要活动是选择适当的参与者和资源，创造网络的运行环境，想方设法应付战略和运行的复杂性。作为社会主体的政府、非政府组织、企业和公众都处在整个社会的系统化网络中，换言之，社会网络本质上反映了各社会主体的相互关系。在协同化交通治理研究中，要想了解和研究各个交通主体的相互关系就需要以这种网络关系为依托。因为这种由政府、非政府组织、企业和公众构成的复杂社会网络既是交通管理社会化改革的现实对象，同时也是推进和完善交通事务社会化治理的必要结构。

（1）交通事务社会化治理中的政府参与

社会契约论对国家和政府的起源做出了阐释，即为了维护公共利益，需要建立一定的机构来具体实现公共利益维护这一功能性需求，遂产生了政府。例如在洛克的社会契约思想中，国家出现之前，自然法无法完全调和人与人之间的关系，人性中恶的一面会不断挑起冲突和制造矛盾，为此人们需要签订相互合作和相互信任的协议，以避免彼此的攻击和伤害导致人类自身的灭亡，国家便由此产生。[1] 而马克思主义认为国家的本质是阶级性，国家是阶级矛盾不可调和的产物，是人类社会发展到特定历史阶段的必然。[2] 根据上述思想和学说，我们可以总结出国家的产生基于这样一个历史发展过程，即社会在发展和进步中无法避免地会出现因利益和需求不同而产生的冲突和矛盾，为保证这些问题被控制在一定的范围内，人们需要一种超越自然法则且具有强大统治力的力量来压制冲突与矛盾，以防止社会失控和保证社会的安全秩序，国家便在这种力量的形成过程中诞生。因此，政府作为国家力量的代表，势必需要在道路交通状况每况愈下且公众交通利益不断受损的情况下，积极承担治理交通事务的责任，这也是政府社会治理职能中的重要内容。

国家为满足公众的出行需求，组织构建起道路交通系统，这种道路交通公共服务是国家社会治理职能的体现。正是由于国家与社会对交通事业具有共同的利益诉求，才不断驱动政府积极参与解决交通拥堵、交通事故、交通污染等交通治理难题，推动交通管理社会化改革工作不断深入。申言之，一方面，开拓交通管理创新机制的基本要求就是深化道路交通管理的社会化改革。稳固政权是政府的最终目标，而如何拉近政府与社会公众的距离以及如何建立良好的执法公信力是当前政府部门亟须思考和解决的首要问题，同时也是交通管理改革面临的重大课题。正如对诸多其他社会问题的治理一样，单单凭借政府的单方面力量不足以解决道路交通问题，社

[1] 洛克：《政府论》，刘晓根译，北京出版社，2007，第72页。
[2]《马克思恩格斯选集（第1卷）》，人民出版社，1995，第57页。

会公众是必不可缺的支援力量。交通事务具有显著的公共产品和公共服务特点，社会公众交通事务治理参与度的提高，不仅有利于推进国家治理能力现代化建设，还对树立"亲民"政府、"善治"政府的良好政府形象具有极大的助推作用。另一方面，交通管理社会化符合国家治理体系现代化的整体趋势，是"群众路线"和"专群结合"的现代诠释，并直接体现了交通公共利益最大化原则。同时，作为一个全新的社会治理理念和工作运行范式，交通事务的社会化治理为有效解决交警警力不足、交管效率低下和交通管理组织僵化等问题，提供了切实有效的解决途径和改革思路。因此，在交通事务社会化治理的主体构成中，政府占据主导地位，引领和推动着交通事务社会化治理改革的发展和完善。

（2）交通事务社会化治理中的非政府组织

美国经济学家伯顿·韦斯布罗德（Burton Weisbrod）于 20 世纪 70 年代末，利用"需求—供给"这一传统经济学分析理论对非政府组织存在的合理性做出了解释，他认为正是政府和市场对某些领域的公共服务和公共产品供给存在缺位或缺陷，才从客观上推动了非政府组织的兴起和发展。也就是说，非政府组织所提供的公共产品填补了政府和市场公共服务提供方面的空白，其亦可以被视为政府和市场的替代物。随着社会民主的不断推进，非政府组织得到持续发展。同时，在与国家和政府组织的博弈中，非政府组织具有一定程度的效率优势，国家会让渡部分治理空间转由非政府组织进行支配管理，于是非政府组织便承担起提供某些公共服务的社会公共职责。无论国家是主动让渡还是被动选择，非政府组织取得社会公共职能实际上都是在与国家进行长期博弈之后产生的结果，是国家对新形势、新挑战、新任务积极适应以及非政府组织自身不断进步和发展的结果。在我国的实践背景下，现实的发展形势需要非政府组织来承担部分领域的公共服务职能，以有效应对和缓解政府在资源动员上的失灵和社会治理能力上的局限。与西方发展状况不同的是，我国属于典型的政府主导社会发展模式，这就意味着社会发展必将对政府产生高度的依赖，如若缺少政府的帮助与扶持，社会单纯依靠自身的力量将难以兴起和发展。正是这种特殊情景决定了非政府组织无法从根本上实现与政府的完全割裂，亦无法实现完全独立和纯粹自主，其与政府之间的博弈和互动会长期存在下去。

独立权利和自由空间是社会自治形成的基础。独立的个体并不意味着个体的孤立，以共同目标为行动导向的有效连接可实现个体的联合行动。公民个体既有利己属性，又有利他属性，人们在实现自身利益诉求的同时也会希望为公共利益承担责任，社会自治便为这种"线段式人性"提供了现实存在空间，非政府组织也成为实现自利和他利两种价值取向互相融合和交叉的现实载体。不仅如此，非政府组织还具有显著的自愿性和公共性特征。首先，组织成员的自愿加入表明非政府组织能够为公民自身利益需求提供有效的实现空间，组织的运行过程便是组织利益与个人利益实现平衡统一的过程。其次，非政府组织以奉献主义、人道主义和社会责任为核心价值取向，对公益目标的倡导和追求正是其公益精神的集中体现。非政府组织对公共性与公益性的本质追求以及对公共利益与个人利益的有效调和，为其整合社会资源、调动社会力量注入了源源不断的动力。

交通事务治理是一项民生工程，交通的好坏直接影响人们的生活，关系到社会公众的切身利益，也正是其显著的公益性特征使之成为非政府组织关注的焦点问题。以改善交通环境为己任的公民个体可以借助非政府组织这一平台和载体更好地参与交通事务治理。同时，通过整体行动、共同参与的方式，也有助于帮助人们形成运用理性手段表达自我意见的方式和态度。非政府组织能够以一种民间的方式来引导公众积极参与道路交通管理，这对更好地提高交通行为人自我管理、自我救济和自我发展能力具有重要意义。

（3）交通事务社会化治理中的企业参与

德鲁克将"企业必须承担相应的社会责任""取得经济成就"和"使工作富有活力"，并称为管理工作中的三项基本任务。[1]斯蒂芬·P·罗宾斯也认为，完整的企业责任除了法律责任和经济责任等基础责任外，还应包含企业道德责任。[2]弗里曼出版的《战略管理：利益相关者分析方法》一书同样强调，通过与外部环境中的其他利益主体建立有益的关系是保证一

---

[1] 张康之：《寻找公共行政的伦理视角》，中国人民大学出版社，2002，第83页。

[2] 方振邦：《管理思想百年脉络》，中国人民大学出版社，2007，第79页。

个企业健康发展的必要条件。[1] 由此可见，企业对自身利益和利润的追求并未与实现社会共赢的公益目的发生根本性的冲突和矛盾，企业可以通过承担相应的社会责任促成这两大目标走向统一。另外，随着文明的进步与发展，社会也赋予了企业越来越多的角色和身份，企业在社会中所起的作用越来越明显，所肩负的责任越来越重大，其不再是单纯的营利性组织，越来越多的企业围绕社会责任、权利与义务等方面开展公益活动，充分表明了作为社会重要权力主体的企业在社会发展的整体大环境中对人类社会的积极意义。同时，有大量数据显示，企业在承担社会责任方面的公益成绩，与企业的利润回报率有明显的正相关性。[2] 道路交通的治理关系到社会中的每一个利益主体，包括企业和公民自身。对道路交通管理工作的积极参与是企业承担社会责任的重要方面和内容，其在承担维护道路交通秩序、缓解道路拥堵、治理汽车污染等交通治理责任的同时，也彰显出企业所肩负的社会责任和社会精神。

（4）交通事务社会化治理中的公众参与

人类的社会属性决定了交通对于人类的重要性。交通是人类相互联系、相互接触的基本条件，是人类生存、发展、沟通等权利的基本保障。事实上，社会民众的日常生活，会直接受到交通状况的影响，进而产生经济、生活水平等方面的波动，所以社会公众往往对参与交通治理抱有很高的期望和意愿。然而，实践中，民众参与交通治理的过程却受诸多限制，进而在一定程度上削弱了公民参与交通治理的积极性和主动性。其一，公民对自身交通权益的认知对公民个体行为的影响。公民对自身交通权益的认知不够明确导致公民对待交通治理活动的态度较为消极，甚至某些人会认为维护交通秩序和交通环境是与自己毫不相干的事情。其二，公权力的强势在各个方面挤压和干扰着社会公众参与交通治理。当前我国公民行使自身权利的途径存在阻碍大、效率低等现象，相关利益集团长期侵害公民权利，使得公民行使自身权利时常常受到外部干涉。其三，集体行动的弱点。

---

[1] [美] 弗里曼：《战略管理：利益相关者分析方法》，王彦华、梁豪译，上海译文出版社，2006，第31页。

[2] 赵成根：《新公共管理改革：不断塑造新的平衡》，北京大学出版社，2007，第21—23页。

学者奥尔森认为：一个人数众多的集体如果没有强制力等的约束，该集体中理性的、追求自身权益的人就可能不会做使所在集体整体受益的事情。[1]也就是说，在庞大的集体中，单个的成员几乎不会积极主动地去做有利于整个集体的事情，除非受到强制力或其他因素的限制。在维护交通秩序的过程中，交通参与者所固有的弱组织性和分散性决定了其无法积极有效地解决现存的交通问题，这使得自发性的集体行动受到阻碍，致使集体行动受到限制。但是，如果能实现社会参与意识和公共精神的不断内化，打造良好的公民权利运行体系，充分激发民众自身行动力，社会公众参与交通维护的难题就会迎刃而解。

总而言之，根据辩证唯物主义世界观，各个主体在参与协同化道路交通治理工作时既会表现出其优势和促进作用，也会表现出其劣势和局限性。从道路交通的外溢性和广泛联系性来看，社会主体会普遍地受到道路交通所带来的益处和外溢弊端的影响，所以全体社会主体都应该同时享有道路交通的权利和承担维护道路交通秩序的责任。但是，各个社会主体往往又会由于对个人利益和集体利益、短期利益和长远利益等因素的考量，进而产生不同的意见和看法。从正反两个方向来看，一方面，各个社会主体都存在积极参与道路交通治理的客观因素，例如，公权部门基于自身合法合理的社会权能，以提升道路交通水平为目标，对社会主体做出引导；另一方面，道路交通弊端所带来的消极影响在制约经济发展的同时还影响整个社会，其对社会发展以及公民生活水平的制约倒逼政府开展多元联动协同治理来缓和或消除交通问题导致的社会问题。同时，社会组织和公民个人对公共事务治理工作的参与度向来是衡量社会发展水平的度量衡。以积极的态度承担应有的社会责任和享有应有的社会权利是社会组织和公民个人参与交通事务协同化治理工作的原动力。

此外，在交通事务社会化治理改革中，协同治理在深化的同时也面临层层阻力，一方面，多元主体参与的社会化治理模式必然导致现行治理权限的分散以及特权主体或既得利益者权益的流失；另一方面，企业等社会组织则会因为积极参与社会化治理工作，而使其投资增加和运作成本提高，

---

[1] [美] 曼瑟尔·奥尔森：《集体行动的逻辑》，上海人民出版社，2007，第 12 页。

以及原本私有信息资源被共享。同时，现行的权威式管理模式和社会体制决定了即使社会主体参与社会化治理也要依附于公权部门，不能拥有更多的自主能力和行动空间；而社会个体则由于其固有的弱组织性、分散性、个体认知差异以及个体素质差异等因素，在交通事务社会化治理的过程中受到种种制约。

实际上，各个社会组织或公民个人在参与交通事务社会化治理的过程中会因自身地位、掌握资源、固有属性等因素的强弱而改变其参与动机。在社会化交通治理工作的实施过程中，政府所拥有的庞大资源和强大优势会使其在协同过程中占据主导和引领地位；从社会组织的构成看，交通科学、法律、管理等方面专业人士的大量参与，为该类组织的交通治理专业性贡献了重要力量，但相对于政府的强势，其弱势的地位也限制着其影响力的进一步发挥；社会公民整体的影响力是巨大的，所有的集体都是由单个的自然人组成的，但是组成人员的认知水平、道德素质和所处立场等个人因素又在很大程度上制约着公民个人参与社会化交通治理的效果和深度。

综上所述，在交通事务社会化治理的主体关系中，多元利益主体基于优势和资源的高效整合建立互动伙伴关系，通过知识与能力的交互合作不断拓展以信任和理解为基础的沟通渠道，以协商、谈判、合作等方式不断推动利益共享、风险共担的交通事务治理共同体的构建。因而，在协同治理模式的背景下，多元主体的参与是推进交通事务社会化改革的必然选择，对"复杂人"人性假说的分析为交通治理协同化行为动机的形成提供了理论基础，而探究各类交通治理多元主体的具体构成及其利益诉求则为构建交通事务社会化治理体系提供了进一步的理论支持。

2. 交通事务社会化治理的结构网络

（1）交通事务社会化治理的结构形式

世异则事异，事异则备变。随着经济社会的快速发展，社会实体越来越呈现出复杂、变化、多元化的特征。正是由于这种动态多变的特性，社会各主体共同构成了一个庞大而复杂的网络系统结构。社会网络理论研究领域，往往将整个社会假设为由众多社会节点 [点集 Ｖ（Ｇ）] 在不同环境、不同因素的相互作用 [边集 Ｅ（Ｇ）] 下连接而成。在社会系统中（如图 2 所示），"节点"表示的是个人或组织机构，"边"表示的是社会的外在因素。社会网络系统就是在这相互作用、相互冲突中产生的，整个社会网络系统的特性就是系统中每一元素的集中表达。

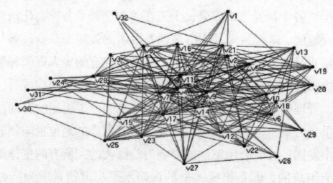

图 2　社会网络系统

在交通事务治理活动中，每一交通主体都是动态的，具有极大的复杂性和不确定性，他们之间既相互联系又相互作用，共同处在庞杂的社会网络体系之中。因此，在交通管理社会化改革的研究过程中，沿用社会网络化理论体系，能够从内在层次结构剖析各主体内在规律和联系，有利于发现各主体协同的动态规律，为交通事务社会化治理提供新的视角。

在探究我国治理结构的过程中，"中心—边缘"结构的观点深受多数学者认同，它指出我国治理体系中行政权力过于集中，并且行政管理主体与公众之间有着明确的界线，相互难以形成有效的联动协同。由于当前我国政府具备强大的资源配置能力和社会控制力，在我国治理体系中处于完全主导地位，政府能够把控整个社会发展动向，合理分配现有资源，同时能够在现有资源制约的情况下，凭借边缘的资源优势转移风险，在这样的情形下，政府通过一定的权力让渡，使部分主体能够在这一过程中获取一定的治理权力，但从本质上来讲，这仅仅是政府为达成某种目的而做出的交易行为，并未真正地实现权力的共享，因此这样的治理结构所表现出的管理方式是单向的、封闭的，缺少外界的有效参与。与此同时，从治理结构内部来看，行政体制裂化严重，出现职能部门之间缺少协同配合、职能重叠等问题，这也是现实中常见的各自为政、相互协调不足、"好事人人管、坏事无人管"等乱象的根源所在。在交通管理活动中，这类问题也尤为突出，这也是我们在交通管理改革中应重点关注和改善的关键环节。因此，引用协同视角下网络结构来探究交通事务社会化治理结构中现存的诸多问题，可以从更加多元化的维度对治理结构内部与外部进行深层剖析，从而及时弥补交通治理结构中现存的缺陷和不足。

协同视角下的交通社会化网络结构可以有效改变原有单一、封闭的治理环境，实现管理主体与管理对象有效融合与对接，呈现扁平化的结构特征。在网络化的集散效应下，民主参与的可靠性不断提升，加强了行政权力和公共参与的扩散程度，推动了资源信息的合理分配和有效共享。然而，在当前单一的、封闭的治理结构中，由于外部监督缺位，很有可能会出现权力寻租的弊端，进而造成权力滋生腐败。[1] 因此，只有在多元主体共同参与和共同决策的过程中才能更加有效地推动民主化的提升，这样的决策往往凝聚着集体的智慧，包含广大公众的利益诉求，能够使更多群众的意愿得到满足，也在很大程度上增强了群众的信任和支持。

在协同视角下的交通管理社会化网络结构中，多元主体之间存在制约和联系的社会网络关系，具有一定的复杂性和特殊性，但也正是各主体之间的这种关联特性，为交通治理的协同发展提供了新的思路。在现代交通治理体系中，追求更高水平的交通治理目标是各参与主体的共同期望，因此交通管理者会选择更加切合实际与合理的决策来提升交通治理水平。总体来说，交通事务社会化治理以网络结构作为其承载模式包括以下几个内容：一是各交通参与主体的利益包含公共利益和个体利益，公利与个利在出现冲突与摩擦时，可以通过有效的沟通交流来进行协调；二是各交通参与主体都具有独立特性，能够凭借自身意志来产生行为，具有多样化和差异化特性；三是各主体协同的形成具有一定的自发组织特性；四是利益与风险需要各交通参与主体共同分享、共同承担。

---

[1] 俞可平：《权力政治与公益政治》，社会科学文献出版社，2003，第2页。

（2）交通事务社会化治理的结构类型

交通事务社会化治理网络结构受到诸多因素影响，致使网络结构的类型也呈现差异化特征。要根据现有规律将交通事务社会化治理的结构类型进行区分，以各参与主体间的协同关系为切入点，探究协同方式和协同关系。申言之，以各参与主体在网络化结构中的协同关系的紧密度为依据，可划分为自主性和互动性；以各参与主体在网络化结构中协同的方式为依据，可划分为行动化和制度化。[1]四个变量的关系如图 3 所示：

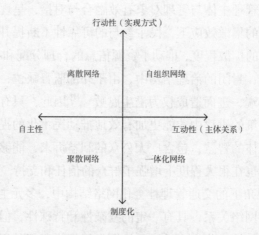

图 3　变量关系图

制度化是通过制度规范将组织框定在一种有序的范围内，力图把不确定因素变为形式上的确定性，以期获得可预测的结果。在制度化的视角下，通过抽象而有限的规则设计对纷繁复杂、千变万化的交通管理活动进行规范是一种有效的秩序建立过程。具体而言，无限复杂的现实被简化为有限的纲要条款，交通活动中具体的多样性被抽象为可以汇总和比较的类别，这样，在制度的保障下，交通行为的开展可以获得明确的预期、稳定的秩序和可设想的结果。可以说，制度化的安排一直是人们最习惯和常用的思维定式，在这种惯性下，我们对于交通问题的解决通常被直接归结成对制度的建构与完善。

---

[1] 李瑞昌：《理顺我国环境治理网络的府际关系》，《广东行政学院学报》2008 年第 6 期。

与制度化的规范意义不同，行动性强调的是在实际情况下处事方式的高效灵活性。在高度复杂的社会治理中，各类交通问题都具有极大的不确定性和差异性，很大程度上会导致规范化的制度失效。而行动性则能够在具体交通问题处理中，更加合理地切入问题的核心要点，能够灵活地处置各种复杂的交通问题，同时能够在交警与公众的动态回应中，实现公共性的有效拓展。

互动性强调的是各参与主体紧密的协同关系。在交通治理参与主体互动过程中，各交通参与主体都能够更深层次地扩大自身的资源优势，实现利益互补和资源共享，推动互动各方的预期目标得以实现，从而扩大公共利益。在互动交流过程中，每一交通参与主体主要还是凭借自身的资源条件，通过资源共享，从整体层面促进交通资源的合理配置。这样的互动并不是单向的依赖，在这一过程中各参与主体既是资源、信息的受益者，也是资源、信息的供给者。这样的互动是在公共性和平等性的基础上得以实现的，各交通参与主体都以各自所拥有的资源来参与其中，在互动中相互影响、相互受益。

自主性强调的是各交通参与主体能够按照自己的意愿来表达个体行为。它与"独立性"有本质的不同，"独立性"主要强调的是组织或团体存在的前提和外在的结构特征，包含诸多外在制约因素和复杂关系。"独立性"主要是从关乎组织存在的物质层面来对组织与外部进行划分。而"自主性"则是从内部切入，凸显个体意志的能动性，在管理层面它更加注重通过发挥自身治理的灵活性来提高组织的整体利益。正是由于"自主性"的"自我意识"过强，在交通实践中可能会出现"自主性"与"互动性"难以并存的现象，也就是说，在交通事务治理协同过程中"自主性"致使参与主体在主观意志上不愿顾及其他参与主体的意愿，从而导致协同的效果不佳。

我们根据以上四个变量将交通事务社会化治理的结构划分为以下四种：一是自发组织型网络结构，协同互动态势较好，具备灵活性的行为特性；二是整体型网络结构，兼具原则性与灵活性特征，协同互动水平高，有制度化的模式规范；三是集聚型网络结构，各参与主体具有较高的自主性，同时制度化行为模式规范突显；四是离散型网络结构，各参与主体具有强烈的自主意识，个体行为意志较强，整体协同意识相对不足。

自发组织型网络结构的主要特点在于参与个体以及组织的自主性较强，各参与主体之间能够实现良好的互动交流，能够更好地实现资源和信息的有效共享。通常情况下，自发组织型网络结构主要处在高度复杂和不确定的交通管理环境中，正因为如此，各交通参与主体所形成的紧密协同关系并不仅仅是从行为个体的单个行为动机进行的判断和预设，而是从理性的现实状况切入，形成更加科学合理的自治空间。

整体型网络结构强调的是原则性与互动性并存的状态，在这一结构中，各参与主体既能够实现良好的互动交流，又能够确保各参与主体处在一个规范有序的安排之中。合理的规范制约对于促进沟通交流具有极大的保障意义，能够确保各参与主体更加有序地参与协同，在一定程度上加强了协同的有效可控性。从交通治理层面来看，整体型网络结构为交通事务社会化治理的过程和效果提供了极大的确定性和目标预期，也提高了各参与主体的可控性和协同的确定性。

集聚型网络结构中各交通参与主体的整体协同意愿不高，协同的实施通常是在外在因素影响下或前提下促成的。各参与主体的互动交流程度较低，致使信息资源共享有限，虽然在一定程度上参与个体的自我意识较强，但难以在整体治理上形成有效的协同配合。

离散网络结构强调问题解决的灵活自治性。在这一结构中，各参与主体虽然能够实现较高水平的灵活自治，但正是由于这样强烈的自主性，致使参与主体相互信任的程度普遍较低，资源共享也极度有限，从而造成协同配合效果欠佳。

治理专业化和职能精细化是协同治理模式在交通治理过程中得以发挥效用的基础条件。虽然其造成了部门差异，却也造就了多元联动的协同治理。[1]

在以协同治理模式为主导的交通治理过程中，政府、社会组织以及民众相互关联，彼此联系。同时，各类交通主体在其相关领域内发挥自身的

---

[1] 吕炜、王伟同：《发展失衡、公共服务与政府责任——基于政府偏好和政府效率视角的分析》，《中国社会科学》2008 年第 4 期。

交通治理职能。相较而言，以交通管理部门为单一治理主体的传统模式严重制约了各类交通参与者的协同合作，同时以强制力为手段的治理机制也造成交通主体之间缺少必要的良性互动，这也导致对交通问题的解决变得困难重重。因此，在交通事务社会化治理的推进过程中，应着力加强自发组织型网络结构、整体型网络结构的构建，充分动员网络中的主体、激活网络关联，建立有效的、积极的沟通协同机制，增强交通事务社会化治理的科学性和能效。

第三节 交通事务社会化治理的机制与运行

交通事务社会化治理要想实现各方的有效协同，不仅需要稳固的组织结构与和谐的主体关系，还必须存在科学的运行机制以促进交通事务社会化治理的全面发展。"机制"为事物内在的因果关系，正是交通事务社会化治理体系内部某类因果关系的存在，促进交通事务社会化治理的有效开展，保证交通事务多元联动协同的有效实施。总的来说，交通事务社会化治理改革的运作机制包括两个方面：一方面，要有一定数量的组成要素，因为运行机制的协调工作需要以组成要素为基础；另一方面，要有精细的运作模式将各组成要素联系起来，运作机制若想达到预期协同效果，就需要运作模式将各组成要素有效整合起来。

1. 交通事务社会化治理的运行机制

交通参与主体的良性互动、利益协调、资源优化整合和制度规范保障是交通事务社会化治理的主要组成机制。交通参与主体的良性互动在交通主体方面体现了交通管理进程中各交通主体积极的、自发的信任和协同关系。利益协调则侧重于主体与客体的相互关系，是针对主体与客体复杂关系的协调措施体系。只有各交通主体的利益诉求得到协调，使得共同利益最大化，交通参与主体才能积极、自发地参与交通协同管理过程。资源优化整合是通过重组和优化来达到交通资源的合理配置以发挥交通资源的最大效用。利益协调区别于资源优化整合，它是通过对利益的重新分配来达到各交通参与主体的利益平衡并使各主体的共同利益最大化。最后，制度保障机制是所有交通行为有序运行的保证。

（1）交通主体互动机制

互动机制是交通事务社会化治理有效运作的内生机理。交通问题的复杂性和更高质量的现实服务需求客观要求交通参与主体通过互动协同才能完成相应的目标，这一过程也使得协同主体间的联系逐渐加深并更为密切。以良性互动为前提的交通主体的协同关系更体现出民主、自发的性质，通过良性互动机制，各交通主体明确了各自利益和共同目标。概而论之，交通主体的良性互动机制是各交通参与主体对交通管理问题做出及时反馈的基础。在互动机制带来的相互了解的加深和关系的紧密化基础上，人与人之间的信任被不断加强，而这种自发性的、互信式的协同关系能够消除双方乃至多方间的认知差异和误会，进而增进主体的互相理解，使各方主体拥有更多时间来进行资源互换和理念共享。各交通参与主体本身并不处于一种资源和能力绝对平均的状态，在传统的非协同性架构中，能力强弱、资源多少、来自民间还是官方都成为影响组织地位与关系的标准。但若以信任、理解、公正为基础，加强交流，共享交通信息资源，必将增进交通主体的协同，减少交通管理协调组织成本。

（2）利益协调机制

利益协调机制涵盖主体和客体两个方面的多项关系，体现了对主体和客体内部错综复杂关系的协调。制度经济学指出，一切交易的出发点便是利益和互惠。[1] 在对人性的考量中，同样无法忽视团体或者个人在某些情况下的逐利行为。个人或组织之所以可以达成目标共识，是由于双方共同利益的驱使。交通管理社会化改革不仅是对现有交通问题的解决，更是关乎所有交通行为人出行根本利益的重大课题，而这也正是交通主体参与交通共治的逻辑起点。基于对现阶段碎片化管理模式的反思，社会化改革要

---

[1] 崔军：《公共部门经济学》，中国人民大学出版社，2011，第211页。

求所有交通活动主体协同参与，各尽其责，形成全方位、多层面的交通管理格局。然而，需要强调的是，协同治理模式结构态势形成的同时，利益的区别与冲突也是客观存在的。根本的利益和基本的共识是达成协同的基础，但其无法解决后续的多元主体所带来的差异化的个体利益、局部利益和短期利益对根本利益与基本共识的冲击与蚕食，在认知、素质等因素的影响下，根本的、长远的利益可能不足以理性地压制那些个体、局部的利益诉求，而当我们还需要用一种共治和协同的手段来加以完成时，我们就需要一类能够对这些冲突的利益进行有效调整的机制和手段。只有利益被有效地协调、主体间关系被有效捋顺，共同的或者相容的利益才会出现，协同与集体行动才有机会实现。相反，如果这些差异化的利益没有被有效调整，尽管从长远或整体来看具有一定的协同基础，但眼前的利益分歧也足以摧毁脆弱的协同基础，所以利益协调机制是交通管理社会化实现的动力所在。[1]

交通主体之间的利益协调一般通过对交通主体的经济补偿以及对交通资源的配置来实现。这类利益协调不仅反映了交通主体之间的关系，也体现了客体物质经济层面的调整，体现了两个领域内的复杂关系。交通资源配置和主体经济补偿正是为了减少协同合作中主体之间的差异和对抗。在交通事务社会化治理进程中，应当通过多元化交通主体之间卓有成效的协调来实现各主体利益的最大化并以此来促进协同合作；交通主体之间眼前利益和局部利益的对抗会在一定程度上激化矛盾，使主体的协同合作举步维艰，而利益协调机制则是解决此类棘手难题的最优手段；除此之外，对所涉及的相关交通主体进行经济层面补偿也是利益协调的具体有效措施。

（3）资源整合机制

事实上，在推行交通多元主体联动协同之前，交通行为人就已作为交通管理的事实参加主体对交通资源的内部系统结构进行自发优化配置。社会主体特别是那些社会团体，往往是基于专门方面而建立的，通过建立组

---

[1] 陆永：《当代中国警政与现代国家成长》，博士学位论文，南京大学，2012，第 121 页。

织，凝聚力量，汇聚资源，形成团队的力量。这些涉足专门领域的团体由于无法避免技能和相关资源的单一，因此促发了更广泛的团体的协同合作。可以说，对各团体之间的资源进行优化整合，是应对现实环境下交通事务治理复杂性和随机性的首要抉择。要以团体组织间资源优化整合机制为平台，进一步发展为协同关系之间的互惠互利和互信互助模式，从而达成协同方式的革新、优势协同的形成和组织凝聚力的增强。团体间的资源优化机制通过对职能和资源进行不断优化，形成更广泛的职能范围、更多的组织功能；相较之下，有别于从前的威权机制，团体资源优化整合机制中，因为互信互助模式的存在，不但各参与主体不会缺乏存在感，反而会增强团体的凝聚力；[1] 除此之外，团体资源优化整合机制在调动每个协同参与主体现有资源的同时，也充分保障了其优化整合和利用所需资源的权利。

团体资源优化整合机制包括两个方面：第一，垂直优化整合，通过移位资源的手段把资源的应用范围拓展至更广泛的组织范围，在广泛的组织范围内重构价值链。[2] 第二，水平优化整合，通过存储资源的方法扩充资源所有量，提升技术，达成团体间资源的优势互补。因此，团体优化整合机制是在公平公正的前提下，赋予交通参与主体权利，使每个交通行为人通过组织构架的沟通和交流达成对交通治理权力的共享、多方资源的优势互补、各方信息的分享和使用，进而实现对社会资源的配置和优化。

（4）制度保障机制

所谓制度规范是指一个独立、系统的团体组织对其自身组织构成和运行模式所做出的规划和限定，同时也是其对组织成员进行约束和管理的一类方式。[3] 组织制度规范的效用在于其不仅能够管理和约束组织成员个体的行为方式，还可以将团体组织行为限定在一定规范内。本质上体现了制

---

[1] 张康之：《论组织整合机制中的信任》，《河北学刊》2005 年第 1 期。

[2] 彭正银：《网络治理理论探析》，《中国软科学》2002 年第 3 期。

[3] 萧斌：《制度论》，中国政法大学出版社，1989，第 71 页。

度规范所涵盖的两种职能，即限定主体需求和满足主体需求。[1] 由此可见，制度规范是一套需要参与主体遵守的行为规范体系。而规范体系作为制度的关键组成，体现了制度规范对主体行为方式和主体关系兼有强大的约束力。而该约束力适用于体系内的所有组织成员，体现了其强制性。此外，制度规范的另一个重要特性是它的稳定性。制度通过维持其稳定性来减少客观环境的多变性和不确定性，为组织内部的正常运作提供保障，这同样也是制度的实践价值所在。制度的强制性、稳定性、适应性和可设计性实际上满足了人们维持秩序从而使社会及组织得以有效运转和延续的目的。也就是说，制度所具有的秩序保障和信息承载功能的发挥是社会、组织、结构得以生存、发展、绵延不息的必要基础与前提。[2]

事实上，制度的存在与作用同我们致力于追求的多元联动协同的灵活应变并不绝对冲突。想要在交通事务治理领域达成协同合作，就需要体系化的制度规范，不仅包含约束和限制交通参与主体行为的规则体系，还应包含在微观层面各交通主体为达成目标而做出的社会契约。日本学者青木昌彦指出，从博弈论的观点出发，"所谓制度规范即维护博弈正常运作的保障机制，制度的实质是均衡博弈理论的表征，因为此类表征与人类的决策息息相关，所以其为所有人共知"[3]。因而，在交通事务社会化治理进程中，制度体系便会发挥协调交通参与主体之间利益、规范交通参与主体行为、防止交通协同治理失效的功效。社会契约区别于此类制度规则，它更微观且直接，是交通参与主体在交流、沟通、谈判、协调、博弈和妥协基础上达成的类似合同的协议。该协议的制定，能够有效约束交通参与主体的行为，明确各主体的权利和义务，降低行政运行成本，提升合作效率，从而保障交通参与主体协同合作的持续发展。

2. 交通事务社会化治理的作用机理

机制本身就包含内部要素的有机运转，同时，机制之间也像机械齿轮

---

[1] 程福财：《论制度的功能演变与制度变迁》，《上海大学学报（社会科学版）》2001年第1期。

[2] 韩兆坤：《协同性环境治理研究》，博士学位论文，吉林大学，2011，第141页。

[3] [日]青木昌彦：《比较制度分析》，周黎安译，上海远东出版社，2001，第28页。

一样通过有序的啮合传动形成一种持续运转的状态，从而实现协同效应。从这种动态的运行机理来看，交通管理社会化的互动机制可以视作以对交通问题的回应为起点，通过潜在协同主体积极互动机制的发挥，在基础利益和共同问题回应的共识基础上，以信任为基石建立起的交通共同体间的密切关联；交通参与主体间总是存在各种差异性，在这种差异性的引导下必会出现协同关系的消解，因此就需要通过利益协调机制对交通参与主体间的分歧和冲突进行有效调整。如果互动性良好，利益关系被有效调和，那么交通管理资源就可以根据实际需要得到有效整合。同时，主体互动、利益协调、资源整合都需要在交通事务社会化治理的整体框架下有秩序和有原则运转，并最终实现协同效应。这实际上是一个持续的闭合回路。当一次循环运转顺利完成，信任得以加固，互动将更为积极，利益的调整将获得新的经验，资源的调配和整合能力将得以加强，规范与制度也将被进一步完善。当出现新的问题时，这种循环将继续进行，协同的深度、广度和范围都会进一步提升，从而实现协同效应的更好发挥。[1]

具体而言，第一，解决交通问题的迫切性是形成多元联动协同的客观动因。交通问题的外溢性和复杂性直接影响每一个交通行为人，对解决交通问题的迫切期望成为社会成员的共同意志，各个交通参与主体也愿意承担起维护出行权益、解决交通拥堵、维护交通安全、促进交通可持续发展的责任。其中，交管部门作为传统管理中的绝对主体，也认识到自身所存在的不足，即一元化交通管理模式将政府与外界隔绝，使得交通管理效果并不理想。因此，交管部门希望更多与外界沟通，并通过制度的构建使更多社会力量参与到交通管理活动中。同时，交通管理部门以外的社会各阶层各主体参与交通管理的需求愈加强烈，当各主体均有协同互动进行交通管理活动的意愿时，原本对立的交通管理者与被管理者进行协调统一的合作成为可能。至此，对于解决交通问题的迫切需求、承担管理责任的意愿以及各主体自身存在的不足和缺陷均是促进各主体进行协同互动的主要动因，也是整个交通事务多元联动协同机制的基础。

第二，利益差异化是永远无法回避的矛盾，交通参与主体由于身份、

---

[1] 韩兆坤：《协同性环境治理研究》，博士学位论文，吉林大学，2011，第 146 页。

立场、目的的不同必会带来行动出发点、思维方式、工作方法、行事风格以及所追求利益的不同。主体的差异性决定了具体利益的区分，这种差异化也成为影响协同的离心力。为了保障协同互动机制的有效运行，必须在原有的基础上，进一步深化合作，进行更深层次的沟通、交流、协同，通过主体间的让步、制衡、妥协，使利益差异尽可能得到调和与消解。并且，资源分配的不合理、交通问题所牵扯的各项利益也会引发分歧，由此可见，利益协调机制并不仅仅对协调各主体间的联系有重要作用，还对资源的合理分配、缓和内部矛盾、平衡运行体系有着极为重要的意义。通过利益协调机制，可以将主体利益差异化降到最低，协调资源分配，令其成为保障交通事务社会化治理体系稳定运行的关键环节。

第三，当各主体有了明确的共同利益，利益差异化的问题得到解决时，各交通参与主体协同互动的关系便会更加稳固，协同性交通管理机制将得到进一步深入推行。此时，对交通资源再整理再分配成为重中之重，该环节需要对整体资源中的人力、物力、财力以及数据信息进行统一规划、整合，实现交通管理活动中有效的资源共享和互动。而这种整体资源再整理再分配是整体协同能力的一种体现，并且这种协同管理能力通常暗含于资源整合能力之中。

第四，主体间互动、利益协调和资源整合使得交通管理社会化改革具有更强的可行性，但规范运作和有序进行还必须以制度机制作为保障。在交通事务社会化治理的保障制度框架下，交通协同性管理效应得以产生，交通问题可以通过治理模式的转型得以有效改善和解决。

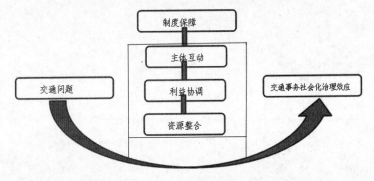

图4 协同治理模式下交通事务社会化治理流程

综上所述，互动、整合、协调、保障机制均是交通事务社会化治理改革中不可或缺的重要环节，在理论和制度的双向维度上发挥着重要的作用。并且，在改革实践当中，各环节配合日益改善，更加默契，资源整合更加合理，配套性保障机制更加规范有效，这些都为交通事务社会化治理改革的深入推进提供了强有力的规范支撑和制度保障。

第五章 交通事务社会化治理模式的实现路径和推进策略

交通事务社会化治理，是在跨主体、跨行业、跨功能、跨部门协同的张力下形成的，以协同为组织形态特征、以社会化服务为导向、以整合为运行机制的核心，在价值取向上更加注重社会整体利益，围绕交通治理体系和治理能力现代化目标展开的合作共治的过程。交通事务社会化治理的实现不仅要有理论蓝图，同时还需要现实路径和推进策略作为保障。本章从协同治理模式视角出发，基于跨主体、跨行业、跨功能、跨部门四个社会化整合维度，对道路交通共同体的构筑、交通社会信用体系的创设、道路交通网格化治理的完善、多元化现代交通治理方式的探索等问题进行深入研究和全面探讨。通过价值共识的引导，以合作理性为理念基础，构建多元主体间密切的网络结构关系，利用互动、整合、协调、保障机制的协同运行，最终实现协同治理模式下交通事务社会化治理机制的整体运转。

第一节 跨主体协同：道路交通共同体的构筑

1. 交通共同体的基本内涵

"共同体"源自哲学领域，属于哲学概念，对其的认知和理解往往随着话语体系和语境的变化而发生改变，但共同的身份归属、共同的利益诉求及共同的目的被认为是构成"共同体"的基本因素。"一般而言，'共同体'是指源于共同的价值追求和身份归属，进而处于相同立场或持有同一态度的一类人的集合。"[1]

当前，共同体概念的应用领域越来越广泛，诸如学术共同体、科学共同体、民主共同体、职业共同体等，这些新兴共同体概念便是在实践与理论的互动中产生的。随着社会的发现和历史的变迁，道路交通领域也同样接受来自社会、政治、经济、文化等多方面的影响和作用，尤其是在机动化社会高速发展的带动下，人们对交通事务的认识、观念和价值取向不断得到更新和沉淀，为汽车社会交通共同体的形成和发展提供了良好的文化环境和生长空间。

交通共同体，即基于共同的交通参与活动和社会利益诉求，在畅通、安全、有序、和谐等共同目标的驱使下，在道路交通领域形成的交通聚集体。依照结构层次的不同，可将交通共同体划分为以下三个主要类别：第一类为交通存在共同体。该类共同体是指，通过采用机动车、非机动车或步行等交通活动方式，对道路交通进行现实参与，并因此对交通状况产生共同关注的社会共同体。第二类为交通利益共同体。该类共同体是指，基于共同的交通利益，为确保各自交通利益的实现而受到共同准则和共同规范约束的社会共同体。共同的交通利益是形成共同目标的现实基础，同时也是交通共同体在交通参与和交通活动中存在并发展的前提。基于部分与

---

[1] 陆树程：《市民社会与当代伦理共同体的重建》，《哲学研究》2003 年第 4 期。

整体、成员与集体的关系，想要实现部分、个体成员的利益，势必需要确保整体、集体利益得到实现，因此，为实现自身利益，各成员之间要保证足够的沟通和联系。从本质上来说，交通共同体便是个人利益向社会共同利益的让渡，各个交通成员通过推动社会共同利益的实现，进而保证自身交通利益的满足和实现。这种个人利益向公共利益的让渡，将自律和他律有机地结合在一起，从真正意义上实现了道德与社会需求的统一，是解决各类道路交通矛盾和问题的有效途径。第三类为交通伦理共同体。该类共同体是指，以交通伦理为基石和桥梁，在追求和谐包容、公平正义、权责平衡等共同目标中所形成的社会共同体。汽车社会背景下的交通共同体，在强调实现交通利益的基础上，还应该注重交通伦理的提升，通过交通伦理的约束，避免原子化社会交通个体陷入自我主义的误区。因此，不断强化各个交通参与主体的伦理文化，加强交通成员之间的尊重和协同，完善成员和集体、部分与整体之间的互利共生关系，是构筑交通伦理共同体的应有之义，同时，也是实现交通共同体价值追求的重要目的和使命。

2. 交通共同体的价值功能

公共管理问题的研究初衷与自然科学不同，公共管理问题的研究就是为了解决社会问题并创造一定的社会价值。道路交通系统的完善除了需要完备的硬件设施，还需要"软文化"与之相辅相成。"软文化"必须包含安全、平等、高效等基本价值观。交通共同体就是"软文化"在道路交通文化建设中的有效载体。交通共同体的提出为"互为主体"的交通伦理模式及交通人际关系提供了强有力的规范依据和文化支撑；交通共同体打破了权力主导交通的制度窠臼，而进入交通领域的新篇章——民众享有自由平等的路权，同时将交通伦理体系的核心转变为对民众交通权利的保护；交通共同体的出现有效缓解了交通管理者与参与者之间的对立情绪及冲突，其不仅有利于发挥政府主导、企业及其他组织协同的作用，同时还有利于引导民众积极参与，进而形成交通事务多元联动协同治理格局。

首先，有利于构筑"互为主体"的交通人际模式。在所有的社会关系中，人并不是独立存在的个体，而是所有社会关系的总和。一个个体与其他个体互动、关联，这种互动关系就是人类社会关系的基础。海格尔提出每个个体都与其他个体存在一种"共在"状态，而这种状态本质上就是互为关联的。[1]萨特也指出，没有孤立存在的个体，人存在于世必须应付其他人的存在。[2]此外他从笛卡尔的"我思故我在"的哲学思维中推论出"我思"不仅可以推出"我在"，也可以推出"他在"。[3]总而言之，从现代哲学思维来讲，个体之间的关系并非主客关系，而是互为主体的关系。

当今社会交通矛盾、冲突产生的主要原因是"自我主义"思想严重，个体只考虑自身利益，缺乏与其他个体"互为主体"的共同体理念。在以"自我主义"思想为导向的交通实践中，个体不将其他交通行为人视为平等独立的自由个体，故此牺牲其他个体的利益来满足自身通行的现象普遍存在，事实上这也是交通违章、道路冲突、侵害他人路权等交通乱象频发的重要原因。解决交通问题的根源是改善交通活动中各个成员之间的关系，当互为主体的和谐关系模式被构建时，各个成员会拥有为他人着想的"善"。"互为主体"的交通伦理模式以及交通人际关系的发展需要伦理和规范的支撑，而这个支撑点就是交通共同体。

其次，有利于形成多主体协同合作的交通治理格局。交通共同体理念的提出，不仅有助于发挥政府在交通共同体治理中的主导作用以及企业及其他社会组织的协同作用，而且有利于引导公众个体积极参与交通管理与决策，进而形成多元主体共同参与的交通事务治理体系。申言之，一方面，交通共同体理念有助于促进社会公众在交通决策制定和管理中的全面参与。交通共同体理念的提出，可以有效改善以往社会公众对公共交通管理决策的冷淡倾向，有利于引导、鼓励公众参与交通决策和交通管理，从而实现个体的交通权利和利益追求。另一方面，交通共同体文化对于企业、社会团体以及其他社会力量的协同配合具有巨大的推动作用。特别是政府与社会组织的紧密配合，能够在很大程度上促进交通文明理念的塑造和养成，有利于在循序渐进中促进以个人为中心的交通行为向注重社会整体利

---

[1] 古斯塔夫·勒庞：《乌合之众：大众心理研究》，冯克利译，广西师范大学出版社，2011，第 117 页。

[2] 让·保罗·萨特：《存在与虚无》，陈宣良译，生活·读书·新知三联出版社，2007，第 562 页

[3] 勒内·笛卡尔：《第一哲学沉思集》，庞景仁译，商务出版社，1986，第 312 页。

益交通行为的转变。

最后，有利于构建权利本位导向下的交通伦理体系。交通共同理念的形成和完善，有助于打破当前以权力为交通主导的局面，构建路权平等的和谐交通环境，赋予社会成员平等的交通权利，并在交通活动中切实保障民众的生命健康权以及安全、平等、便捷通行等交通基本权利。具体来讲，一方面，交通共同体这一理念的出现着重体现了对社会公众生命健康权的重视与保护。在以权利本位为导向的交通伦理体系中，生命健康权被视为公民最基本、最重要、最不忽视的权利，是其他一切权利存在的前提，也是整个体系的基础。但是，交通事故问题日益严重，道路交通冲突逐渐升级，严重威胁着全体交通参与者的生命健康权，给交通的管理者和社会公众造成极大的困扰。因此，交通共同体以保障生命健康权、保护交通参与者的人身安全为出发点，不断加强对交通安全共同体的完善。所谓交通安全共同体，是指行人、机动车、非机动车等交通行为单位共同参与交通活动时，各参与单位基于道德规范、法律规定、个体利益而自觉有序参与交通活动的一种和谐交通关系。交通安全共同体的存在令参与交通活动的各方能够基于同一种规则和认识，自发地去遵守交通规则和维护交通秩序，并在良性循环中形成符合各方利益的稳定状态，因此它既是交通共同体的核心内容也是生命健康权的重要保障。

另一方面，交通共同体十分重视保护交通参与者的平等通行权利。就交通活动而言，交通事故、车辆拥堵或者其他交通问题的本质其实就是路权间的激烈碰撞。也就是说，交通参与者往往在自我主义的驱使下，盲目地过分重视自身权利的实现，采取简单粗暴的方式以保护和维护自身权利，这种原始的"丛林法则"不仅极大破坏了现行交通伦理，还在相当程度上为逾越法规红线的行为提供了思想上的温床。对此现象，交通共同体主张基于公平正义的原则，对现有路权进行整合、划分，公平公正地分配路权，这对维护道路交通秩序和保障交通参与者的人身权益均有十分积极的促进作用。

此外，交通共同体还侧重对道路交通参与权的拓展和保护。从权利本体视角看，交通权利是公众社会生活的基本"需求"，城市交通发展则是一种"供给"，而实现这种"需求"与"供给"的平衡，在很大程度上仰赖于公众对道路交通发展的有效参与。就本质而言，交通共同体核心在于"公民权利—政府义务"关系理论，其不仅注重社会公众在道路交通发展中的自觉意识和责任精神，而且更加强调政府在公民权利实现中的保护义务、给付义务以及尊重义务。因此，交通共同体理论为社会公众参与道路交通的设计、规划、决策以及运行提供了更多选择和可能。

3. 交通共同体的文化生成

完善的现代交通体系是社会进步的重要标志，其既是经济理性和市场经济的产物，又是人类科技和文明高度进步背景下工具理性发展的里程碑。纵然如此，享誉全球的社会学大师马克思·韦伯仍指出："在原始资本主义向现代工业化社会过渡的过程中，人们一味追逐工具理性的效益最大化，这虽然促进了经济的极大发展和财富的大量积累，然而伴随着工具理性的不断扩张，其原本的'工具身份'逐步演变为'主导身份'，甚至发生了工具理性主导下人类的物化与异化。"[1]在社会交通方面，工具理性的优势虽然令人类享有便捷和高效的交通服务，但也逐渐淡化了人类的精神和情感，价值观扭曲和道德缺失在现代社会不断滋生和蔓延。因此，若要彻底解决交通领域存在的"路怒症""中国式驾车""中国式过马路"等难题，不但要建设完备的交通设施和完善的管理机制，更要构建良好的现代交通文化。申言之，就是在发扬中国传统文化和借鉴发达资本主义国家交通管理经验的基础上，树立良好的公共价值观，兼顾各类交通主体的利益，营造以安全出行、绿色出行、和谐出行和人本精神为主要内容的交通共同体文化。

首先，应当加强社会征信体系和公民诚信意识建设。在中国传统文化中，诚信一向被视为个人的立世之本和社会的普遍追求。所谓"诚"，是儒家为人处世的主要思想，人应当以诚信立世。而"信"字在儒家传世经典《论语》中的出现频率高达28次。其含义有三方面，其一表示助词，其二表示诚信、诚实，其三表示人与人之间的信任。进一步解读"诚信"一词，其内涵有三层。其一是个人品德的诚实守信，这是个体内在的品德，通过后天教育和自我约束达成。如"人而无信，不知其可也"。其二是安

---

[1] [德] 马克斯·韦伯：《新教伦理与资本主义精神》，群言出版社，2007，第92页。

身立命的诚信，存在于各个社会主体之间，从而构筑起整个社会的秩序。如"民无信不立"。其三是施政方式，提倡政治诚信，这可以显现出统治阶级的道德水平和国家的文明程度，主要以诚信的行政行为来实现。[1]

在发达资本主义国家中，诚信已发展为一种新型资本运作形式，兼具可兑换性和可累积性。申言之，在已存在的各种社会关系网中，诚信能够提升社会弹性，进而减少严刑峻法、猛药去疴式的决策。由于各个社会主体之间存在信任关系，因此，其不仅可以节约社会交易成本，也能够降低政府行政法律法规的施行成本，实现公共资源和司法资源的最优化，从而释放社会和公民的自治空间。[2] 在司法资源运作过程中，诚信资本能够产生施行法律的效果，这进一步提升了司法效率和行政效率。诚信虽属道德范畴，但也能够发挥法律的施行效用，而且往往事半功倍。据此，诚信不仅能够独立于法律体系来调整社会关系，而且还可以作为法律调整的客体，以此调控社会主体间的民事行为关系。

概而论之，诚信在关系调控和行为规范方面具有重要作用，是交通管理体系构建过程中重要的无形资源。我国现阶段的社会关系调控和行为规范主要通过法律手段实现，但法律规范不能解决所有的交通难题，并且极易囿于"法制主义"的僵化模式。爱波斯坦曾指出："维持社会运转单单依靠法治是不够的，若要实现理想的社会形态必须重视道德建设。"[3]据此，在构建交通共同体时，应当重视和加强以诚信为基石的社会道德体系建设，使道德在社会交通治理体系中的调控作用得以发挥。申言之，其一，以诚信填补法律空白。在法律触及不到的领域，将诚信作为调控和规范交通行为的手段来填补法律空白。其二，以诚信诠释法律精神。在法律空白领域，将交通诚信推广为原则。其三，以诚信强化法律效果。通过道德的合理性来加强交通治理体系的重要性和权威性。其四，以诚信优化法律体系。通过加强构建交通失信体系的合理性，完善并优化社会交通征信体系和交通失信惩戒机制。

---

[1] 张康之、李传军：《行政伦理学教程》，中国人民大学出版社，2004，第112页。

[2] 丁煌：《西方行政学说史》，武汉大学出版社，2004，第97页。

[3] [美]理查德·A·爱波斯坦：《简约法律的力量》，中国政法大学出版社，2004，第121页。

其次，传承我国传统文化中的"和合"思想，促进和谐交通共同体的构筑与发展。和谐是一切事物发展的前提，社会上任何组织和个人的生存都离不开和谐，和谐有利于促进社会团结、激发社会凝聚力，同时又能够为人们提供舒适、安定的社会氛围。在我国传统文化中，和谐作为"治国安邦，国泰民安"的价值追求长期为统治阶层所认同。道家曾提出的"道法自然"，揭示了天地万物自然规律源于合一的本质；儒家也曾推崇"以和邦国，以统百官，以谐万民"的治国理念；法家提出的"和合故能谐，谐故能辑"，也着重阐述"和谐"对社会管理的价值。现今对"和谐"的理论研究中，多数专家、学者吸取了中西文化精髓，总结出适合现今经济社会发展的新的"和谐"意义，认为现今的"和谐"是社会与个体或组织的协同，是外界环境与自身发展的衔接，是"和则"与"谐则"的总和。所谓"和则"是通过个体与组织、社会以及环境的融合，促进双方的生存和发展，这是个体生存发展的前提要件，要实现"和则"，必须要有浓厚的文化底蕴来营造"融合"的氛围，这有利于将整个社会紧紧凝聚起来。而"谐则"是通过完善的组织体系、组织机构以及科学的制度设计，来促使系统内部达到平衡，从而保障管理部门之间的协调统一。[1]

由此可见，"和谐管理"在现代社会管理中发挥着至关重要的作用，可以称之为社会发展的内在驱动力。

从古至今，交通作为人类生存和发展的基础要素，一直伴随人类社会的发展而不断变化，现代化的交通不仅顺应经济社会的发展，更关乎人类幸福感以及公众对公共服务领域的满意度。所以现今所提到的和谐交通是在满足公众生活需求以及推动经济社会有序发展的同时，强化交通系统各要素的协同与联动。申言之，交通系统主要由内外两种要素构成，其中内部要素主要包括管理组织机构设置、制度规划安排、道路设施状况等，而外部要素主要是由资源环境条件、经济发展水平、道路交通需求等组成。所以，要确保整个交通系统的平衡，既需要内部要素的融合与统一，还需要外部要素与内部要素的协同与配合。当前我国构建和谐交通，既要促进交通参与者之间的和谐，还要保障整个社会的安定、协同。由此可见，和

---

[1] 席酉民：《和谐理论与战略》，贵州人民出版社，1989，第37页。

谐交通的构建是一个长期的系统工程，需要凝聚社会各方力量。所以和谐交通的"和则"，指的是构建交通文化，为交通与社会的融合营造良好的文化氛围。和谐交通的"谐则"，指将交通规划和交通理论运用到管理效能中，从而实现交通系统内部与外部平衡，进而实现交通制度与经济发展统一。

再次，在构筑交通领域的行为规范和权利义务关系时要切实贯彻"以人为本"的中心思想。诚然，现阶段道路交通所展现的更多是理工学科方面的特性，但是究其根本，道路交通存在的意义和目的都要归结于人本主义的诉求和需要。而人本主义的哲学内涵在融入交通领域后所表现出的就是科学技术与人文关怀的融合，最终形成交通领域正当的伦理指向。中国数千年前就产生了"民本思想"，并随时间的流逝而历久弥新：早在春秋战国时管仲就提出了"霸王之始，以人为本"的思想；唐代《贞观政要》中也提到"水能载舟，亦能覆舟"的观点；近代又有孙中山"民主、民生、民权"的政治纲领；当代又有"党的群众路线"这样的指导思想。在国外"人本主义"同样源远流长：从戈里乌斯和西赛罗首倡的"人本主义"思想，到文艺复兴时期"人文主义"的进一步阐释和发扬，以及近现代费尔巴哈的"生物学人文主义"等观点的继承和拓展。

当前，人文主义在道路交通领域同样发挥了巨大的作用。特别是在通行权和生命权、路权和人权存在争议的时候，就更应该将人本主义和道路交通管理融合，坚持以保护交通参与者生命权为首要内容。从实务角度来看，道路交通活动的管理工作要切实将这种辩证的认知方式运用到实际工作中，既要顾及"求同存异"的整体思路，又要坚守相互尊重的伦理要求，使公民在参与道路交通的过程中，拥有平等的法律和人格地位，跳出自我主义的狭隘认知，接受相互尊重、互惠互利的交通参与理念。申言之，构建以"人本主义"为价值核心的道路交通权利义务体系时，其一要明确的就是每一个交通参与者在参与交通的过程中权利与地位是平等的，将互帮互助、合作共赢、相互理解作为交通参与的情绪底色，进而消除对立，共同打造和谐、文明的交通环境。其二，逐渐沉积出统一、理性、平等的"理想言语情境"，而这则需要以成熟的、通用的道路交通交流体系来支撑，从而明确每一个交通参与者的路权范围和义务区间，真正做到不越权使用道路交通资源，进而消除占道、抢道、混行等不和谐现象。其三，引导和培养交通参与者的整体意识和互助意识。道路交通本身就是一个共同体，是以全体交通参与者为基本单元，以交通工具、道路设施、交通语言等物体为媒介形成的。正如古语所言"天地交而万物通"，道路交通产生和发展的基础就是整个社会的交流和沟通。所以，真正和谐、文明、安全的道路交通环境需要每一个交通参与者付出和努力。

概而论之，交通共同体文化是基于交通行为人的道德伦理而产生的机制，其不仅是体系化、类似法律的行为规范系统，也是国家规章制度体系的有效补充。据此，交通共同体文化是一国交通领域内文明理念、行为方式和价值取向的总和，其不仅可以高效地推进社会交通的和谐、安全、有序和可持续发展，也能充分彰显该国交通文化的现代化程度。此外，值得重视的是，交通共同体文化的萌芽和推广不仅需要完善的法律体系支撑、正确的价值观导向、交通参与者的自我行为内化以及完备的交通设施支持，更要求社会文明意识的总体提升。

文化的首要特征便是贯序性，而相较于文化，制度的约束性和评价作用则更为明显。文化和制度各具价值和效用，但在社会实践中又是相辅相成、缺一不可的。据此，管理活动在实质上就是文化与制度综合运用、良性互动的过程。它表现出制度的刚性约束和文化的软性影响。因此，文化管理的性质是综合性、和谐性，其能发挥自身功能主要取决于"外部约束——自我内化——显示行为"的过程以及其在该转化中彰显的能够对系统进行优化整合的效用。[1]

因此，道路交通秩序管理应以物质文化的支撑为基础，以制度文化的约束为手段，以价值观的影响为导向以及以个体行为的内化为关键，来推进交通共同体文化的构建以及其效用和价值的充分发挥。

申言之，首先，政府应当将交通共同体文化所体现的和谐、公平、互利、以人为本等理念运用于行政机构的交通管理、交通基础设施建设和交通发展规划等方面，同时将和谐、公平、互利、以人为本的交通共同体文化融入今后的交通管理体制改革进程。其次，应当致力于改进现有交通技术、

---

[1] 王久梗：《和谐交通与交通文化建设研究》，《兰州交通大学学报》2008 年第 5 期。

健全相关法律法规、整合道路交通资源和完善现行交通管理机制，以期实现交通共同体文化价值。具体而言，现有交通技术的改进，能够为交通文明意识的树立和贯彻提供有力的技术支撑；相关法律法规的健全，可以在法治层面为交通共同体文化的推广提供完善的法律支持；现行交通管理机制的完善，则有助于交通管理实践与交通共同体理论的契合。再次，将物质文化作为突破点，推动交通设施建设、道路交通规划及交通环境改善与当代社会文明的发展相结合，促进物质与文化的良性互动，为交通共同体文化的进一步发展夯实根基。最后，通过对交通共同体文化和理念的大力普及，对交通行为人的交通心态、文明意识、价值观念等心理因素进行正确而有效的引导，进而构建和谐、文明、安全的现代交通出行方式。

第二节 跨行业协同：我国交通信用体系的建设

《中共中央关于制定国民经济和社会发展第十三个五年规划的建议》提出："建立国家人口基础信息库、统一社会信用代码制度和相关实名登记制度，完善社会信用体系。"作为社会信用体系不可或缺的组成部分，交通信用体系在构筑现代交通文明、规制交通违法行为以及提升交通安全指数等方面具有重要的作用和价值。据此，结合现阶段交通管理领域中存在的机制困境和现实问题，建议在奖惩教联动、交通信用分级以及统筹各职能部门的征信机制和联合征信平台的基础上，推进交通违法行为与个人信用的有效对接，构建和完善交通违法行为的失信惩戒和风险防范机制。

1. 交通信用体系的理论解构

所谓交通信用体系，即以塑造现代交通文明为目标，以法律规章为准绳，以交通违法信息采集和征信体系为支持，通过失信惩戒和守信激励机制来规范交通行为的制度体系。交通信用体系是一项庞大的系统工程，其通过建立交通征信机制，对交通参与者的交通失信行为进行记录，同时在交通信息的交互、共享过程中对行为人实现评估奖惩，从而推进交通安全理念和交通诚信意识的普及。

在运行机理方面，征信机制的构筑和与之联动的奖惩机制是交通信用体系有效运作的关键。以征信主体为标准征信机制可以划分为会员制征信机制、市场征信机制、公共征信机制。其中，所谓会员制征信机制，即以会员制信用组织和企业型信用机构共同构建的征信机制；市场征信机制，即企业型信用机构在企业运营机制和市场资源配置方面所形成的行业类自主管理的征信机制；公共征信机制，则是在政府公信机构的主导下，对各类团体、社会组织、民众以及企业的信用信息进行强制记录的征信机制。[1]总的来说，社会失信惩戒机制是交通信用体系的关键组成部分，其是由全体交通行为人参与的，以交通信用信息的共享和交互为模式，通过整合行政措施、法律措施、经济措施以及道德措施对交通失信行为进行规制惩戒的一种管理方法。该方法不仅能有效、及时、个性化地对交通失信行为进行惩戒，营造"交通失信，寸步难行"的良好氛围，更能不断激发社会信用体系的活力，促进社会良性发展。申言之，其一，失信惩戒机制以增加交通失信行为人的心理负担、道德负担和经济成本为手段，给予交通失信行为人以极大的震慑和警示。纵观现阶段的交警执法，单纯依靠扣分和罚款的执法模式已无法有效遏制交通违法行为的发生。据此，建议在现有的行政惩戒基础上，推进交通违法行为与个人信用的有效衔接，使交通失信行为人的心理负担、违法成本增加。其二，统筹守信激励机制和失信惩戒机制，将有利于交通诚信文化的形成和公民法治意识的内化，从而促进整个社会形成"不能失信、不想失信"的良好局面。

2. 交通信用体系的实践逻辑

（1）交通信用的全民适用

在城市交通领域，全体交通参与人都需要为保证道路交通安全畅通和文明有序贡献力量，这也是所有交通参与者的共同责任。然而，在我国现

---

[1] 叶湘榕：《中国模式社会信用体系建设的创新与挑战》，《创新》2015 年第 4 期。

行的交通管理制度设计方面，各项处罚约束手段往往只适用于机动车驾驶人，而忽视了对其他交通行为人的有效约束。当前，我国机动化虽然不断深入，但庞大基数的行人及非机动车依然是交通共同体的关键组成部分，缺少对这一重要群体的有效管理将直接影响整体治理效果。尤其是在人机混行的路段，因行人和非机动车违法而引发的交通事故占有较大比例，这一关键环节对交通安全和道路秩序所产生的影响不容忽视。如上所述，交通信用体系的全民适用将行人和非机动车一并囊括在约束机制内，能够为治理交通违法和规范交通行为提供更多的改革方向和措施选择。并且，我国公民身份信息系统的持续发展、非机动车实名登记机制的不断完善、统一社会信用代码的普及以及道路交通管理信息化的不断优化，为贯彻落实交通信用全民适用原则提供了有力的技术支持和体制保障。

（2）交通信用的分级管理

个人信用的核心要义是指个人遵守法律法规和社会规则等约束性条件的意识以及实际生活中践行该理念的行为。个人信用组成社会信用，良好的社会信用是确保整个社会和谐、有序、稳定发展的关键因素。可以说，良好的个人信用至关重要，因为交通违法行为不仅是对交通法律法规的违背，更是对个人信用及社会信用的践踏。从这一层面来看，将交通违法行为纳入个人信用考量体系，不仅符合法治中国建设的核心要义，也是构建新时代信用社会的趋势。据调查数据显示，多数民众对将交通违法行为纳入个人信用体系持支持态度，认为这一举措对强化公众的规则意识、增强其法治观念、改善其不良交通习惯、创建文明交通城市具有积极意义。

尽管如此，该项举措在实践中可能存在的问题也受到不少学者的关注和讨论。例如，交通违法行为的特殊属性容易导致在实际操作中出现信用惩戒标准的扩大化和概念泛化。具体而言，交通违法违规行为较一般性质的社会信用行为在客观上受到更多因素影响和干扰，比如个人性格上的易急易躁或长期形成的不良行车习惯，非常容易导致交通违法行为多发；在主观上也存在过失的可能，比如因疏忽大意而未注意到标志标线或信号灯，或因不熟悉交通法规而违反交通规则，这类无心之举与个人的社会诚信程度并无直接关联，倘若以"一刀切"的方式将其都纳入个人信用档案，显然制度设计的科学性和合理性有待商榷。此外，信用体系所涉及的职业准入及晋升、银行贷款、保险费率等均牵扯到民众生活的切身利益，将交通违法档案与信用惩戒机制挂钩，势必会对公众的权利造成重大影响。因而，在制度设计中应充分考虑各类现实因素，制定科学的指标体系和合理的量化标准，防止对交通违法行为"一刀切"。对此，建议采取分级管理的手段来规范和保障交通信用体系的具体落实，根据交通违法违规性质、次数、主观恶意程度、危害程度及法律责任等要素的差异，确立相应的分级量化标准，以体现"过罚相当"的原则。

在具体分级中，可综合考虑各标准要素，将交通违法行为划分为一般违法行为、轻度违法行为、中度违法行为和重度违法行为四类。其中，一般违法行为是指，行为人主观上不存在违法违规的故意，而由于疏忽大意或不熟悉交通法规等原因导致的"无心之举"，针对此类非主观故意的违法行为可以做出行政处罚但不计入个人信用测评的处置；轻度违法行为是指，行为人具有违法违规的主观故意，但情节轻微或危害不大的交通违法行为，比如驾驶时拨打、接听电话，行经人行横道时不按规定减速、停车、避让行人，违规超车，逆向行驶，占道行驶等违法行为等；中度违法行为是指，主观恶性较大，情节较为严重，社会危害及应负法律责任较大的交通违法行为，比如超载超速、故意遮挡号牌、飙车、醉酒驾驶等较为严重的行为；重度违法行为是指，主观恶性极深，情节极为恶劣，社会危害极为严重，必须受到法律严惩的交通行为，比如肇事后逃逸、无证驾驶、严重超载超速等具有严重社会危害性的交通行为。针对轻度违法行为和中度违法行为，除了按规定予以处罚外，可以通过将其行为记入个人信用档案，通过信用机制来约束和纠正其行为。对于重度违法行为，因其具有极为严重的主观恶性和社会危害，除了要严肃追究行为人法律责任外，更要提高对行为人的信用管制和失信惩戒力度，利用个人信用这一"无形的手"来更好地维护和保障道路交通的安全与和谐。

（3）交通信用的关联原则

随着我国治理能力和治理体系现代化进程的不断深化，交通信用体系的构建逐渐成为时代发展的新模式以及创新现代化发展的新选择。建立交通信用机制并非以处罚为目的，而是通过提高违法成本的方式警示和震慑交通违法行为人，进而减少交通违法行为，营造和维护道路交通安全环境。当前，个人信用与就业、医疗、教育、贷款和商业经营等社会生活的各个方面都有直接联系。这种逻辑关系所蕴含的深层内容就是利益，其主要包含的就是个人利益与社会利益。如果以之为契机，促使违法行为与行为人自身的个人信用相对接，无疑会影响行为人的个人利益和与之关联的社会利益。交通信用机制的关联原则就是将这种关联关系作为制度运行基础，促使行为人为自身的违法行为承担相应的利益损失，进而对违法行为人起到警示和震慑作用。

因此，在构建交通信用体系的过程中，首要任务就是实现交通参与者的个人信用与交通行为相关联。其中，最主要的就是在社会信用体系中录入完整的交通参与者的交通行为（包括文明行为和违法行为），保证交通参与者的个人交通行为与社会相关行业主体形成映射关系。这就需要搭建专门的信息共享平台，并在符合国家法律和社会公正的情况下提供查询服务，为金融机构、用人单位、政府部门等组织机构提供交通参与者的交通违法行为记录和交通事故责任信息等。同时，用人单位可将个人交通信用情况作为人事录用、人才选拔、评先评优等考核的重要参考依据；将个人交通信用作为交通行业的从业资格的考核标准，有严重交通违法或违纪行为史的，可以取消其从事交通运输行业的资格；将个人交通信用纳入金融机构的参考标准，依据其具体交通行为，对信贷额度或社会保险费率进行调整，对于交通信用良好的公民可以适当优待。

另外，交通管理部门与其他国家职能部门及相关社会行业机构共同构成的联动机制，也是交通信用机制有效实行不可或缺的重要保障。这些机构或部门主要包括教育、医疗、税务、工商、金融、信贷等国家职能部门和社会行业机构，同时其相互之间需形成统一、共享、联动的协同关系。申言之，当交通违法行为人的不良信息被交通管理部门公开或被社会舆论曝光时，相关部门和机构应立即对该行为人的个人信用情况进行调查核实，重新对其信贷额度、保险费率、从业资格等内容进行实时调整，从而实现交通行为与个人信用的即时关联和无缝对接，进而促使交通信用机制兼具持续性、即时性和可行性。

（4）奖罚教育相结合

制度约束和法律强制是交通参与者安全文明出行的重要保障，同时交通行为人个体意识的觉醒和行为内化也是必不可少的组成部分。在交通信用机制的具体运作中，不能片面强调经济上的制裁和法律上的强制，而不注重对交通参与者的行为强化和内心激励，否则"反思—觉悟—纠正"的社会效果就难以形成。所以，在交通信用体系的制度生成中，一定要在使用经济制裁和法律强制的同时，兼顾志愿服务、记分减免和信用奖励等矫正手段，引导交通参与者培养文明出行的理念和安全出行的意识，激发交通参与者的主观能动性，使其自觉遵守交通法规、杜绝交通陋习。例如，欧美等国家实施的防御性驾驶的再教育政策，就是通过各种制度性的奖励性机制（如降低保险费率、违章记分减免等），促进驾驶技术、法规学习以及良好交通习惯的再教育和再养成。

3. 交通信用体系的制度建构

在保障公众出行安全、纠正交通违法行为、建设文明交通等方面，交通信用体系有重要的积极作用。实际上，在交通信用体系具体制度的构建过程中，存在影响整个体系发展和完善的关键要素，即个人信用与交通违法信息机制衔接的有效推进，交通失信行为的征信系统和惩戒机制的制度构建，信用惩戒实施过程中，对法律风险的合理规避，行业建设和联合征信共享资源的有效整合等。因此，为推动道路交通管理社会化改革中交通信用体系的构建，有效解决实践中存在的上述问题，建议多管齐下、综合施策。

首先，打造交互共享的交通征信体系，为交通失信惩戒机制的实施提供先决条件和基础保障。根据我国道路交通的现实情况，建议从搭建驾驶人信用信息采集录入系统和建设以身份信息为依托的个人交通档案两方面入手。即，一方面，以原有的交通违法累积记分制为基础，结合公安交通管理综合应用平台，搭建个人交通信用基础信息库，录入驾驶人的姓名、身份证号码、驾驶证号码、准驾车型、有效联系方式、工作单位等基础信息，并以此为依据实现对驾驶人不文明驾驶行为的归集、交互和共享，并逐步实现交通不良行为记录与社会信用信息库的对接，推进交通违法记分制的转型和升级，逐渐过渡到驾驶人交通信用记录档案机制。另一方面，以交通参与者的身份信息为依托，建设个人交通信用档案制度。由于我国当前交通领域执法资源不足和执法力度欠缺，以及行人、非机动车、电动自行车缺乏严格的规范和约束，"中国式过马路"、非机动车无视交通信号灯、电动自行车占用机动车道行驶等交通不文明行为成为道路交通领域的顽疾。所以，本文主张在执法过程中，通过核查交通违法行为人的身份信息，将行人、非机动车、电动自行车不文明交通行为录入当事人的个人交通信用档案，并予以适当的失信惩戒。

其次，建议在法律允许的范畴内，建设主体和层次多元化的失信惩戒机制，通过体系化和个性化的制度设计实现直接惩戒和间接惩戒的双管齐下。直接惩戒措施主要包括司法惩戒和行政惩戒，即当事人的失信行为造成严重的社会危害，司法部门应当依据国家法律规范追究当事人的司法责任；当事人的失信行为违反了行政管理规定，执法机关应当直接予以行政处罚；当事人的失信行为并没有达到处罚的标准或有其他特殊情况，相关部门可以根据具体情况，记录当事人的失信行为并进行联合公布，或将其归集到交通信用的"黑名单"中，并对该人群施以相应的资格限制等惩戒措施。间接惩戒措施主要包括社会道德惩戒、市场性惩戒、社会性惩戒等，本文主张以塑造和谐交通、诚信交通氛围，来拓展和加强间接性惩戒措施，进而使得交通失信行为人在接受法律制裁的同时，还要受到道德谴责、经济损失和社会排斥，进而真正使交通违法行为人的失信成本远高于其所可能获取的不法利益。

最后，本文主张建立和完善与交通信用体系相配套的保障机制。交通信用体系的建立与每位公民的个人权益和社会利益息息相关，所以应当建立合理有效的权利救济程序来规避潜在的法律风险，以确保当事人可以运用救济措施和申诉手段来切实有效地保障自身合法权益。另外，交通信用体系的根本目的是建立文明和谐、有序健康的交通共同体，所以本文主张借鉴国外关于失信补救机制的成功经验，通过提供社会志愿服务、充当社会义工等方式，以相应的改正成本为代价，弥补和纠正曾经的失信行为。这种机制在我国具有现实意义，即在培育和促进公众在道路交通领域的参与意识和公共意识的同时，还有助于推动我国的社区矫正机制和社会义工机制的改革。申言之，交通失信行为人会在受到信用惩戒后，积极主动地参与到交通安全教育、文明出行宣传、交通失信行为整治等活动中，并在此过程中充分受到感染和熏陶，最终使得外在制度内化为行为人本身的行为规范。

第三节　跨部门协同：交通网格化治理的深化

党的十八届三中全会提出，要坚持源头治理，标本兼治，重在治本，以网格化管理为导向，健全基层综合服务管理平台，及时反映和协调人民群众各方面各层次的诉求，确保人民安居乐业、社会安定和谐。在主体多层次、利益多元化、需求多领域的背景下，涉及广大群众利益的交通问题的解决和处置机制也随着机动化和城镇化的发展得到调整和创新。从社会管理到社会治理、从网格化管理到网络化治理的演变，是全面深化改革中政府职能转型的必然要求，也是大数据时代交通事务治理社会化的现实逻辑。

当前，我国交通网格化治理，就是通过交通社会化网络加强各部门的联系，横向形成交通管理部门联系行业部门、行业部门联系单位组织、单位组织联系员工的网络，纵向形成县区联系乡镇（区委会）、乡镇（区委会）联系社区（村委会）、社区（村委会）联系居民（农户）的网络，即通过"横向到边，纵向到底"的网格化管理实现各部门、各行业、各主体间的资源整合和优化配置。尽管如此，目前交通管理工作实践中依然大量存在网格化泛化、虚化等现象，应当说，网格化并非万能的，它有适用的限度。如何使"死"的网格变成"活"的公共服务？需要将工具理性与价值理性融合，引入"互联网＋交通管理""智慧交通"等新理念，寓管理于服务之中，不断提升治理道路交通事务的能力。本章采取"解剖麻雀"的方法，对道路交通事务网格化管理的总体目标、信息系统、服务体系进行深入研究。在总结和反思网格化管理实践的同时，运用SWOT分析法探讨影响交通网格化治理的功能性选择、价值性博弈以及智慧化路径。

1. 交通网格化治理的基本概述

"Grid"即"网格",最初被应用于20世纪90年代的互联网信息领域。"网格"本意是指应用互联网信息技术,把分布于不同地域的广大资源联合为一个有机整体,向互联网用户提供"一站式"信息化服务,进而实现信息资源的深度共享。关于网格化管理的具体范畴,学术界虽然持不同看法,但都一致认为网格化管理是将管理领域划为若干网格单元进行信息的采集、筛选、汇总、配置,依据数字化信息平台,将管理对象纳入系统,整合管理与服务,明确责任和权利,进而形成多部门协同治理社会事务的一整套方法、机制和理念。

伴随网格化管理理念在社会实践中的不断发展和应用,学术界将其视线聚集于现代城市社会的网格化管理方面。部分专家提出,城市网格化管理是将RS、GTS、GPS技术即3S技术、移动网络技术、地理位置编码技术应用于城市社会管理体系,以城市地理数据系统和电子政务专项网站为基础,构建市级政府、区级政府、专业部门和网格监督负责人员多级联动的工作模式。[1] 该模式将前沿科学技术应用于城市社会管理中,实现信息共享、部门协同、多级联动,在保证效率的同时也提升了信息处理的准确性。现代城市社会的网格化管理是一种依据行政区划将管理领域划为若干网格单元,为公众提供"一站式"服务的信息化管理模式。

交通网格化治理系统正是建立在现代管理理念、信息技术和方法以及数字公安的基础上,通过交通管理控制与指挥中心和机动车及驾驶员管理系统构成的以发现问题、领导决策、专业处置和考核评价等要素为主的闭环控制体系。在该体系中,再造管理流程,增进跨部门协同,使交通管理趋于精细化、高效化、全面化发展。据此,交通网格化治理是以网络信息化为手段,以交通网格单元为载体,集成各种社会管理和服务资源,规避道路交通管理过程中部门主义、权力碎片化和功能分散化等协同缺失的问

[1] 姜爱林:《网格化:现代城市管理新模式——网格化城市管理模式若干问题初探》,《城市》2007年第2期。

题，及时发现并综合解决道路拥堵、交通事故和交通冲突等顽疾，更好地满足广大群众需要的一种组织协调机制和复杂动态治理系统。

事实上，交通网格化是实现交通基层基础工作社会化的重要途径，其不仅有利于回应社会公众利益诉求和交通公共服务需要，同时对于密切政府与公众之间联系、避免出现交通管理模糊地带和盲点、提高交通管理效率和水平具有重要推动意义。

具体而言，第一，有利于回应社会公众利益诉求和交通公共服务需要。在传统工作模式下，交通参与者表达服务诉求的机制不完善，沟通途径不畅，直接导致交通领域的社会问题频发。而通过实行城市交通网格化治理，交管部门就能够精确了解公众的服务诉求，及时改善相关的社会交通服务系统。伴随信息数据技术的不断发展，各职能部门的网络管理水平也在不断提高，信息共享变得更为便捷，部门协同的壁垒得到有效规避。信息数据技术的发展确保了网格单元之间的关联畅通，成为网格化管理有效发挥效用的重要前提。网格化管理系统减少了冗长的中间环节，直通社会交通管理决策层，使公众的服务诉求得到及时回应。交通管理工作的重心下移，更加注重基层民众的服务诉求，组织机构得到优化，改善了传统警务工作模式中问题难发现、问题难解决、公众难满意的"三难"问题。

据此，交通管理社会化改革侧重于将交通管理工作纳入网格化管理与服务体系，通过对道路交通信息的有效利用和整合，建立交通管理工作信息化平台。网格负责人员依据规定的频率收集道路交通舆情，及时、准确地反映交通参与者的服务诉求。因此，构建社会交通网格化治理工作模式能够有效解决公众与政府之间沟通不畅的问题，交通参与者的服务诉求可以通过网格单元直接反映到交管部门，而交通管理部门也可以依靠网格单元向公众直接提供服务，进而更加有利于回应社会公众的利益诉求和交通公共服务需要。

第二，有利于消除交通管理工作中的盲点和误区。信息传播速度的日益加快和汽车社会的快速发展，使交通管理部门不但无法了解所有的交通信息，而且也很难及时对所发现的交通问题进行有效解决。在传统交通管理工作中，交管部门往往采用依赖经验的模糊化管理方式，而该种工作模式往往会造成大量交通管理工作的盲点和误区。当困难、繁杂的问题出现时，职能部门缺乏解决问题的积极性，发现问题严重滞后，解决问题缺乏有效方法。交通网格化治理能够对日常交通勤务、交通事故处理、道路交通秩序维持、交通安全宣教和社会交通警情进行立体式规划，施行全路段、全天候的监督和管理，对城市交通问题进行"一揽子"解决。如河北省邯郸市的交通管理工作，将每一万平方米地域划分为一个网格单元，各网格单元关联畅通，整个城市形成巨大的管理网络，实现了无盲点、无死角管理。

第三，有利于交通管理能力和效率的提升。传统交通管理中发现问题、处置问题、监督检查等职能都集聚于交警部门内部，缺乏外部监督。这种部门中心主义的制度设计，导致对于发现问题的多寡、速度以及问题解决到何种程度都难以控制。交通网格化治理改善了现行交通管理体系，重塑了交管部门基层工作的职能机构，完善了交通领域的国家、社会和市场之间的关系。针对由于汽车社会的快速发展和复杂多变引发的管理工作滞后低效问题，交通网格化治理通过实时追踪和更新各类道路交通信息，及时高效地应对和解决社会交通问题。比如，在一些城市社会交通网格化治理工作中，网格监督负责人在发现交通问题后能够使用具有定位功能和拍摄传输功能的手机设备进行数据采集，并发送至交通指挥中心。对问题进行研判分析后，交通指挥中心会派遣专门人员到指定地点解决相关问题，并在城区电子监督地图上亮起进度指示灯，确保问题得到最终解决。通过交管部门内部督查与社会外部监督，城市交通管理工作必将走上一个新的高度。

由此可知，交通网格化治理采用移动网络技术、地理信息数据技术等前沿科技，不但有效规避了传统交通管理工作的盲点和误区，而且还有利于推动智慧交通体系的构建。许多前沿的信息数据技术和精细化的管理模式被应用于交通网格化治理工作中，它们不仅完善了交通管理工作，而且为广大社会公众提供了全面便捷的社会交通服务产品，提升了公众的生活质量和幸福体验。在此之中，"透隐式服务"正是交通网格化治理工作的亮点，类似于社会公众在使用通信、电力、自来水时不需了解移动网络、电力系统、水利系统等复杂体系一样，社会交通网格化治理同样基于公众需求而产生，并呈现为一种透而不见的服务。

2. 交通网格化治理的能效性分析

网络化管理是指依托统一的城市管理以及数字化平台等现代信息手段，将城市管理辖区按照一定的标准划分为单元网格进行管理的新型管理模式。在当前的政府管理改革中，网格化管理发挥着越来越重要的作用，也逐渐成为不可或缺的管理工具。城市网格化管理作为一种具有革命性和创新性的新型管理模式，其优势十分明显，通过加强对单元网格的部件、事件以及对象的巡查，能有效地加强政府管理城市的能力，增强社会管理的时效性、有效性。而在不断的实践发展过程中，这种新型高效的管理模式也逐渐被交通管理领域接纳和采用，并显现出独特的管理魅力。

中国社会的治理模式应当是一种均衡的、统筹兼顾的管理模式，既要追求管理的有效性、科学性、高效性，也要顺应历史潮流与当前的社会形势，这两方面犹如车之双轮、鸟之双翼，缺一不可。在交通管理实践中，网格化管理将数目庞大、琐碎的交通事务梳理得井井有条，令交管部门能够有条不紊地完成交通管理工作。通过网格化管理监督和处置互相分离的模式能够使交管部门主动发现并及时处理问题，将问题解决在民众投诉之前，为公众提供更加贴心、更加人性化、更加便捷的社会服务。然而，应注意的是，网格化管理的实质是依托统一的城市管理以及数字化平台等现代信息手段对管理对象、管理手段、管理方式、管理流程进行更加精细化、高效化、条理化的管理升级，在管理理念上仍有待进一步突破和创新。当前，全国范围内针对道路交通事务的网格化管理改革进行得如火如荼，但是对管理理念的认识却不够深刻，局限性与盲目性制约了改革的进一步发展，并出现工具主义扩大化的问题。以此为背景，本文以 SWOT 分析法为框架，重点探讨交通网格化治理在功能结构层面的能度与限度问题。

1）SWOT 分析法：含义与组成

SWOT（Strengths Weakness Opportunity Threats）分析法又称为优劣势分析法或态势分析法，用来确定企业自身的竞争优势（Strengths）、竞争短板（Weakness）、外部机遇（Opportunity）、挑战与威胁（Threats），从而将企业的战略与企业的内部资源、外部环境有机地结合起来，通过矩阵运算，经过科学配比分析，得出不同因素对企业的影响，令决策者能够得出科学、合理、稳定、高效的战略决策。而正因为 SWOT 分析法能够全面、准确地分析出在内外部整体环境下各因素对企业战略布局的影响，帮企业洞察战略先机，并且实用性强，分析过程简便、快捷，因此 SWOT 分析法被 EMBA、MBA 等主流高管教育作为一种常用的战略规划，并广泛应用于各个领域的管理决策、危机预警、战略分析等方面。

从某种意义上说，SWOT 属于组织内部分析方法，主要基于企业自身的内在条件进行对应分析。SWOT 分析法的形成离不开竞争战略理论的发展，遵循竞争战略的完整逻辑，"能够做的"（组织的强项和弱项）和"可能做的"（环境中的机遇和威胁）之间有机组合，共同构成了战略的概念。著名战略管理学家迈克尔·波特从产业结构入手，对企业"可能做的"方面进行过深刻的阐释，能力学派管理学家则运用价值链对价值创造过程予以解构，提出要注重分析组织的资源和能力。SWOT 正是重点结合资源与能力，综合企业内部情况与外部环境的一种均衡、全面、精细、准确、稳定的分析方法。

总体而言，SWOT 分析法由四方面内容组成，即企业内部情况与外部环境共同决定的优势（Strengths）、劣势与不足（Weakness）、机遇（Opportunity）、威胁与挑战（Threats）。而这四方面内容构成了 SWOT 分析法的四种战略组合，即"优势＋机遇"组合、"劣势＋机遇"组合、"优势＋威胁"组合、"劣势＋危机"组合。

其一，"优势＋机遇"组合，该类型是指利用企业发展过程中的外部契机，充分发挥企业所具有的优势，最大程度挖掘企业能力，令利益与发展最大化。该战略的适应条件为：企业或组织遇到良好的发展机遇，而且该机遇能充分地将企业优势发挥出来。例如，市场需求量巨大，企业资金雄厚，工人生产技术熟练，设备先进，就可以利用强大的生产能力以此战略抢占市场，扩大市场份额，实现利益最大化。

其二，"不足＋机遇"组合，该组合是指企业利用发展过程中的机遇，以此为契机弥补企业的不足，加强短板，扭转局势，变劣势为优势，实现跨越式发展的发展战略。例如，在企业市场份额比较小、产品销路受限的情况下，当出现技术革新、竞争对手产品出现缺陷、资金链断裂等情况时，企业可借此机会引入新技术等手段实现产品换代，降低成本并迅速占领市场，取得先机，在竞争中胜出。

其三，"优势＋威胁"组合，该组合的要义是面对挑战与危机，企业或组织应充分发挥企业或组织的优势，减小或消除挑战与危机带来的不良影响。例如，当竞争对手利用技术革新降低成本、提升产品品质或原材料价格上涨，市场对产品品质要求提高，企业可以利用自身优势，进行相应的改进：若资金充足，可以引进最先进的设备；若技术底蕴深厚，可以积极对新技术进行研发；若拥有高素质人员，可以培训员工，增强劳动者整体素质，提高综合生产力，降低生产成本。

其四，"劣势＋危机"组合，该组合是指企业或组织在存在明显短板，外部条件又十分恶劣的情况下，可尝试通过补强短板的方式渡过难关，但当此方法并不足以克服危机时，则应通过转变产品概念、推行理念销售等差异化战略打开市场或者实行成本聚集战略以规避风险、渡过难关。

2）交通网格化治理的 SWOT 矩阵分析

当代企业管理领域发展中所形成的管理技术、经验、原则及方法，对于传统公共行政管理模式向当代公共行政管理模式的转型具有重要的借鉴意义。公共管理（政府管理）和私人管理（企业管理）作为人类社会管理的两个基本领域，具有共通之处，两者都属于管理基本理论和一般方法的范畴。其中，某些企业管理与私人部门管理的技术、经验、原则及方法对于公共部门与政府部门同样适用。当前，我国政府管理和公共管理面临管理观念陈旧、管理方法单一、管理方式落后等一系列管理难题，导致管理水平不高。因而迫切需要构筑起一套新的公共管理模式，强调公共服务的供给与市场机制相契合，优化对公共资源的配置。而工商管理的实践经验正是这种新公共管理模式的渊源，必须充分重视企业管理的示范效应。[1]SWOT 分析法已被广泛应用于企业及私人管理实践中，具有普遍适用性，该分析法不仅可以为当下交通网格化治理提供新的思路和视角，还能够通过对内外部条件的综合分析从发展战略、计划以及对策的维度阐明交通事务网格化管理的发展方向。

---

[1] 陈振明：《评西方的"新公共管理"范式》，《中国社会科学》2000 年第 6 期。

（1）内外部条件

①外部机遇

信息技术的现代化一朝千里，尤其是互联网应用技术的不断延伸和拓展，不仅简化了政府办事流程，提高了行政效率，同时提供了多样化的社会治理参与渠道，强化了行政管理的公共参与性，使公民对政府的信任度得到提升，推进了政府与公民对社会的合作共治。警务云平台、警用地理信息基础应用平台、公安部门间信息共享与服务平台、公安情报信息综合应用平台以及公共安全管理物联网和"感知警务"技术等警务信息化的飞速发展，开辟了道路交通事务网格化管理的"技术可能世界"。其中，公共安全管理物联网（简称公安物联网）是一系列智能传感技术、数据处理技术与传统警务工作交互、融合的平台，是物联网世界中极具现实意义、实践价值和巨大发展潜力的重大创新项目，是集传感器技术、RFID 标签和嵌入式系统技术等高新技术研究开发、系统集成、成果产业化和推广应用为一体的系统工程。基于传感技术和数据处理技术的管理网络建设，公安物联网能够及时感知、主动预警、智能研判各类公共安全事件，实现"物与物""人与物"的"交流"和"对话"，实现社会治安打防管控能力的突破性提升。警务云平台是以云技术、云数据等新技术为支撑，以警务网络大数据为依靠的信息资源汇聚共享实战应用平台。该平台最大程度节省了公安警务信息化建设的投入，实现了资源、数据、应用和服务的统一管理与调度。警务云平台将云计算的高新技术和警务实战业务紧密结合、无缝连接，全面实现研判、调度的可视化和地图化，有效提高了警务工作的智能分析、扁平调度和科学指挥水平。警用地理信息基础应用平台（简称 PGIS 平台），是以警务信息网络为依托，以警用电子地图为中心，以地理信息技术为基石，以服务于公安业务信息空间定位、信息共享和研判决策的可视化管理为目标的重要信息化基础设施和支撑平台。该平台是公安警务信息系统与地理信息技术有机结合的产物，是警务信息化的高端应用体现，可以有效地拉动警务信息的整合与共享，促进部门间的互联互通，进而提升公安警务信息化应用水平。

此外，党和国家一直高度关切和重视公共服务体系的革新和发展。

《十八届三中全会关于全面深化改革若干重大问题的决定》提出，要改进社会治理方式，创新社会治理体制，以网格化管理、社会化服务为方向，健全基层综合服务管理平台。党的十八届四中全会审议通过的《中共中央关于全面推进依法治国若干重大问题的决定》再次强调，要坚持系统治理、依法治理、综合治理、源头治理，提高社会治理法治化水平。由此，足以见得国家对创新社会治理方式、完善社会网格化管理体系的高度重视。实践中，健全道路交通事务管理体系，对于补齐城市社会化治理短板、完善城市管理体系、提高城市现代化治理能力具有重要的意义和作用。因而，作为城市现代化管理的关键一环，将交通事务纳入城市网格化管理体系，既是交通治理能力现代化的内在要求，也是创新交通管理工作的必然选择。此外，全国道路交通安全工作部际联席会议（简称联席会议）制度的建立，交通共同体的构建，公安改革的全面深化，"畅通工程"的不断推进以及全民交通安全意识、规则意识、法律意识的不断提升，都为交通网格化治理的革新和发展提供了有利的外部条件。

②外部威胁

当前，我国社会正处于城镇化和机动化飞速发展的关键时期，新形势下的道路交通管理工作面临新的威胁和挑战，特别是新时期机动化社会发展过快与交通管理水平滞后之间的矛盾、多元化社会交警执法业务能力与执法环境变化之间的矛盾、"法治公安"建设中交通参与者与交通管理者之间的矛盾、道路安全管理"硬"制度与公民安全意识"软"文化之间的矛盾以及道路资源稀缺的情况下的人权与车权之间的"路权"分配矛盾，成为阻碍全面深化道路交通管理体制改革的外部难题。同时，随着机动车保有量进一步大幅提升，交通拥堵、交通事故、交通污染等一系列社会问题随之而来，加深了我国道路交通形势的复杂性。

另外，我国尚未形成成熟的交通网格化治理标准体系，无明确标准可依。当前我国各地各部门对交通网格化平台的应用还处于自行实践摸索的初级阶段，尚停留在对网格化理论、方法和技术的移植层面。由于缺乏成熟的范例和标准可供参照，许多城市的交通安全网格化应用平台自成一体、各自为政，不兼容、难对接的问题在城际平台、市区平台、部门平台表现突出，由此而形成的管理"真空"地带，严重削弱了交通安全网格化管理的成效。不仅如此，一些地方的交管部门盲目推进网格化管理模式，斥巨资建设网格化系统，这种"既养事，又养人"的财政供养体制耗费了大量公共财政资源，也与国家所强调的改进社会治理方式、创新社会治理体制的初衷相背离。在全面深化公安体制改革的大背景下，如何处理交通安全网格化体系建设与管理部门的务实高效、机构精简之间的关系，是推进网格化建设所面临的新挑战。

③内部优势

在公众交通需求多元化的背景下，以社会化治理和网格化管理模式进一步深化道路交通管理工作，已成为交通管理科学化、规范化、体系化、数字化、精细化的必然选择。网格化管理体制使得道路交通管理部门的"触角"和空间得以延伸。一方面，交通管理部门间的界限和壁垒被打破，条块分割的碎片化难题得以解决；另一方面，网格化管理能够有效地整合各级政府和社会资源，发挥包括企业、社会组织、社区等在内的多元社会主体参与道路交通安全治理的合力。跨部门联动、资源共享、协同共治的网格化管理理念，对于形成道路交通安全治理"大合唱"的良好局面具有积极的促进作用。此外，网格化管理模式以居民需求为服务导向，对实现创新社会治理和提高服务水平、提高扁平化指挥能力、及时反映和协调人民群众各方面各层次利益诉求具有显著优势。网格化管理意味着政府社会管理的重心下移，在疏通及肃清道路交通管理纵向运行道路和障碍的同时，也将国家权力延伸至社会基层。网格化应用平台强化了政府与社会各方面的衔接与联系，全面推动了政府治理和社会自我调节、居民自治的良性互动。

④内部劣势

行政地域网格化的交通管理模式潜藏着行政运行成本膨胀的风险。由于网格化管理模式以一个个地域性网格为基本社会管理单元，为达到管理服务经常性、精细化的要求，网格的面积通常较小，且每个网格都需要配备相应数量的警力及工作人员，太多网格势必会增加管理成本。城市网格化管理模式较早运用于城管、消防、环保、综治等部门，交管部门单独开发软件系统的难度系数不仅很高，而且网络及设备的维护、更新也需要大量的经费，因此成本较高。此外，政府主导的网格化管理通常以行政化管理方式运行，通过自上而下的下派，使每个基层网格分别承担起相应的行政职能。行政化治理方式使国家权力向基层的渗透得到强化，但同时也缩减了社会组织及大众参与社会共治的空间，公众更多充当被管理者的角色。[1]

众所周知，街道和社区这两级组织是我国传统城市基层治理的两大前沿阵地。在实践中，政府各部门通过网格系统将纷繁琐碎的工作任务和行政事务拓展、延伸至社区，社区这"一根针"往往为"千条线"所累，常常出现"小马拉大车"的现象，由于人员和经费的限制，对于网格化治理工作，不会做，带着做，甚至不肯做等状况在基层实践中屡见不鲜。从组织构架的角度看，网格化管理模式将行政层级由原先的街道、社区两级组织变为街道、社区、网格三级组织，无形之中加大了部门间的协调难度，使部门关系更为复杂化。

(2) 战略抉择

① S+O 区域：建立试点、分步实施、循序渐进式全面推进。

网格化管理在我国还处于初级阶段，理论体系、技术方法、保障政策尚不成熟，在全国范围内大规模推进道路交通事务网格化管理还需不断积累试点经验。在实施对象方面，建议选择我国一些机动化水平较高的城市，事先推行交通网格化治理的试点，取得相关经验后再向其他城市推广。在实施方式方面，建议采取先提倡后强制的模式。由于我国道路交通事务治理规范化、法治化、社会化、精细化问题的研究理论与实务层面还处于探索状态，缺乏相应的理论及实践支撑，因此，可适当允许各地量体裁衣，选择适合本地区发展实际的网格化管理系统、服务内容与模式，待取得一定的成果和经验后，再由国家层面制定相关标准并强制实施，即由浅入深、由简到繁、由欠缺到完善，分层、分阶段、循序渐进地推动，切不可急于求成。同时，需要注意的是，在试点单位的具体实施过程中，政府相关部门应制定一些暂行法规或行业准则，使之有法可依、有章可循。

---

[1] 刘安：《网格化社会管理及其非预期后果——以 N 市 Q 区为例》，《江苏社会科学》2014 年第 3 期。

②S+T区域：制定道路交通事务网格化管理规范和制度体系，在法治化框架下厘定岗位、职责和编制，对接城市、区域及部门之间的网络系统。

在《交通网格设置及调整办法》《交通网格管理中心工作职责》《交通网格管理站工作职责》《交通网格管理员工作职责》《交通网格管理员行为规范》《交通网格管理员基本工作制度》《交通网格管理员管理办法》等细则中，要进一步明确提出道路交通事务网格化管理的指导思想、基本原则、总体目标、主要任务和保障措施，对交通事务网格化管理工作中积累的典型经验及做法进行提炼、总结、固化，形成完备的制度体系。通过管理规范和制度建设，在法治化框架下重点解决"条块—条条"融合和"条块—条条"职责交叉问题，厘清职责分工，完善工作机制，强化工作保障。按照"定格、定岗、定责"的要求，将"一格一员、综合履职"的模式向"一格多员、共同履职"方向转变，构建"专兼合一"的服务管理队伍。针对各个部门信息系统建设时间有所不同、技术标准不一、程序兼容性差、保密等级有别等具体问题，要认真调研分类，规范交通信息系统的层级与功能定位，对接城市、区域及部门之间的网络系统，逐步消除交通管理领域中的"信息孤岛"。

③W+O区域：拓展交通服务功能和领域，扩大社会参与，调动与整合各种社会资源，降低交通管理成本。

社会基层治理生态的多样性与复杂性决定了治理权力的多向度和主体的多元化，单一的政府内部管理力量的整合不足以有效回应公众多样化的利益诉求，客观上需要多元治理主体的合作共治，不断走向"参与式治理"。打破以行政权力为基础的网格化管理局限性，就要在突出基层交管部门引领作用的同时，积极鼓励公众和社会组织参与，最大限度地激发社会活力，夯实网格化社会服务管理的社会基础。道路交通事务网格化管理应坚持以人为本的理念，不断拓展交通公共服务的功能与领域，调动居委会、协管组织、社区单位、志愿团体、企事业单位等多方力量，充分发挥市民公约、行业规则、团体章程等社会规范在服务管理中的积极作用，促进行政力量与社会自治力量的衔接与互动，进而提升公众对交通管理和政策法规的认同，降低管理成本，提高道路交通管理工作效率。

④W+T区域：加强网格化基础设施，推动交警基层基础工作体系建设。

诚如学者坦言：“网格化的功能与实施范围都被放大了。就网格化的功能而论，已经被泛化到似乎与党的系统和政府的系统相关的所有问题均可以通过网格化来解决。”[1] 网格化并非万能的，它有适用的限度，不能利用网格解决所有与道路交通事务相关的问题，否则势必会形成对网格化的依赖，从而忽视客观事实，使社会治理过程沿着简单化、教条式的错误方向进行下去。如果出于盲目攀比的心态建设网格化项目，那么交通网格化治理就很有可能沦为“摆设”。当务之急是转变观念，结合实际情况，探索交通基层基础工作新方法、新机制和新模式。特别是现阶段，应当重视加强网格化基础设施和交警基层工作体系的建设，从点滴开始，以细微入手，为将来全面推进道路交通事务网格化管理筑牢根基。

3. 交通网格化治理的结构性重塑

社会结构不断优化、“民主化”以及“地球村”的诞生都决定了 21 世纪政府应对公共事务的挑战将更加复杂、更加困难。当权力分散、组织边界越来越不固定的时候，治理问题也会变得日渐地方化；当“一方解百病”的模式无法应对复杂问题时，“一钥解百锁”的简单粗暴模式必定让位于满足个体化差异的智慧型模式。智慧型模式的推广与应用注定离不开“互联网+”的支持，“互联网+”不再只是政府治理国家的工具，更是民众合理参与国家治理的有效渠道，是实现“民主化”治理的重要途径。交通事务管理若想在智慧型模式上有所建树，就必须将“互联网+”与交管业务相结合，推动传统治理向网络化治理的转型升级。

所谓“互联网+”，是指利用新一代信息化相关技术把传统行业与互联网结合，从而推动传统产业的升级、优化。这并不是“1+1=2”的简单相加，而是“1+1>2”的化学反应般的结合。在国务院印发的《关于积极推进“互联网+”行动的指导意见》中明确提到，要推动“互联网+”益民服务，创新政府网络化管理和服务，大力发展线上线下新兴消费和基于互联网的医疗、健康、养老、教育、旅游、社会保障等新兴服务。这意味着“互联网+”不仅仅可以作为一种治理工具，更可以作为一种治理模式，它可以有效地

---

[1] 方堃：《城市民族事务治理社会化问题研究》，人民出版社，2016，第 107 页。

推动社会资源的优化配置，将新一代信息技术深度融于政府治理的各个领域之中，提升整个政府的决策能力与治理能力。以互联网为代表，现代信息技术在政府治理体系中扮演着越来越重要的角色，它在整个政府系统中的重要性已经远远超出最初的想象。[1]

在"互联网+"时代，以内部协同办公为主的电子政务将被数字治理代替。数字治理不是信息技术在政务中的简单应用，而是推动管理型政府向服务型政府转变的内核驱动。"协同政府"升级为"互联网+政府"预示着城市治理能力的更新换代，通过G2C、G2B、G2G和政府内部之间互动，形成民众、企业、社会组织、政府深度合作、共同治理的动态系统。[2]"互联网+"社会治理中的"+"不仅是形态上的"+"，更是内核、理念上的"+"。从创新社会治理方面来讲，互联网与道路交通工作的深度融合，技术力量在交通公共服务管理中的最大程度应用，是交通网格化治理向网络化治理转型升级的必由之径。

基于"互联网+交通管理"的网络化治理应从服务流程、管理手段以及交互方式三个维度切入：

具体而言，首先，建设智慧交通系统再造网格化管理流程。智慧交通是指将物联网、云计算等智能传感技术以及最先进的信息技术从通讯到传输再到数据整合、数据处理有效地集成于交通系统中，在时间与空间上追求交通资源的应用最大化的综合道路交通管理体系。综合国内外智慧交通的建设方案，未来的智慧交通将包括交管业务的方方面面，从道路交通的规划建设到民众的出行方式，都将实现网格化管理。[3] 然而，各项建设内容不是原子化的孤立存在，只有将交通系统的各个子模块无缝隙衔接在一起，才能实现智慧交通的整体蓝图。网格化管理流程，一方面要求开发具有交通服务功能的手机智能终端以及车载智能终端并与智慧交通系统后台实现信息交互，以网络为信息传输渠道，实现实时路况、报警、道路救援、车辆信息、驾驶员信息等数据的多网融合；另一方面，将网格单元的线上

---

[1] 黄璜：《互联网+、国家治理与公共政策》，《电子政务》2015年第7期。

[2] 刘勇：《数字治理对城市政府善治的影响研究》，《公共管理学报》2006年第1期。

[3] 张兆端：《智慧公安》，中国人民公安大学出版社，2015，第117页。

治理与智能终端的线下服务紧密结合，构建线上线下无缝隙的交通事务治理机制，加强人、车、路之间的联系，将交通系统的各个组成部分，即人、车、路、环境、交通设施、交管部门集成在一起，实现高效化的道路交通管理。

其次，加强交通政务网站的应用程度，增进智慧交通与民众的互动。在传统媒体的二元化结构中，一个人不是发言人就是听众，不是传播者就是接受者。这是一种固化的、"一对多"的传播，媒体与民众的角色一成不变。而互联网等新媒体打破了这一固有的界限，它使用"多对多"的传播模式，一个人在这种模式中，不仅是听众，也可以是发言人；不仅是观看者，也可以是传播者。这种模式有效地增强了互动性。虽然各地政府都有自己的政务网站，但调查发现，大部分政务网站都流于形式，内容少、点击量低、交互性差，有的甚至常年无人问津，沦落为"僵尸网站"。[1]当前，随着互联网的应用与普及，人们开始习惯通过网络获取信息、寻求帮助。因而，交管部门应顺应潮流，打造权威性、政策性、交互性的政务网站，将政务网站集于智慧交通之中，让其充满"活力"，建成解决交通问题与交通诉求的一站式网站。

同时，还应增进交通网格与社会公众的互动和网络化合作，建立信任与合作关系，使全社会广泛参与道路交通工作的价值共识凝聚起来。如上所述，在交通共同体中，信任是合作的基础，信任水平越高，合作的可能性越大。从长远来看，这种信任与合作关系还可以降低交通网格化治理的社会成本。事实上，绝大多数交通管理工作，本质上属于民生性质的社会公共服务，政府在承担基本公共服务职能的同时，理应逐步退出部分社会服务领域，将其转交给市场与社会组织。此外，还要逐步改变以行政权力为基础、主要依靠行政命令和政治动员方式来达到治理目标的机制，形成以网格为单元，政府、市场和社会相互嵌入的关系网络。维系这种关系网络的不再是利益的纠葛，更多的是一种文化共识和价值认同。各个交通参与主体以公共利益最大化为准则，结合实际情况进行各种形式、平等和理

---

[1] 郑杭生：《改革开放三十年：社会发展理论和社会转型理论》，《中国社会科学》2009年第2期。

性的协商与对话，通过网格化民主协商的途径促进交通事务治理体系的不断创新。

最后，将工具理性与价值理性有机结合，寓管理于服务，全面推进交通网络化治理模式。当前，我国在道路交通管理工作中普遍存在网格虚化和泛化的现象。而将一个个死的网格变成看得见、摸得着、优质便捷的公共服务，还需治理理念和制度规范的革新和转型。实践中，随着电子政务和数字政府的快速发展，"技术至上"的工具理性思维在交管部门影响深远，他们认为只要依靠政府自上而下单方建立起的交通指挥体系和警务信息研判系统就能搞好道路交通管理工作。殊不知，道路交通工作战线长、专业性和政策性强、面广而事多，不仅需要一整套信息化的技术系统，也离不开社会各方面力量的参与以及政府各部门的有效协同。

美国学者斯蒂芬·戈德史密斯和威廉·D·埃格斯在洞察公共部门与私人部门的合作关系后将政府治理能力划分为四个等级，根据"公私合作"程度和"网络化管理能力"的不同分为"层级制政府""第三方政府""协同政府""网络化政府"。其中，层级制最为落后，采取传统的官僚治理模式；第三方政府合作程度最高，但管理能力低下；协同政府管理能力强，内部合作程度高，但公私合作程度低；"网络化"既有很强的管理能力，又有较高的公私合作程度。[1]"网络化治理"是一种可能替代官僚层级制的新型治理模式，它通过技术将网络连接到一起，并在服务方案中给予公民更多的自主选择权，是跨界合作的理想境界。在价值层面上，网络化治理超越了电子政府及其内部协同的管理主义的取向，是强调整合政府、市场和社会等多元主体资源以共同治理公共事务的一种外向型治理模式。可以说，从网格化管理到网络化治理的理念更新对于推动交通事务治理社会化具有重要指引作用。因而，在交通管理领域，应把服务与管理、价值与技术紧密地结合在一起，以促进治理从主体、技术到体制机制整体、彻底网络化。这就要求交通管理部门立足于公共利益和社会公众的需求，通过组建道路交通网络，把原子化的交通治理资源有序地组织起来，同时提高开

---

[1] [美] 斯蒂芬·戈德史密斯、威廉·D.埃格斯：《网络化治理：公共部门的新形态》，孙迎春译，北京大学出版社，2008，第16—18页。

展社会化工作的能力,抛开"对上负责"的思维惯性,更多地面向社会公众,及时回应,吸纳和满足社会各种利益诉求。

第四节 跨功能协同:交通管理智慧化路径的探索

智慧交通即以道路交通治理网络信息化为核心内容,以物联网、互联网、云储存、云计算、智慧引擎、视频信息技术、数据信息采集、智能管理为主要技术手段,运用物联网、互联网、智能管理的模式,推进交通事务治理体系的各部分通力协同、密切联系以达成交通治理信息数据深度共享、资源整合、应用优化的现代交通管理体系。智慧交通实质上是采用当代科技手段,优化道路交通数据资源,整合各项道路交通业务,全面推进交通管理各部门的协同合作。智慧交通的核心是整合人类的实践经验和知识,运用智能化的方式,最终实现道路交通治理的效益最大化。它标志着交通信息化正在走向网络化、数字化、智能化三者的高度融合——智慧化。可以说,作为一种新的管理模式,智慧交通与交通管理社会化具有诸多内在联系与外在契合。智慧交通通过对社会各个方面各个层次的智能响应和有效整合,不仅为交通管理提供了高效的管理手段和全面的技术支撑,也为社会化改革提供了更多的方向和可能性。

1. 智能化交通管理资源的优化

现阶段,伴随云储存、云计算、物联网、移动互联网、大数据等高新技术的崛起,构筑服务于警务管理和交通治理的智慧交通平台已刻不容缓。尤其是智慧交通所独有的信息共享、交通创新和资源优化等特性,深刻地影响着当代的警务管理理念和交通治理理念。综上所述,智慧交通是一项关联交通治理各层面的庞大的系统工程,它通过主体层面、应用层面、保障层面、技术层面和感知反馈层面的有效配合来使道路交通资源得到最优分配。一方面,智慧警务的实施可以改善从前金字塔式的警务管理体系,推动公安机构的专业化和扁平化，贯通交通管理纵向部门和横向部门的联系，达成交通管理部门内部的有效协同。另一方面，智慧交通的应用，有助于交通管理部门由传统的一元化管理向交通多元化治理模式转变，通过主体与客体、国家与社会、政府与市场的高度整合，从社会资源协同的多维度共同发力，形成互联、互动、互利的多元主体共同治理格局。

概而论之，智慧交通的组织结构由主体层面、应用层面、保障层面、技术层面和感知反馈层面组成。据此，若要促进交通事务社会化治理的快速发展，第一，应完善主体层面，推动交通事务社会化治理的多元化。智慧交通的主体层面即构建智慧交通的主体，包括政府、公安机关、社会公众和社会组织。智慧交通建设需要多领域、全方位的资源优化和整合，通常涉及千万级乃至亿级的投资，是一项浩大的民生工程。所以，政府应充分担负起决策、投资、运用和协调的职责。公安机关作为构建智慧交通的主要部门，应当充分担负起智慧交通的组织和营运工作，特别是组建一支掌握高新科学技术和丰富交通治理经验的警察队伍，他们是智慧交通得以有效施行的中坚力量。社会公众则是智慧交通的最大受益者，也是最重要的参与者。据此，公众应与社会组织一道，自发、主动地参与到智慧交通的构建中来。同时，技术领域的主体还应包含信息软硬件厂商和电信网络运营商，其重点工作是为交通治理部门提供技术支持和信息保障。

第二，在智慧交通的技术层面进行创新，通过网络技术推进交通事务社会化治理中交通资源的优化整合。智慧交通的技术层面由网络层、信息数据层和感知反馈层组成。在此之中，感知反馈层是构建智慧交通的重要基础。感知反馈层可以通过射频识别技术、传感器技术、电子摄像技术和无线终端技术对各项道路交通活动要素进行信息收集和状态识别，根据不同任务，运用协同模式对数据信息进行综合分析，同时与其他组织进行数据资源的交互共享，也可以通过感知元件对信息做出反馈，进而实现对交通活动的智能管理。数据层的主要职能是针对庞杂的交通活动数据进行储存和研判，为交通事务社会化治理提供交通信息数据。网络层则是智慧交通的信息交流网络，由全方位的互联网、物联网、公安部门内网、电子政务信息网、警务信息网、移动无线网等基础网络组成。网络层的职能即通过全方位的网络工具对感知反馈层采集到的数据进行传输和共享。

第三，通过完善应用层面，在系统运营过程中推动交通事务社会化治理的部门协同。所谓应用层面，即通过综合应用云储存、云计算、信息采集等高新技术手段为交通事务社会化治理提供服务和支持。其能够依据民众的交通利益诉求，统筹政府各职能部门和社会团体的各类业务系统和各项专业技能，构筑综合性的交通管理平台。该平台主要由交通指挥中心、交通信息云计算中心、交通数据云储存中心、警务地理数据系统、智慧警务管理系统、智慧防控系统、智慧机动车治理系统、智慧培训系统等部分组成。应用层面的设施不仅包含不同种类主体的显示和使用设备，还包含整合了各类交通主体交通利益诉求的管理体系。在此之中，交通信息云计算中心是道路交通管理部门分析和计算数据的综合平台，对繁杂的交通活动信息进行整合，具有对现实交通活动进行计算和分析的能力。交通信息云计算平台的软件体系主要由交通活动信息源层、警务信息中心库、警务信息数据综合平台、警务信息数据分析和研判系统以及交通治理应用层构成。其中，警务信息中心库包含各类警务信息数据库。交通信息云计算中心可以依据交通、财政、公安、建设、司法和城管等职能部门所提供的各类数据进行智慧分析和研判，为交通管理决策层提供有效建议，以达到对数据信息的深度挖掘。概而论之，智慧交通的智慧性在于，其不但可以推动政府各职能部门进行交通治理领域的有效联动，提升政府行政效率，达成管理信息共享，而且能够统筹政府和社会的各类交通资源，有效推动交通管理工作的现代化和精细化。

2. 物联化交通缓堵治理的突破

近年来，我国汽车产业发展迅猛，随之而来的交通堵塞、汽车污染、能源等方面的问题凸显，持续快速增长的车辆需求与上述各类制约因素的冲突和矛盾是道路交通治理面临的重要难题。当前，各地政府、交管部门及社会各类相关组织机构都在为克服和应对上述问题出谋划策，希望通过社会各界的群策群力和通力合作来有效治堵、缓堵，例如对公共出行方式的倡导，对绿色交通方式的倡导，对机动车采取限号、限购、限行、车牌摇号等制约手段，对各类智能交通基础设施建设及智能交通管理手段的大力支持与投入等。然而，由于我国所具有的特殊国情，导致人们对私人汽车高度依赖，加之长期以来公共交通发展相对滞后，公共出行方式不具有绝对的出行优势，因此，即便实施了上述管理措施和手段，也未能从根本上解决道路交通拥堵问题。而且，从建设法治国家、构建法治社会及提高交通公共服务的需要来看，上述对机动车的制约措施和管理手段的合法性和合理性也有待商榷。对此，本文以协同治理模式中的社会化改革路径为视角，在物联网和（移动）互联网等信息技术的支持下，提出基于物联化全天候汽车共享的交通缓堵模式。

汽车共享模式，即在物联网社会生态中，通过创新管理方式和商业运行模式，以"轻拥有，重使用"为发展理念，使用车辆电子信息对接技术，以赋予人们车辆使用权的方式，既满足人们对车辆使用的需求，又减缓车辆生产和保有量的增加，有效应对交通堵塞、汽车污染、能源不足等难题的机动车可持续发展模式。总体上讲，物联化中汽车共享交通缓堵治理模式具有下列特征和优势：高度信息化，依靠物联网的车辆共享方式可实现信息的快速交互和实时传播，这种动态的"人—车—路—配套设施"的交通模式，可使人们掌握实时的信息状况和出行状况；高使用率，共享车辆具有高度的流通性和使用率，不会出现因长期独占而导致的结构性闲置问题；高便捷性，在时间层面，全天候服务供给模式为人们使用或预约车辆提供了便利，不会因时间而制约了车辆的使用权；空间层面上，在定位技术及信息共享交互技术等高新技术手段的支持下，可以实现车辆的随借随还，不会因地理位置而制约了车辆的使用范围，有效解决了"最后一公里"问题。此外，共享车辆所具有的高度流通性和使用率，可高度减少车辆的闲置时间，对于缓解我国当下停车位紧张的局面有积极的作用。

在实践运行层面，汽车共享模式可依据不同的信息共享交互平台划分为两大类：一类是社交网络平台共享交互模式，另一类是第三方商业平台共享交互模式。所谓社交网络平台共享交互模式，即通过微博、微信、QQ、Facebook等互联网社交平台进行信息的交互和联系，一般限于朋友、邻居、同学和同事等熟人之间。具体来说，这种私家车无偿共享模式主要服务于居住在同一小区或相邻小区的居民、就职于同一单位或相邻单位的上班族，以拼车或搭顺风车的方式实现。然而，相同目的地和熟人关系是促成社交网络平台共享交互模式发挥作用的主要驱动因素，其潜在的安全隐患和不对称信息等因素的存在，可能会抑制和降低人们共享的积极性和共享出行的效率。第三方商业平台共享交互模式通过管理理念创新、管理方式创新和商业模式创新，依靠第三方信息服务平台以有偿服务的方式为无车人群提供出行服务。具体来说，该种有偿服务的共享模式对方便无车人群出行有一定的帮助，但有车人群一般不会考虑这种方式，因而该种模式非但无法降低道路上的行驶车辆数目，还存在增加上路车辆数目的风险和可能，因此不能在缓堵治理中发挥有效作用。

推进私家车共享模式的发展虽然会带来极大的经济效益和生态效益，但也会对传统的出行方式产生冲击和影响，即交通出行市场和交通生态环境会因缺乏相关规范和标准而出现混乱和无序。因此，作为社会化改革的一项重要举措，政府部门不仅要积极协调交管部门、第三方市场交通企业和私家车共享人群等行业关联方，更需加紧出台针对汽车共享模式的有关规范、标准及监督管理政策，主动扶持和引导这一新型出行选择，从技术、安全、规范、监管和制度等方面，为构建和发展这一资源、生态、经济、安全等多方共赢的交通模式保驾护航。

首先，技术支撑。私家车共享平台作为整个汽车共享交通模式的基础，其建设的好坏直接影响到服务供给的体验和推广范围，因此这一关键环节需由政府划拨专项资金统筹建设。在物联化生态环境中，依靠无线标识技术和信息传感技术，为共享汽车和共享人群建立现实实体上的关联和标识；依靠无线通信技术，为海量数据传输提供支撑；依靠大数据技术和云计算技术，为数据的收集、储存、分类、查询、分析、挖掘提供技术支持，保证实时、智能地对私家车共享平台进行监控；以手机 app 为载体，为智能终端应用的实现提供现实平台。

其次，安全保障。任何系统和平台的良性发展都要以安全为前提。安全保障主要分为三个层次，一是针对私家车车主的准入安全保障，通过审查申请人的身份信息、驾驶记录、身体状况等准入资格，确保平台会员主体的准入安全；二是针对共享汽车的行驶安全保障，依靠 GPS 地理位置定位技术、无线网络信息传输技术、车载导航仪和行车记录仪，在技术层面保障人们出行的安全；三是意外保险安全保障，通过与保险公司建立合作关系，为乘客和车主购买人身险、座位险和成立赔付基金险等保险，确保发生意外后的保险赔付。

再次，规范共享汽车的收费标准。合理的收费标准是确保共享汽车行业协调有序发展的制度支撑。政府部门对收费标准的调控，决定了该项目平台对私家车车主的吸引力，合理的收费标准会吸引大量经济型车主加入。"共担出行成本"是共享平台收费的基本原则，即以座位数量为共担指标来确定所需承担出行费用的比例，以四座汽车为例，单个乘客只需承担四分之一的出行成本，这种"共担出行成本"的收费原则，能够避免私家车车主通过共享汽车平台为自身获利的现象。

最后，整合出租车业务资源。当前，共享汽车的出行方式与传统出租车出行方式共同存在，面对同一块"蛋糕"（即出行人群），不同组织的竞争和利益冲突愈发凸显，汽车出租行业的发展面临新的威胁和挑战。不少城市和地区出现了传统出租车罢工停运的现象，这与共享私家车的出现不无关系。传统出租车和共享私家车等汽车出租业务各具优势和特点，无法互相取代，但可以优势互补，例如，传统出租车往往无法满足城市高峰时段的租车需求，这时共享私家车可以作为有效补充来填充这一空缺。因此，政府部门要积极有效地整合各类出租车业务资源，合理配置和发挥各类出租车业务的特点和优势，通过转移支付或发放补贴等手段协调各类出租车业务，保证汽车出租行业的健康有序发展。

总体上看，共享汽车模式能够有效改善城市道路交通堵塞问题。通过共享出行的方式提高私家车的车载率，从而减少上路车辆数，对交通拥堵的缓解具有积极的作用。然而，共享模式的落实和推广并非易事，不仅需要高新技术手段的支持和商业模式的创新，更需要社会公众对政府决策的积极配合。如上所述，交通事务社会化治理，是基于主体与客体、时间与空间、国家与社会、政府与市场高度整合的立体式治理结构，其只有从社会资源协同的多维度共同发力，才能形成互联、互动、互利共赢的格局，有效发挥多元主体共同治理交通拥堵的整体合力。

鉴于此，为了使物联化的共享汽车模式能够稳步推进，尽快适应市场，交通管理部门在面对汽车共享的应用创新和试行时，应以鼓励和引导为主，尽量减少对其不必要的限制和制约，通过强化配套设施、提高财税补贴等政府手段积极引导社会公众主动选择共享汽车的出行方式，为共享模式的顺利落实和推进营造良好的社会环境；企业要加快相关技术的创新和研发，为共享汽车模式的正常运行做好技术保障，与此同时，还要时刻关注商业模式的创新与变革；此外，汽车产业研究机构，也要加强相关方面的学术交流和研究，最终汇聚多元合力，凝聚多方力量，发挥多维度优势，群策群力，共同推进共享汽车模式迈向成熟。

3. 互联化公众参与模式的创新

公民参与是国家治理体系和治理能力现代化进程中的重大课题，同时也是交通管理社会化改革的重要内容。"公民参与行为决定着社会舆论走向，而社会舆论走向决定着社会发展趋势。"[1] 随着信息技术的不断发展，以 Web 2.0 为代表的网络信息技术革命深刻改变了信息的生产、传播方式，也改变了公民参与的形式与效果。特别是移动互联网终端的推广和普及，使得互联网公众参与的广度和深度得以拓展和优化。概括而言，所谓互联网公众参与，是指公众通过使用或利用互联网，围绕利益和公意的表达、博弈、决策与分配而展开的一系列政治参与活动。

在交通管理社会化改革中，由于互联网公众参与具有开放性、互动性、即时性和便捷性等特征，一方面，其促进了交通管理中政治权利话语的解构和重塑，有效推动了社会各层次、各方面、各阶层在交通改革领域中的平等对话和互动；另一方面，交通多元文化迅猛发展和公民参与意识不断觉醒，有助于提升交通公共服务的知事议事参事的途径和效率。因而，为有效发挥多元主体共同治理道路交通事务的整体合力，应大力加强互联网公众参与机制的创新与深化，通过交通电子政务 [2] 的不断完善促进国家权力、社会权力和个人权利的平衡互动以及国家、社会和个人的协同治理。

具体而言，首先，要切实落实"提供公共服务为主，引导社会整体参与"的指导思想，全面提升交通管理工作综合信息平台的构建和管理水平。

---

[1] 付宏：《基于社会化媒体的公民政治参与》，国家行政学院出版社，2014，第 78 页。

[2] 交通电子政务，是指交通管理部门在道路交通管理和服务中运用现代信息技术，实现管理组织架构和工作流程的重组优化，超越时间、空间和部门分隔的制约，形成一个精简、高效、廉洁和公平的政务运作模式。

政府综合性信息平台的搭建是实施电子政务的重要一环，实际上是对外进行沟通的窗口，也是管理工作的一部分，其对提高和增强政府公务的透明程度、与民众沟通的能力等存在不可忽视的作用。在道路交通工作电子政务建设过程中，要在坚持"提供公共服务为主，引导社会整体参与"理念的同时，最大限度发挥政府信息资源优势，进一步在服务和管理交通的途径上进行拓展和创新，努力提供群众真正满意的公共服务产品。只有始终贯彻以提供公共服务为主的原则，交通综合性信息平台才能实现人性化和多元化，真正让群众满意，有效提高交通公共服务水平。社会公众的满意度提高意味着能够得到社会的更多认可和支持，同时也表明公众信赖交通管理部门，有助于增进交通管理的权威性和公信力。

其次，开拓信息发布的多元渠道，创新交通信息公开机制。信息公开、在线办事和公众参与是交通电子政务的三大主要功能。其中，信息公开不仅是现代民主政府建设的题中之义，也是社会公众参与交通管理的前提和基础。因而，在交通信息公开机制的建设过程中，一方面，需要道路交通管理部门主动与其他相关职能部门形成联动配合，将交通信息服务推送至政府网站、社会媒介平台上，从而便于公众查询交通相关信息；另一方面，要创新交通警务管理方式，致力于以科技促改革，实现交通警务的实时在线服务，确保社会公众能够通过手机、网络等即时查询交通违章信息或办理交通业务等，从而实现交通警察与社会公众的双向对接互动。与此同时，还需要建立与信息公开机制相配套的社会公示公告机制，这对于提升对交通违法的威慑和预防起着极大的作用。在日常的交通活动中，可以定点安置相应的公示电子设备，及时将交通违法、违规的车辆信息对外公开。这样，不仅能够对交通秩序和交通拥堵问题的解决起到一定辅助作用，还有助于在社会舆论和社会公众中形成对交通违法乱象治理的整体合力。

再次，完善在线互动机制，提升动态回应能力。随着行政体制的全面改革，电子政务已发展成为现代政府行政过程中不可或缺的重要力量，尤其对于交通管理部门，提升公众回应能力和扩大公众参与度正是我们在交通管理社会化改革过程中亟待实现的目标。从当前我国的交通管理体制来看，单项式、封闭式的管理模式严重制约了公众与交管部门的双向互动进程，也影响到电子政务实际功能的有效发挥。我国的交通电子政务目前还处在政府单方主导的格局中，缺少公众及社会的多元参与和有效互动。从以往政府决策来看，政府激发社会内在活力的重要动力就在于对公众问题和民意的重视。这有利于提升公众参与行政决策的意愿和热情，也有利于行政管理者及时了解、掌握社情民意，更有利于增强决策的民主性和可靠性。因此，在交通管理社会化改革过程中，要有效推动电子政务的全面提升，就需要完善交管部门与社会公众之间的信息对接机制，增强沟通交流，确保交通信息的顺畅传播和有效共享，从而实现实时、实地动态互动。与此同时，还需要构建一个完善的协同配套机制，积极联系群众，通过对现实交通问题的反馈，实现准确、及时地处置交通突发状况，全面把控交通动向，从而形成交管部门与社会公众互动协同、双向交流的新局面。

综上所述，要消除数字鸿沟，实现交通管理改革中的电子民主和全民参与，除了需要交管部门突破传统观念束缚，搭建"互联网+"的交通电子政务平台外，还需要社会公众提高整体素质，主动、全面参与交通管理社会化改革。同时，为更加科学合理地促进互联化公众参与模式的创新和完善，在具体制度的构建过程中还应警惕因唯技术主义而可能产生的"懒政思想"和制度延迟效应，以及 Web 2.0 实时性和交互性特征对参与式治理中理性价值造成的潜在损害和冲击。

第六章 7个案例分析：上海市交通事务社会化治理模式的经验和反思

第一节 上海市交通管理问题现状及社会化治理尝试

1.上海市交通管理的问题现状

随着社会经济的不断发展，城镇化和机动化进程也随之加快，与之相应的城市道路交通也在飞速发展，特别是作为改革开放排头兵的上海，机动车、驾驶人保有量迅猛增长，使人、车、路、环境等要素间的矛盾进一步加剧。据统计，2011年以来，上海市机动车驾驶人年均增长37.5万人，迄今已超过670万人。同时，截至2016年底，上海市注册机动车保有量（不含电车、农用车、挂车等）已超320万辆，并以每年新增注册机动车10万辆左右的速度迅猛增长，再加上约60万辆常驻本市的外省市号牌机动车，以及每天大量临时进入上海的外省市号牌机动车等，上海交通拥堵、交通事故、出行难、停车难等城市病日益突出。[1]

道路交通是国民经济的大动脉，是体现经济社会发展程度的重要标志。党的十八大报告指出，要"在改善民生和创新社会管理中加强社会建

---

[1] 上海市公安局交通警察总队课题组：《确保上海市道路交通"顽症"治理实效和长效的对策研究》，《上海公安高等专科学校学报》2016年第6期。

设 ",并强调 "强化公共安全体系和企业安全生产基础建设,遏制重特大安全事故 "。交通管理作为社会管理的重要组成部分,既是一项民生工程,更是一项社会系统工程,涉及经济社会生活的各个层面。然而,随着当前工业化、城镇化、机动化的快速发展,包括上海在内的众多城市在交通管理中面临越来越多的新问题和新挑战,如道路管理硬制度和交通意识软文化之间的矛盾、交通参与者与交通管理者之间的矛盾、"法治公安 "建设中交警业务能力建设与新时期执法环境变化之间的矛盾、人权和车权之间的矛盾以及机动化社会发展过快与驾驶人管理滞后之间的矛盾等。

（1）社会转型中交通文化软制度建设的滞后与不足

交通管理社会化改革不仅仅需要建立完善的道路交通管理制度,更需要交通参与者每一个人自觉主动地遵守交通法规,养成积极参与意识和现代文明出行习惯。然而,违反交通规则、恶意阻碍执法等不良交通行为在现实中普遍存在,诸如 "中国式过马路 ""中国式开车 ""路怒症 "等现象屡禁不止,由此引发的治安案件,甚至刑事案件经常见诸报端。究其原因就是由于交通参与者安全意识、规则意识和文明意识的缺失,这也使得每一个交通参与者自己既成了事故的制造者,又成了事故的受害者。

如上所示,随着上海城镇化建设的不断推进以及法治建设的持续深入,道路交通基础设施及道路交通管理制度愈来愈完善。然而,与之相对的是,交通参与者的安全意识和规则意识却仍处在相对落后的状态,无法与现代化的道路交通硬件设施及交通管理制度相适应,由此而产生的矛盾已成为阻碍交通管理体系发展的重要症结。

城市道路交通的发展情况实际上是一个城市发展水平、居民素质和文明程度的度量衡。小到乡镇,大到国家,道路交通发展水平所展现出来的实质上是所在区域内居民整体的价值观、文明水平和行为准则等极具影响力的精神层面的力量。这是国家文化的重要组成部分,是文化软实力的具体展现,并与国家综合道路交通文化的兴衰息息相关。[1] 交通文化的建设既可以起到强化安全意识、维护交通秩序、促进社会发展和带动汽车文化

---

[1]南辰:《汽车社会》,山东人民出版社,2007,第 12 页。

进步等作用，还可以在精神层面促进交通管理体系的进步和优化，进而提振整个社会的交通出行风气，为交通文化整体的进步提供支持和动力。交通文化的承载主体是全体参与道路交通的人，关联着每一位道路交通参与者的精神健康状况和意识形态，所以交通文化建设一定要以"人"为核心。脱离了"人"这一核心，即使交通治理体系在交通基础设施、安全设施等硬件和管理制度、治理体系等软件上再完善，也无法形成有机的、动态的交通生态环境，交通事故率依然会居高不下。这样整个交通安全体系也就没有了灵魂，"平安城市"和"畅通工程"等项目的建设也就没有了土壤，所有的建设和投入都会被一件件的交通不文明行为蚕食和破坏。

当前，上海新增注册机动车以每年10万辆左右的速度迅猛增长，但是交通行为人的文明交通意识却依然停留在"后觉醒"时代，人们普遍还未养成文明交通的习惯及生活方式。安全意识淡薄、行车礼仪缺失、价值观念错位、合作意识缺乏、不良的路权观念在现实中普遍存在，而机动车数量急剧增长的态势进一步加剧了城市道路交通生态环境的恶化，交通秩序混乱、安全事故频发、不文明驾驶等行为所带来的问题愈来愈突显出来。一方面，机动车驾驶人所体现的不文明驾驶行为，主要表现在法律规则意识淡薄、基本行车礼仪缺失、价值观念错位等方面，由此引发的安全事故比比皆是。事实上，不文明驾驶行为由来已久，形形色色的"中国式开车"也越来越引起学者们的关注，随时随地随意停车、肆无忌惮开远光灯、超速、超载、闯红灯、逆行、抢道、车窗抛物、用高音喇叭催促他人、占用非机动车道……诸如此类不文明的交通行为越来越遭人诟病。另一方面，行人与非机动驾驶人也同样存在多种不文明的交通行为。其主要表现为安全意识淡薄、守矩美德缺失、义务道德匮乏，由此而引发的不良交通现象被人们戏称为"中国式过马路"，即"凑够一撮人就可以走了，和红绿灯无关"。这一网络用语是人们对部分国人集体闯红灯现象的一种调侃和讽刺，同时也成为行人不文明、不守法交通行为的代名词。"中国式过马路"这一另类"风景线"在包括上海在内的各大城市十字路口都普遍存在，它的主要表现形式为不遵守交通信号灯通行、不在人行道内行走、横穿道路、翻越道路隔离设施等行为。据统计，2015年，上海全市交警共查获非机动车上述违反通行规则行为 59.75 万起，比 2014 年上升 41.86%。[1]"上海交通白皮书"调研组选取了本市市中心 12 个交通信号控制路口开展随机调查，现场观察非机动车驾驶人 1455 人，其中，744 人存在闯红灯、逆向行驶、不按车道行驶等交通违法行为，违法率仍高达 51.1%。[2] 可以说，"中国式过马路"不仅违反了我国《道路交通安全法》以及《道路安全实施条例》的相关规定，而且还有相当严重的社会危害性。据相关部门调查统计显示，仅 2012 年 1 月至 10 月，就有 798 人死于闯红灯引发的交通事故，更有 2 万余人死于因违反道路标志线行驶引发的交通事故，平均每天 2.6 人死于"闯灯"、86 人死于"越线"。从概率学角度出发，行人每一次"安然无恙"地闯过红灯，就意味着下次会有更大概率出现事故。"中国式过马路"的可怕之处在于，这不是一种无意识的行为，而是有意识的故意，在"不以为耻，反以为荣"的环境下，生命伦理和规则品质就会发生颠倒。[3] 这一现象折射出我国当前整个社会"缺少的不是规则制度，而是遵守规则制度的精神"。冰冻三尺非一日之寒，"中国式过马路"并非一朝一夕所致，解决这一城市交通管理"痼疾"，构建文明交通，同样不是一朝一夕之功。这不仅有赖于执法者的严格执法，更有赖于交通参与者的自律。"中国式过马路"是当下社会文明生态的缩影，也是社会规则失范的表现，如果不能重塑安全思想，重塑规则意识，城市道路交通文明将遥遥无期。

此外，"路怒症"也是我国当前道路交通管理硬制度和交通安全意识软文化间矛盾的集中体现和重要表征。2016 年 4 月 11 日，沪两男子早高峰"全武行"事件使"路怒症"这一概念再次受到人们广泛关注。顾名思义，"路怒症"即带着愤怒去开车，主要表现形式为汽车或其他机动车的驾驶人员故意用不安全或威胁安全的方式驾驶车辆，或在驾驶中对其他交通参与者进行威胁、言语侮辱或使用侮辱性手势。一项来自上海交管局的数据

---

[1] 上海市公安局交通警察总队课题组：《确保上海市道路交通"顽症"治理实效和长效的对策研究》，《上海公安高等专科学校学报》2016 年第 6 期。

[2] 上海市城乡建设和交通发展研究院：《2015 年上海市综合交通年度报告》，《交通与运输》2015 年第 6 期。

[3] 侯晓娜、温玉斌：《"中国式过马路"乱象的成因及治理建议》，《传承》2016 年第 3 期。

显示，因"路怒症"而引发的道路交通事故呈逐年上升趋势，2015 年共导致超过 1100 起事故，同比上升 4.9%，2014 年又上升 2.4%，今年 1—4 月再上升 3.7%。[1]

研究表明，司机们在驾驶中面临各种压力，如交通拥堵、恶劣天气、车辆事故、其他司机的不文明驾驶行为等。面对这些糟糕的交通状况，司机常常处于焦虑、压抑、精神紧张的状态，进而会有随意变道、强行超车、闯黄灯、爆粗口等失控行为。但是从根本上来讲，诱发"路怒症"的主要原因还在于国人社会公德观念的缺失及交通规则意识的淡薄和匮乏。当前中国社会的经济和物质生活条件逐渐改善，而与之相配套的规则意识、心理建设、文化素养、生命伦理情怀等并未同步跟进，这就使中国的转型发展呈现出不同程度的失衡。相反，执法不严、违法违规成本低等管理问题又在一定程度上助长了不守规矩、不讲文明与任性、违章等不良驾驶风气的扩散和蔓延。

构建文明交通，形成良好的道路交通运行秩序，是一项民生工程，交通的好坏直接影响每一个人的生活，切实关系老百姓自身利益。构建文明交通更是一项系统工程，它不仅有赖于完善的道路交通管理制度和交警部门的严格执法，更依赖每个交通参与者自觉主动地去遵守交通法规，配合交警执法，养成文明礼让的通行习惯。"中国式开车""中国式过马路""路怒症"等不良交通行为屡禁不止，正是一口警钟，它时刻警醒着我们要在完善管理制度与基础设施的同时，着力促进交通文化和安全意识建设。道路交通管理硬制度和安全意识软文化就像车之双轮、鸟之双翼，是互相贯通、互相依存、不可分割的统一整体，须臾不可偏废。

（2）机动化社会发展过快与驾驶人管理滞后之间的矛盾

当前，上海城市道路建设飞速发展、机动车辆数量快速增加，然而与之相对应的驾驶人管理却一直相对滞后，这不仅成为影响交通拥堵和交通安全的制度瓶颈，还导致城市交通管理任务的日益繁重以及道路交通事故率的居高不下。数据显示，2015 年，上海市交警总队已认定机动车交通肇

---

[1] 上海市公安局交通警察总队课题组：《确保上海市道路交通"顽症"治理实效和长效的对策研究》，《上海公安高等专科学校学报》2016 年第 6 期。

事 792 起，造成 684 人死亡，直接财产损失 515.42 万元。其中，由机动车驾驶人导致的事故数占事故总数的 59.3%，非机动车导致的占 18.2%，道路因素导致的占 14.3%，环境因素导致的占 3.4%，其他因素导致的占 4.8%。同时数据显示，在各种违章驾驶种类中，疲劳驾驶、超速驾驶、不按规定让车导致的占驾驶员因素导致的交通事故的绝大比例，不按规定让车占 33.2%，疲劳驾驶占 11.6%，超速行驶占 21.3%。[1] 另外，从上海交通事故发生数、伤亡数字与责任人驾龄的关系分布可以看出，低驾龄驾驶人是造成交通事故最多的人群，其中 3 年以内驾龄的驾驶人造成的事故数量、受伤人数和死亡人数分别占全部的 35%、34% 和 35%。通过对数据的分析可知，虽然上海等大型城市已经进入了现代化的汽车社会，但是驾驶人的整体素质却普遍偏低，安全意识淡薄、行车礼仪缺乏、驾驶水平有限、路权冲突严重，以违章驾驶和不文明驾驶为表征的"中国式开车"已然成为威胁道路交通安全的重要因素。

虽然在我国的《机动车驾驶证申领和使用规定》中，修改了机动车驾驶人考试内容，增加了安全文明驾驶常识考试，逐步完善了驾驶人管理系统。但与早已步入汽车现代化社会的西方国家相比，我国有关驾驶人的立法混乱而滞后，具体的管理措施简单而粗糙，特别是在交通违法累积记分、驾驶人安全教育、重点驾驶人管理、驾驶限制规范以及交通安全执法力度方面存在明显的差距和不足。

首先，交通违法累积记分制度存在缺陷。道路交通违法累积记分制是指从机动车驾驶员初次领取机动车驾驶证之日起一年内为一个记分周期，在一个记分周期内，记分分值累加计算。[2] 道路交通违法累积记分制度在我国已实行多年，但近年来，逐步呈现出记分越来越重、问题越来越多之局面。累积记分制度容易规避，效果不佳，乱象频出，没有起到应有的安全警示教育以及交通事故预防的作用和价值。

具体而言，交通违法累计记分由教育警示异化为一种处罚方式。累计

---

[1] 上海市公安局交警总队事故防范处：《2015 年上海道路交通事故简述》，《交通与运输》2016 年第 2 期。

[2]《道路交通安全法》第 24 条、《道路交通安全法实施条例》第 23 至 26 条。

记分制从问世起到现今已有十余年，然而其基础结构并未得到改进，无法满足社会需求。1999年《机动车驾驶员交通违章记分办法》问世，2000年开始正式实施，就原本的立法初衷而言，记分制是为了教育驾驶人，但随着记分制内容的不断增加，渐渐变成行政处罚，比如后期增加的强制扣留驾照、准驾车型降级都属于典型的行政处罚。如此，记分制就陷入一个恶性循环：记分制的目的是警示驾驶人 → 达到减少违法行为的目的 → 增加违法分值 → 更多驾驶人被迫学习、考试 → 变成一种处罚手段 → 与记分制目的背道而驰。

记分对象的准确率低，执行具有滞后性，无法保证制度的执行公平性以及效果。随着信息化进程的推进，现今交管部门的违法记分的数据一大半以上是通过交通监控设备获取的，据数据统计显示，"电子警察"的记分占交通违法记分的比例已经由五年前的30%上升到60%左右。虽然交通技术已经较五年前有了质的飞跃，但仍不足以使交管部门方便、快捷地确认具体记分驾驶人。这就造成非现场违法记分落实率低。从公安部111号令施行以来平均每月非现场违法记分落实率仅为35%，到123号令实施以后，也仅仅提升到55%。由此可以得出，非现场交通违法记分有将近一半未能精准地处置相关驾驶证。这就为"借分""买分卖分"这类行为提供了可乘之机。[1] 由于没有完善的社会诚信体制，交通违法行为乃至"买分卖分"对当事人的影响微乎其微，这就使交通违法记分制度对驾驶人的威慑力形同虚设，无法使驾驶人养成自觉规范的驾驶行为和安全和谐的出行意识。

此外，清分的周期模式大大削弱了对驾驶人的警醒作用。交通违法累积积分制清分模式是指如果驾驶人在一个周期内未达到满分上限将对其进行彻底清分，这表示驾驶证的持有人只要保证自己的驾驶证在一个周期内未被记满12分，就不会承担除了罚款以外的任何后果。由于清分周期仅仅为一年，这就使避免驾驶证被记满分更加容易操作。这样一来，驾驶人思考的重点就由"如何不违法到12分"转移到"如何不被记满12分"。

---

[1] 吴振宇、金丹俊：《浅析交警扣分行为的性质及其救济》，《浙江万里学院学报》2006年第6期。

根据公安部交管局数据显示，截至 2014 年底，全国机动车保有量达 2.64 亿辆，机动车驾驶人突破 3 亿人。这些数据意味着，将有 1 亿的机动车驾驶人无车可开。若在一个周期内没有任何交通违法行为，对他们而言将白白浪费 11 分，如果他们将 11 分卖掉，他们除了仅仅需要考虑一分价值多少外，没有任何来自违法警示的压力。因此，在既得利益面前，他们成了"借分""买分卖分"的主要供体。

同时，交通违法记分制实施数十年来至今没有对其属于哪一种法律性质有一个统一的或者官方的定论。众说纷纭，有人认为是行政处罚，也有人认为是行政确认行为、行政事实行为、行政程序行为。法律性质的模糊造成了交通违法的执法尴尬局面。

造成这种身份不明的尴尬局面的原因，就在于对交通违法累积记分制度的功能及作用定位不准。制定者虽然将交通违法累积记分制度的功能定位在教育上，但却又对其寄予了直接降低交通违法率的期望。正如义务教育的目的是"提高全民族素质"，高考的目的是选拔人才，当义务教育的目的变成提高高考录取率时，义务教育就成为一种痛苦的精英培养制度，而非全民素质提高制度。交通违法累积记分制度也是如此：本应以提高驾驶人交通意识和交通素质为目的，进而促进文明交通的普及的制度，成为直接降低交通违法率的手段，这就难怪这一制度既带有行政处罚的实质，又没有行政处罚的法理基础；既是一种行政确认，又是一种程序行政，同时它还造成各种各样的行政事实。这种"四不像"的特征带来的最大尴尬就是：它已使数以千万计的公民产生了法律上的权利义务关系，却无法通过现有的法律救济途径给予直接救助。[1]

其次，驾驶人培训管理机制也存在问题。随着改革开放的深入，经济迅猛发展，人民的物质生活水平有了极大的提升，对机动车的需求大大增加，与此同时对驾驶员培训的需求也随之提升，原本封闭的驾驶员培训机制已经无法满足民众的需求，因此驾驶员培训市场被开放，引入社会化办学力量，这样虽然满足了民众的需求，但也带来了诸多管理难题。一是开

---

[1] 江山：《我国道路交通违法累积记分制度的重构研究》，《广西警官高等专科学校学报》2015 年第 5 期，第 71 页。

放的驾驶员培训市场实行"考培分离"模式，负责"考"的公安交管部门与负责"培"的交通部门各自独立、各司其职，缺乏有效的统一和协调，使这两个部门在工作中存在行为交叉、职能重叠问题，不利于工作展开。二是对驾驶员培训行业的教练人员的监管处于"裸奔"状态，没有相关严格的标准和要求，造成很多教练员和驾驶员培训学校用工关系混乱，教练员吃拿卡要现象频发，培训内容也大大缩水，学员的权益被严重侵害。三是驾驶员培训学校培训内容应试化，培训质量与效果差，这源于交管部门对驾驶员培训学校的监管过于简单，仅仅对其考试监管相对严格。四是在驾校管理以及考试监管方面的科学技术应用与国外相对成熟的驾驶员培训产业相比还很落后，有诸多不足，需要我们进一步创新、改善。比如，近两年我国相关部门驾驶员培训机构全面推行的 IC 卡计时培训管理系统，可以做到两位一体，即这个系统能方便培训机构对学员的培训信息进行记录、收费等一站式服务，同时也可以让相关部门通过这个系统对驾驶员培训机构全方面监管。但是，随着这个系统的广泛应用，这一系统的诸多问题也随之浮出水面，比如"跑马机"问题，即采用一些非常规手段，如让机动车发动机"空转"来增加学员的培训时间记录。[1] 尽管相关管理部门已经发现这类问题，也试图用监管手段来改善这些状况，但也只是治标不治本。

最后，低驾龄驾驶人管理存在问题。近年来，随着民众对机动车需求量的增加，考驾驶证的需求也随之大幅度增长，近十年来上海市年均增加驾驶人将近 37.5 万人，这些"新人"组成了我国广大的低驾龄群体。[2] 低驾龄驾驶人有一些共同的特点：缺乏驾驶经验、遇到的车况类型少、安全意识差、驾驶通行稳定性差、交通违法违规及事故发生率高。由于我国机动车驾驶人近些年才开始呈现井喷式增长，之前并未引起管理者的重视，故对此的管理还比较简单、落后。低驾龄主要管理措施只有三大类：禁止单独上高速驾驶、禁驾特种车辆、粘贴实习标志。其中禁止单独上高速驾

[1] 江山：《我国道路交通违法累积记分制度的重构研究》，《广西警官高等专科学校学报》2015 年第 5 期。

[2] 刘文超：《国内外低驾龄驾驶人安全管理对比研究》，《道路交通与安全》2015 年第 5 期。

驶还是参考了国外学习期驾驶人陪驾的理念在2012年法规中新增的内容。虽然这些规定的初衷是好的，但是由于我国国情特殊，驾驶人数量庞大，交警警力严重不足，造成这些规定可执行性低，往往流于形式。[1]

相对而言，西方很多国家的低驾龄驾驶人管理制度体系都比较完善、先进。其中，加拿大、澳大利亚采用渐进式驾驶证管理体系，它包括学习驾驶证、实习驾驶证、正式驾驶证3个阶段，每个阶段又单独设置了各种规章和考试。很多欧美国家还专门为低驾龄驾驶人做了更为细致的规定：行车时间、路线以及常规行车等要求。此外很多国家在政府管理权限之外还构建了防御性驾驶再教育机制，防御性驾驶再教育机制是指政府通过鼓励引导社会力量如保险企业、社区组织、协会等，推广防御性驾驶理念及技术方法，劝导低驾龄驾驶人接受这一理念，使其养成安全文明出行的意识，纠正自己的不良驾驶行为。[2]

总的来说，我国与西方国家相比，机动化发展历史较短，同时低驾龄驾驶人迅猛增长，在低驾龄驾驶人的管理上还存在诸多不足。然而从某种意义上来讲，他们决定了中国汽车文化与文明的未来。因此，如何促使低驾龄驾驶人养成良好规范的驾驶习惯、养成安全文明的出行意识，将成为一系列道路交通安全管理的重点。

（3）交管业务能力建设与新时期执法环境变化之间的矛盾

目前，我国社会生产力的高速发展，导致我国正处在一个由传统型社会向现代型社会跳跃式发展的特殊时期，新旧社会的激烈碰撞令这种变革显得十分快速且激烈。"现代性孕育着稳定，而现代化过程则滋生动乱。"[3]当前，随着民主社会与法治中国的建设与推进，高度市场化、城镇一体化的稳步施行，以及网络信息化的快速发展壮大，公安系统尤其是公安交通管理领域部门执法环境所受到的影响十分巨大。特别是在上海等一线城市，

---

[1] 平安：《加强驾驶人管理17项措施全面实施显成效》，《道路交通管理》2012年第8期，

[2] A D Jones.Integrated transport studies: lessons from the Birmingham study [J]. Twff,Engineering and Control,2001(11).

[3] [美]埃莉诺·奥斯特罗姆：《公共事物的治理之道：集体行动制度的演进》，陈旭东译，上海三联书店，2000，第121页。

交警执法部门不仅面临新生的现代化社会的猛烈冲击，还要面对汽车现代化的大趋势下私家车数量井喷式增长所带来的艰难挑战。即民主现代化与汽车现代化两方面的压力大大增加了交警执法的难度，其执法工作量的增加、对执法环节的透明度和曝光度的要求、执法成本的上升以及执法个体化、差异化的需求，令交警部门的执法难度进一步上升。

首先，日益增长的法治化需求与滞后的执法业务水平之间有矛盾。自依法治国被确立为一项基本国策以来，社会公众的法律意识和个体化、差异化的法治需求有十分明显的提升。从宏观角度来看，这种法治需求首要表现为法律已经逐渐成为社会公众解决日常问题最主要、最重要的手段。比如，数据显示在交通执法领域内，工作量占单位总工作量比重最大的是化解道路交通运行中的矛盾与纠纷，比重达到41.2%。[1]并且，与过去公众只关注纠纷的处理结果不同，现在的公众还关注处理的过程是否正当、是否合法、理论依据是否充分等。同时，社会公众已经不再满足于了解解决纠纷所依据的法律法规，而且还要求交警执法部门在处理时做到兼顾法律与情理，既讲"情"又讲"理"。上述法治环境的变化，令交警不仅需要熟知执法过程中所涉及的各项实体法律法规，而且还要遵循法定执法程序，兼顾两者。一方面，随着法治建设和信息技术的发展，民众越来越将注意力转移到道路交通行政管理部门执法的合理性、合法性和专业性上。民众日益增长的知情权诉求持续地转化为政府行政透明化的压力；群众日益觉醒的法治观念和媒体逐渐强化的质疑意识使得执法逐渐走到民众的监督之下。另一方面，在处理和解决实际纠纷时，民警既要谙熟各种法律规定和地方文件，也要悉知当地风俗习惯、伦理道德、宗教信仰、民族传统等知识，同时还要既能"对症下药"地精准执法，还能在不违背法律法规和队伍纪律的情况下兼顾民意。相对这种高水准的要求而言，上海交警队伍中具备法律相关专业的本科及以上学力的民警还不到40%，其中长期工作在一线的人数更是不足30%。[2]在既没有相应的法律文化背景也没有经

---

[1] 上海市公安局交通警察总队课题组：《确保上海市道路交通"顽症"治理实效和长效的对策研究》，《上海公安高等专科学校学报》2016年第6期。

[2] 宋正立：《上海城市交通拥堵解决对策研究》，硕士学位论文，大连海事大学，2015。

过系统法律培训的情况下，多数执法人员只能在实际工作中边工作边摸索边学习。然而，在实际工作中学习速度却远远跟不上社会法治化的需求。具体而言，一方面，在执法的思想观念上，有相当比重的交警执法人员仍存在特权主义、实用主义、公权至上以及法律工具主义等落后的执法观念。这导致其在日常执法的过程中会发生失当的惩罚管理，甚至会出现违反法律的现象，更有甚者会以权谋私。另一方面，就执法能力而言，很多交警对执法过程中需掌握的法律法规尚不甚了解，更不用说在法律的灵活运用中兼顾"法"与"理"。现实中交警更多是凭借工作习惯与经验办案，不顾实际情况的特殊性和复杂性，简单机械地执法，结果导致解决纠纷与矛盾的效果并不理想，继而影响了交警执法部门的形象。

其次，公众舆论监督持续增强和交警执法人员有待提高的沟通能力之间存在矛盾。随着我国民主社会法治进程的不断推进，社会公众积极维护自身合法权益的民主法治意识也不断增强。同时，公众参与政治的诉求愈发强烈，注重对知情权、监督权、表达权、参与权的行使已经成为社会民众的一项重要特征。同时，当前的社会环境是有史以来最开放、最透明的，而交通管理部门的执法行为与百姓的切身利益存在极为紧密的联系，交警部门的一举一动、一言一行都会暴露于民众的视野之中。因此交警的执法行为随时可能被群众现场记录，并通过网络的"放大镜"呈现在所有群众眼前，成为人们茶余饭后的谈资，继而处在社会矛盾的风口浪尖上，成为社会舆论的焦点。从当前涉警舆论的现实情况来看，用"天天有新闻，周周有事件，月月有风暴"来形容交管部门一点都不为过。交警执法部门稍有不当就会引发网络热议，即便执法过程规范，亦可能被一些别有用心之人断章取义，并恶意丑化交管部门的形象。反观一些交管执法部门，不仅不从问题中反省自我、吸取教训、总结经验，还无法正视网络所反映的民意、民生问题以及执法不规范、不作为、乱作为等自身问题。一些交管部门不能正确面对舆论实情，并及时反思，进而加强纪律性建设、完善执法环节、规范执法行为，反而进行"遮丑"和"掩饰"。但是，这样做不仅会使当事民警不作为、乱作为甚至执法犯法的问题得不到有效纠正与整治，还会因此成为网络热点话题，进而为重大涉警舆情的产生埋下隐患。此外，交管部门还存在不能正面应对网络负面言论、积极宣传交警正面形象以及不能及时与群众沟通等短板。也就是说，在网络信息化的大背景下，如何应对网络舆情、加强警民沟通能力是当前交警执法亟待解决重要难题。

再次，维护自身权益的意愿与执法过程中所受风险之间的矛盾。亨廷顿认为："无论是一个未经开发的高度传统化的农业社会还是一个已经实现高度现代化的新型社会，都具有一套成熟、稳定、有序的社会运行秩序。而与此形成鲜明对比的，是处于急剧变动的现代化转型过程中却暗流涌动的社会，其中充斥着不安与冲动、动荡与混乱。"[1] 申言之，在即将进入和正处于转型期的社会中，即便交警执法人员执法公正、流程规范、有理有据，并在执法过程中尽责，也难以规避执法中所受风险。所以，交警"敢想不敢为"或"想为不敢为"的现象十分普遍。而交警执法行动中的具体风险有以下几点：其一是矛盾冲突转移的风险，如征地拆迁处置不当、非法集资等与民众切身利益相关的事件或群体性事件，因政府等部门处理方式不当而令矛盾升级，从而产生政治领域内的风险。而相关部门将此风险转移至公安机关，从而产生影响公安机关公信力乃至影响社会稳定的政治舆论。其二是虽然案件处理合法但却与社会民众的情理认识有剧烈冲突的风险。交警作为公安系统直接与社会民众接触的警种，承担着沟通公安系统与社会公众的重要作用，交警的执法理念是否正确、执法行为是否合法得体、执法流程是否规范、做出的判罚结果能否与社会公众的"社会公理判意"相契合都影响着社会公众对公安系统的认同度。若其冲突过大，则会引发公众集体焦虑甚至对立，进而影响社会稳定。其三是执法过程中的细微不当之处引发的风险。当今社会执法环境日益复杂，影响执法活动的因素不断增多，特别是来自各类媒体、民众的"全景式监督"。交警执法人员的一举一动备受关注，一个不规范动作、一句不文明用语都可能会引起公众的不满，严重时甚至会引发网络舆情等群体性事件。其四是社会民众过度维权与法律法规不健全所带来的风险。在执法过程中，有些民众会利用方针策略指导性概念的模糊性，来掩护过度维权或干扰正常执法。同时也有一部分人利用法律法规的漏洞，企图逃避法律的制裁。如果交警把

---

[1][美]萨缪尔·亨廷顿：《变化社会中的政治秩序》，王冠华等译，华夏出版社，1988，第79页。

握不好做与不做的界限，或不能正确处理事件，那么就很有可能受到纪律或法律上的处分。其五是公安机关组织内部层层提高的执行标准。在执行环节中相关部门为了突出业绩，同时令党委或者政府看到政绩，并获得社会公众的普遍认同，不断提高对下级的要求。以至于交警的工作量和约束不断增多，对过错追责的力度也越来越大，形成了"多做多错，不做不错"执法风气。

最后，法律法规改革和一线执法活动之间存在矛盾。国家法律具有权威性、抽象性、普遍性和强制性，是国家强制力保证下公民普遍的行为准则，其内容抽象且具有绝对的权威和公信力，深刻地影响着社会整体的价值观。因此，法律必须保持稳定，不得频繁地更改。但是现实中，执法过程是具体的，并且执法环境是多变的，这与法律本身的固有属性存在矛盾。而这种矛盾需要执法人员在执法的过程中，依靠执法素质、法律意识、社会经验等知识和技能进行衔接和调和，用合法、合适、合理的方法运用国家赋予的权力。例如危险驾驶罪在《中华人民共和国刑法》中的规定就是醉酒状态下驾驶机动车的行为。这个简单抽象的规定与复杂多样的实际情况形成鲜明的对比。同时，《刑法修正案（八）》生效初期在交警内部针对行为人醉驾情节轻重判定标准方面就产生了巨大的争议。除此之外，执法程序上亦存在许多问题，比如醉酒驾驶证据的类型、收集方式、判定标准以及对嫌疑人采取何种强制措施均未具体规定。这就要求交警在执法过程中根据自身执法经验与法律精神来做出判决。新时代执法环境要求执法人员必须在保守与创新、抽象与具体、制定化与灵活性之间寻求平衡与统一，这也是对公安交通管理部门的人员素质以及社会化治理水平提出了更高的要求。

（4）"法治中国"建设中交通管理者和交通参与者之间的矛盾

交通警察依法承担维护道路交通秩序、保障道路交通安全的法定职责，交通警察执法活动对道路交通的安全与畅通有着重要的作用。可以说，作为直接面向社会的一个重要警种和形象窗口，交警与社会公众的日常生活有着更多的关联和交集，因而其不仅是公安执法规范化建设的关键领域，同时也是提高群众满意度的重要平台。然而，随着道路交通压力逐渐增大，我国进入了交通违法行为和交通事故的频发期，交通参与者和交通管理者之间矛盾突出，尤其是对交通违法行为负主要管理责任的公安交通管理部门与交通参与者之间的矛盾更是愈来愈严重。

总的来说，现阶段我国社会正处于人治向法治、传统社会结构向现代社会结构、管理型政府向服务型政府转型的过渡阶段，纷杂的社会环境、社会公众的各种利益诉求、社会转型期政府出现的各种问题，都在不同程度上反映在交通警察执法的过程中。特别是暴力阻碍执法事件的多发、警民关系的恶化以及交通警察执法公信力的下滑和执法权威的丧失，这些给正处在高速发展期的道路秩序维护和交通安全管理带来了严重的负面影响。《上海交通发展白皮书》调查显示，由于车辆激增，民众对警察的对抗心理加强，妨碍交警执法的数量逐年递增，从 2011 年的 600 起增长到 2015 年的 830 起。在袭警的案件数量方面，除去派出所治安警，交通警察在执法中遇到阻碍数量是排在第一位的，而以上的统计只包含严重阻碍警察执行职务的案件，至于执法过程中被辱骂、撕扯、推搡、诽谤和威胁恐吓的情况并没有具体数据。在妨碍交警执法的原因方面，经过调查发现，2015 年上海交警执法过程中遭受妨碍执法案件共 830 项，其中罚款扣分造成的冲突有 486 起，占 59%；严重违法行为被抓后抗法 144 起，占 17%；非机动车驾驶人阻碍抗法 130 起，占 16%；谋生车辆抗法 70 起，占 8%。[1] 由此可见，民众对交警执法有抵抗心理，不愿意配合执法，对执法行为存在误解甚至暴力抗法的行为，从很大程度上也显现出警民关系的紧张、公众参与意识的淡薄和社会公共精神的欠缺。

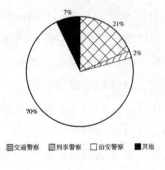

图 5

---

[1] 上海市人民政府：《上海市交通发展白皮书》，上海人民出版社，2016，第 79—91 页。

　　此外，交警执法权威的丧失、执法形象的恶化以及公众信任的赤字，同时也从不同维度反映出交通管理者与交通参与者之间的矛盾和冲突。具体而言，社会公众对交警执法的信任和支持程度，不仅是交警感受执法环境变化的指示器，同时也是评价交警执法的度量衡。争取社会公众对交警工作的支持和参与，是建立和谐警民关系和拓展警察公共关系渠道的重要方式和途径。然而，数据显示，社会公众对公安交通管理相关措施的知晓度、信任度以及支持度较为低下，并且无论交通安全志愿服务和交通安全宣传，还是绿色出行和警察职业体验，公众参与的意愿都严重不足。[1]如图6所示：

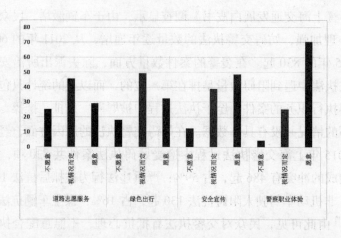

图 6

　　同时，交通管理者与交通参与者的矛盾还直接体现在交警执法形象以及执法权威和执法公信力等方面。其中，交警的形象多指社会公众根据以往视觉、听觉、相互交谈经验，结合社会法规政策赋予的交警基本轮廓和交警行为状况在运行过程中显现出的特点，经过综合认知后形成的总体印象，包含交警整体形象在公众视野中显示的视觉标志、行为特征、工作理念等。交警形象是交警在公众中的行为表象的具体反映，包括社会公众对交警的行为价值、目标、交警管理领导者的素质、执法行为规范程度及办理日常事务是否廉洁高效、做出的部分决策是否科学民主乃至警营文化的

---

[1] 交通运输部公路科学研究院：《2015 年中国道路交通安全蓝皮书》，人民交通出版社，2015，第 229 页。

开展情况等诸因素的印象。它以交警本身的素质、行为和表现为基本框架，以公众的主观意向为实际内容综合而成，同时又受外部评判因素的影响。因此，交警形象既是社会公众内心感知的主观评价，又是交警执法行为的客观反映。[1]

近年来，在法治公安和执法规范化建设的大背景下，交警队伍逐渐摆脱以往单调固化的"国家暴力机器"的政治形象，逐渐转变为公众服务的"公仆"，信息化、智能化、网络化的城市交通秩序也日益体现出良好的效果，但交通警察的公众形象还存在诸多不尽人意的地方。通过社会公众满意度调查发现，在交警的执法形象方面，"罚款交警"和"收费交警"形象在社会大众的印象中根深蒂固，分别占31%和22%，"全能交警"和"保姆交警"分别占19%和17%，而"亲民交警"则只占11%。[2]

"罚款交警""收费交警"形象被公众广为传播，说明社会民众对交警执法工作的认可度和支持度在迅速下滑。究其原因，一方面，是由于交警部门自身职能越位和基层交警执法不规范；另一方面，社会公众对交警执法理念的误读和曲解以及网络舆论的错误引导和恶意炒作等失范行为也是其中的重要诱因。近年来，公安机关为加强自身建设，构建和谐警民关系，一直倡导文明执法、人性化执法，但这些理念同时也往往容易被一些公众误解，特别是在面对罚款、扣分、留置盘查等执法行为时，个人便认为交警是在粗暴执法，于是表现为不支持、不配合，进而严重影响警察执法的满意度和权威性。

总的来说，社会公众的支持和信任对于提高交管权力的治理能力、社会管理质量和构建和谐警民关系均有不可替代的作用，同时也为公安交通管理改革和警务创新提供了新的视角与选择。如上所述，警务社会化是政治国家和市民社会二元分化以及社会结构多元化发展过程中国家和社会双向互动法治道路的必然选择，即在合理界定国家权力和公民权利的大背景下，政府只有充分利用社会力量维护道路交通安全秩序，才能更好地对公共警务资源、私人警务资源、混合警务资源以及其他社会治安防控资源进

---

[1] 秦书玉：《新时期社会背景下的交警形象研究》，硕士学位论文，兰州大学，2015，第219页。

[2] 上海市人民政府：《上海市交通发展白皮书》，上海人民出版社，2016，第112页。

行重新整合与优化，并在传统警务行政管理与警民共治的理性衔接与协同合作的基础上，共同构建起科学合理的交通安全治理体系。然而，交通管理者和交通参与者的矛盾和冲突，不仅直接影响交警执法的权威、效能、形象及公信力，而且在机动化社会快速发展的背景下也对《道路交通安全法》的贯彻落实以及交通管理模式的转型升级提出了新的挑战。

2. 上海市交通管理社会化改革的尝试

（1）"交通文明"建设社会化

社群主义认为，许多社会问题的解决不在政府而大多数在于社会本身。"整个社会需要对它自己负责，这是一种倾向。人们需要积极参与，不仅仅提出他们的观点，而是要给出他们的时间、精力和金钱。"[1] 就本质而言，交通管理社会化就是国家权力、社会权力和交通权利的平衡统一，就是国家、社会和公众在道路交通事务上跨主体、跨行业、跨领域、跨部门的协同合作。因此，交通管理社会化的推进除了需要自上而下的制度保障和技术支撑之外，同样离不开社会公众参与意识的提升、权利意识的觉醒和公民意识的强化。

文明交通是体现社会文明程度的一个"晴雨表"。近年来，随着经济持续快速增长，机动车发展迅速，上海市已率先步入汽车时代。然而，人们的交通文明素质与现代交通文明的要求却依然不相适应，酒后驾驶、超速行驶等严重交通违法行为还比较突出，争道抢行、乱停放车辆、行人过马路不走过街天桥和人行横道、跨越隔离设施等不文明行为仍经常发生，严重影响了群众的出行安全和社会和谐。为此，近十年来，上海市尝试通过不同层次、不同领域、不同形式社会化措施的实施来促进社会公众交通文明素质的提升。一方面，在《道路交通安全法》的基础上，上海交管部门确立了交通安全宣传教育的社会化运作模式。该模式明确了政府相关主体、媒体等社会主体同为交通安全宣传教育的责任主体，并要求公安、司法、社区等相关机构协同合作，共同构建跨部门、跨领域、多层面、多维

---

[1][美]Kenneth J·Peak：《社区警务战略与实践》，刘宏斌译，中国人民公安大学出版社，2011，第31页。

度的安全教育宣传网。同时，为贯彻落实《关于加强道路交通安全工作的意见》以及推动道路交通宣传教育机制的不断创新，在上海党委、政府的统一领导下，交管部门充分调动全社会各方面的力量进行交通安全宣传教育工作，形成了由各级人民政府组织与协调，各职能部门、各单位、各行业、社会团体及其他组织负责实施的"横向到边、纵向到底"网络格局，同时实行目标责任管理考核制度，督促各职能部门、各单位、各行业、社会团体及其他组织认真履行法定职责，将交通安全宣传教育纳入整个社会普法教育的轨道上来，从而真正形成交通安全宣传教育全社会齐抓共管的良好局面，不断提高全民的交通法制观念和交通安全意识。

另一方面，以"文明交通行动计划"为依托，通过推进体验、互动式的社会化措施，促进全民交通文明素质的不断提升。上海市通过开展"文明交通行动计划"，先后启动了交通安全体验馆、指尖上的文明交通、交警执法体验活动和深化文明交通志愿服务活动等项目。其中，依据《上海市文明交通行动计划》，上海市建立了市、区两级交通文明建设工作联席会议机制，对文明交通行动计划工作任务进行分解，明确职责分工，指导、协调、督促、检查，形成完善统一、条块结合的文明交通建设组织领导格局。同时，通过开展"指尖上的文明交通"主题宣传活动、推出文明交通微信公众号等，充分发挥互联网资源和微博、微信等新媒体平台作用，将线上线下宣传相结合，提升交通文明建设在网络空间的影响力；通过交通安全体验馆的"主观体验"形式，运用3D、4D、全息投影、虚拟仿真、模拟驾驶等多种先进技术，为体验者提供视觉、听觉、触觉等全方位的感官体验，达到提升交通安全意识、培养交通安全文化的目的；开展"换位互动体验"活动，公众通过参与一次交警路面执勤、一次交通志愿劝导服务、一次交通事故出警、一次事故受害者家庭回访、一次文明驾驶宣誓仪式等活动，增强遵守交通法规、相互礼让以及自我约束的意识和观念；深化文明交通志愿服务活动，丰富志愿服务形式和内容，动员文明单位职工、文明社区居民参与志愿服务，扩大和优化路口志愿者、地铁志愿者、公交志愿者等文明交通志愿者队伍。

（2）驾驶人管理事务的社会化

当前，城市道路建设飞速发展和机动车快速增加，然而与之相对的驾驶人管理却一直相对滞后，这不仅愈来愈成为影响交通拥堵和交通安全的制度瓶颈，而且还导致城市交通管理任务日益繁重。如上所述，在交通事故率居高不下的现代社会，80%的事故属于机动车驾驶人的责任。[1]

因此机动车驾驶人作为道路交通的主要环节，直接关系着道路交通的安全畅通。虽然《道路交通安全法》的全面实施标志着我国交通管理被纳入了法制化轨道，然而对驾驶人的管理特别是对驾驶人的培训、处罚、规制以及安全教育管理等依然存在很多问题。对此，上海交管部门专门探索实施了驾驶培训考核社会化、驾驶人交通信用档案体系以及防御性驾驶培训等驾驶人社会化管理措施。特别是交通信用体系的构建，对于有效规范机动车驾驶人的交通不法行为、重塑交通文明理念、提高交通安全程度以及缓解道路拥堵具有重要的作用和价值。

所谓交通信用体系，是指以法律、法规和标准为依据，以交通信息记录和信用服务体系为支撑，以树立交通文明安全理念、弘扬诚信传统美德为内在要求，通过守信激励和失信约束机制来规范社会各种交通行为的制度体系。自2015年起，上海市开始探索将驾驶人交通违法行为和交通责任事故信息与企业、个人信用关联，将造成严重影响的不文明交通行为纳入上海市公共信用信息征信平台，实施相应惩戒。申言之，一旦机动车驾驶人出现交通失信行为，将由公安交管部门和信用管理部门牵头组织，会同文明办、教育、人力资源与社会保障、住房和城乡建设、交通运输、银行、保监等7部门，依照《交通失信惩戒办法》，对机动车驾驶人实施联动惩戒。其中，公安交管部门负责记录机动车驾驶人、所有人的交通违法、事故等信息，归集机动车驾驶人一般、较重、严重交通失信信息。信用管理部门负责将上述信息纳入个人基础信用数据库，建立个人文明交通信用档案，推进文明交通信用信息的应用。相关部门将及时查询相关人员文明交通信用记录，对交通失信行为人实施相应惩戒。具体来说，各级党政机

---

[1] 上海市公安局交通警察总队课题组：《确保上海市道路交通"顽症"治理实效和长效的对策研究》，《上海公安高等专科学校学报》2016年第6期。

关招录公务员、工勤人员，事业单位招聘工作人员时，对有较重或严重交通失信记录的人，予以禁止报考、应聘等惩戒。各级党政机关、企事业单位、社会组织、行业机构在评优评先时，有较重或严重交通失信记录将作为不授予荣誉的重要依据。公路客运、旅游客运、校车服务、危险品运输、渣土运输企业在招聘营运驾驶人时，对有较重或严重交通失信的人，不予聘用。校车、渣土运输车驾驶人有较重或严重交通失信记录的，教育、行政、城市管理等主管部门通报所在单位，建议予以内部处罚、转岗或解除聘用。公路客运、旅游客运、危险品运输车驾驶人有较重或严重交通失信记录的，由交通运输部门依法实施相应惩戒。银行在审批发放个人贷款时，有严重交通失信记录会作为限制贷款的重要参考依据。保险公司在承保机动车保险时，对有较重、严重交通失信记录的机动车所有人，适当上浮保险费率。此外，在交通信用体系的具体构建过程中，始终坚持惩罚、激励和教育相结合的原则，通过信用奖励、记分消减和志愿服务等矫正方法，引导机动车驾驶人树立正确的交通文明出行理念和安全规范意识，进而自觉纠正和主动杜绝交通不良习惯和违法违章行为。

（3）交通执法事务的社会化

对每一个具体的管理对象没有唯一的完全有章可循的管理模式可以参照，为达到既定的组织目标与责任，就需要有一定的创造性。管理的创造性根植于动态性。正是由于这一特性，使得管理创新成为必需。交通执法事务的复杂性和执法对象的多样性、特殊性，决定了交通事务执法社会化需要高度的创造性。在道路交通执法实践中，不断提出适应国情的新思路、新理念，不断探索新机制、新措施，并推广应用，是提升交通事务治理水平的重要保障。

总的来说，在国家治理现代化的引领下，上海交通社会化管理机制的创新性不断深化，各层次、各种类社会化执法措施呈现出多元化发展趋势。例如，在上海市交通大整治期间，创造性地对"随手拍"的社会共治模式进行了有益的探索和尝试。所谓交通违法"随手拍"，是指广大群众积极通过"随手拍"举报各种交通违法行为和不文明交通陋习。上海开展为期6个月的"悬赏20万晒交通陋习"活动，鼓励广大群众积极通过"随手拍"

举报各种交通违法行为和不文明交通陋习。同时，上海交警通过搭建专门的"交通违法视频举报平台"，明确视频抓拍、举报的方式、条件和程序，将"随手拍"作为一种常规交通管理方式。

在道路交通安全执法方面，则探索了道路交通事故预防社会化，开展了以聘请万名交通安全员、万名交通安全信息员、万名义务监督员为主要内容的"三员"网络构建，为交通事故预防执法工作提供了很好的平台。其中，交通安全员的主要职责是"提供服务，协助管理"，重点是协助交管部门"建立机动车和驾驶人基础台账，利用资料开展交通安全教育，提供群众办牌办证的前期服务"；安全信息员的主要职责是"提供信息，协助预警"，重点是提供交通肇事逃逸案和交通事故信访案的动态信息，帮交管部门及时"掌握情况、侦破案件、消除隐患"；义务监督员的主要职责是"提供意见、协助监督"，重点是监督民警的执法执纪、勤政廉政情况，反馈社情民意，提出意见建议，维护警察形象。

在酒驾执法方面，上海交警有效发动社会力量防治酒后驾车，具体做法是依托社区、村委会等基层组织，开展私家车驾驶人的入户调查和帮教管理，强化日常防范，积极推行有奖举报制度，鼓励公众对酒后驾驶等种类交通违法行为进行举报，群防群治遏制酒后驾车行为。

在道路交通秩序维护方面，则实现了全警动、全市动、全民动，紧紧依靠党委政府，形成了党委领导、政府主导、部门协同、社会共治的城市交通管理格局。在交通事故处理方面，上海交警则注重深化"互联网+"、微警务应用，最大限度让社会公众在网络上、电话中、掌心里办理交管业务，提升交通事故处理的效率。此外，面对网约车、共享单车、共享汽车、无人驾驶汽车等新情况、新事物、新业态，上海交管部门积极加强与科研院所、高校、企业的合作，通过共同研发、项目外包、购买服务等方式，利用市场、社会、专业力量加强对道路交通新问题的自治和共治，切实提升城市交通管理的专业化水平。

（4）交通服务事务的社会化

在管理活动中，人是决定因素，需要以人为中心，把理解人、尊重人、调动人的积极性放在首位，把人视为管理的重要对象和组织的重要资源。

由于管理活动的主体和客体均是人，管理活动的实施效果则受到人为因素的影响，因此，在交通管理社会化过程中，交管部门需要不断增强服务意识，提高服务群众的能力，扩大社会公众的参与途径，唯有如此才能得到广大人民群众的支持，有利于交通管理社会化措施的实施，有利于交通管理社会化各项任务的完成，有利于形成良好的道路交通环境和管理环境。

事实上，在社会主义市场经济条件下，随着竞争的不断加剧，服务作为一种改革理念和职业精神越来越受到各行各业的高度重视，提供公共产品、公共服务的政府部门也日益清醒地认识到服务的重要性。公共服务社会化提倡的"顾客至上"理念，推动了政府行政改革的深化，昭示了改革的方向，同时对交通管理改革也产生了深远的影响。可以说，上海交通管理社会化改革，始终坚持执法为民，在执法理念、执法方式和管理模式层面不断促进交通管理工作由"管制"向"服务"的转变。具体而言，一方面，探索以行政权力为中心向以公众需求为中心的发展，在交通管理社会化改革中，将社会公众的呼声作为第一信号，把社会工作的需要作为第一选择，把社会公众的利益作为第一考虑，把社会公众的满意作为第一标准。例如，在上海交管改革中，通过交通网格化管理有效解决了公众与政府之间沟通不畅的问题，即交通参与者的服务诉求可以通过网格单元直接反映到交管部门，而交通管理部门也可以依靠网格单元向公众直接提供服务，进而更加高效地回应了社会公众的利益诉求和交通公共服务需要。可以说，交通网格化管理系统不仅减少了冗长的中间环节，直通交通管理决策层，同时更加注重基层民众的服务诉求，改善了传统交通管理工作模式中问题难发现、问题难解决、公众难满意的"三难"问题。另一方面，完善科学、民主的决策机制，实行社会公示和社会听证制度，全面夯实了社会公众参与交通管理重大决策的制度途径。在近十年里，上海交通管理部门不断强化管理和服务并重的服务观，陆续推出车辆业务免费代办服务、特殊业务服务窗口、延时办理业务制度、流动车驾业务服务工作、电动车防盗登记、外籍车辆驾驶员登记备案制等便民利民服务，改变了过往管理思维固定、管理理念滞后、管理模式僵化等问题，道路交通管理的服务功能逐渐得到体现。

第二节 上海市交通事务社会化治理的反思

所谓系统即由互相作用、互相关联的组织要素构成的具有一定功能的综合整体。系统须由一定数量的要素构成，且其特定组成结构将这些要素优化为一个具有一定功能的综合整体。[1] 我们在研究和分析对象时，应从系统的角度出发，依据最优原则、总体原则和动态原则，科学准确地提炼出系统的运作形态、组织构成以及事物整体的运行规律。事实上，在当前社会，系统论无论作为一项工作或研究方法还是作为一种理念或方法，都已得到广泛的应用和认可。依据系统论的理念，交通事务治理在本质上是作为一个大系统存在的，其将宏观的社会交通现状与微观的交通个体行为有机紧密地结合在一起，从而构建了一个涵盖人、车、路和环境的庞大管理系统。并且，作为交通管理改革领域的有力尝试，交通事务社会化治理活动理应具有综合性、组织性、动态性和开放性等系统的基本属性。同时，交通管理社会化改革的综合性、组织性、动态性和开放性如果有所欠缺，将会弱化交通事务社会化治理的整体效果，继而引发交通管理运动整体失效。据此，运用系统论对上海交通管理改革进行分析，上海交通事务社会化治理体系中还存在以下几方面的问题和不足：

1. 交通事务社会化治理的整体性不足

系统论的核心思想即整体性理念。系统即依据一定规则或秩序将相同或类似的事务组合而成的具有内在联系的整体。系统作为整体，它所包含的各个要素决定了其功能和性质，各个要素均受到系统整体性的制约，同时也反作用于系统。[2] 交通治理与环境污染治理、食品安全治理等高度复

---

[1] [美] 杰拉尔德·温伯格：《系统化思维导论》，王海鹏译，人民邮电出版社，2015，第51页。

[2] [美] 杰拉尔德·温伯格：《系统化思维导论》，王海鹏译，人民邮电出版社，2015，第71页。

杂的社会治理相似，都属于跨部门的公共事务，在交通治理过程中不仅需要交通、公安、规划等部门尽职尽责，同时也要求城建、卫生、教育、工信、安监等部门协同配合。因此，尽快建立、健全跨部门的协同管理机制，强化不同部门的协调配合，是交通管理社会化改革的必然选择和关键路径。

当前，为推进交通管理社会化改革进程，上海虽然建立了交通安全联席会议制以及上海交通委员会等部门协调制度，但在具体的运行中仍然大量存在制度化、规范化、程序化不到位等诸多问题。协同治理模式中的部门协同强调制度化、常态化通力合作，而不仅仅是部门的简单协同。同时，协同性公共事务治理有赖于科学的协同机制，为保证交通管理部门能够做到目标统一、权责分明、协同决策、共同行动，还需要建立完善的信任机制、监督机制、共享机制、分担机制，以保证协同机制的正常运行和持续发展。然而，目前严重的条块分割体制，使得道路交通协同性治理体系受到纵向业务治理"条条"和横向地域治理"块块"的双重分割与制约。政府通过划分专门机构来实现不同职能的分化，是现代政府的特征，也是公共管理理论所倡导的理念。但在实践中，垂直管理部门与地方政府往往不存在隶属关系，这就容易导致政策和决定不统一，各自为政、部门利益本位、"区域中心主义"等行政理念在实践中屡见不鲜。[1] 一方面，一些部门以服从垂直业务管理部门的命令为由，不配合地方政府的决策，导致政策制定脱离实际；另一方面，基层政府以服从地方政策为由，不支持垂直业务管理部门的工作，导致政令无法贯彻实施。整个政府的治理目标被各部门、各地方分化为许多"亚目标"，许多垂直管理部门和地方政府只盯着自己的亚目标，而忽视整个政府治理目标，治理目标之间的冲突显著。我国在公共管理理论的指导下建立的政府治理体系虽然已有了明确的专业分工和职能划分，但垂直管理部门和地方政府的各自为政也警示我们需在合作、协同机制方面倾入更多精力。

在交通管理领域，与道路交通运行相关的工作同样被分到诸多部门，工作职能分工过细与机构重叠的现状，使得道路拥堵、交通事故、汽车污

---

[1] 丁立民：《道路交通管理理论与实践》，中国人民公安大学出版社，2002，第60—63页。

染等社会难题的治理工作缺乏整体性。当前，中心城市的交通事务并未实现由公安交管部门统筹管理和指挥，城市的发改委、规划、建委、城管等多个政府职能部门依然掌握着诸如道路规划、道路建设、交通管理等领域的部分权力，由于管理部门缺乏统一的协调和配合，交通堵塞、道路安全及环境污染等治理难题长期得不到有效解决。

首先，在交通缓堵治理方面，条块分割的政府体制削弱了政府部门的协同能力，这不仅使得交通管理和道路规划缺乏应有的统筹性和前瞻性，更为严重的是，诸多城市表现出"城市交通悖论"现象，交通缓堵治理反而使得道路交通越治越堵。具体而言，当斯-托马斯悖论（Downs-Thomson paradox）是有关道路交通拥堵研究的知名悖论，即公众采用公共交通方式出行时，从门到门的平均速度决定了道路交通网络上的汽车的平均速度，期望通过提高道路的通行能力来应对交通拥堵只会使堵塞恶化。这是由于若路况得到改善，人们会更多地去选择私人汽车而非公共交通，公共交通运营商为了收回成本只能提高收费或减少服务频率，这样将导致公共交通乘客数量进一步减少，公共交通方式将走向没落；同时由于路况的改善而产生的更多的私人汽车会导致交通拥堵加剧，似乎还需要再修建或扩建道路，城市将在"拥堵—扩建—拥堵"的无限循环中演绎"城市交通悖论"。[1]

1962年，著名的行政管理和公共政策专家安东尼·当斯（Authony Downs）发表了名为《高速公路高峰时段拥堵之综合分析》的学术文章。在此之中，当斯综合分析了造成高峰时段交通拥堵的各项因素，提出了享誉学界的"高峰时段交通拥堵法则"（Law of Peak-Hour Expressway Congestion），即城市区域的通勤道路上高峰时段交通拥堵的提升能够承载最大的交通容量。[2]1992年，安东尼·当斯的又一部学术著作《交通难题：解决高峰时段的交通拥堵》问世，在此书中，当斯将"高峰时段交通拥堵法则"更名为"道路拥堵基本定律"，同时将其重新定义为"车辆的行驶里程相对于道路里程之变化的弹性系数趋于一"。概而论之，其一，道路里程的增加在有限的时间内可以缓解交通拥堵，但却会直接引发民众对交

---

[1] 王丽馨：《浅论我国大城市交通拥堵的成因及解决途径》，《经济师》2010年第3期。
[2] 李兵：《道路交通管理学》，安徽人民出版社，1993，第54—60页。

通路线的重新规划。其二，道路里程的增加会间接地鼓励更多的私家车上路。其三，道路里程的增加也会间接诱发更广泛的商业驾驶行为。据此循环，交通主体对道路里程的交通需求将是无限的。

此外，布雷斯悖论强调，通过增加交通网络上的交通线路无法降低交通延滞时间，反而会增加所有交通参与者的出行时间，导致整个交通网络的服务水平和运行能力下降。[1] 例如，城市按照尾号限行的交通管制方式，本意是想通过控制上路的机动车数量来缓解交通堵塞，而现实却是使更多的人购买了第二辆车，限行不仅未达到减少交通流量的目的，反而在有限的交通资源供给前提下制造了更多的用车需求，这就是"上海式的交通拥堵悖论"。由此可见，"头痛医头，脚痛医脚"的治理方式是无法解决城市道路的拥堵状况的，而加强政府各部门间以及政府部门与社会部门间的协同合作，整体治理，统筹规划，统一指导，才是道路交通管理社会化改革的必然选择和关键路径。

其次，在汽车污染治理工作中，条块分割、多头管理现象同样尤为突出。长久以来，我国一直施行"警察公路各管一段"的车辆管理体制，这种体制缺乏整体合力，不仅容易导致各自为政、政出多门、管理缺位、管理错位及权威效果降低等问题，亦无法出台标本兼治的综合治理措施。同时，传统的汽车产品管理强制性标准无法完成汽车产品的管理和实施职责。目前，关于汽车环境保护的管理工作由多个部门承担，环境保护部门主要负责关于汽车环保的技术标准、排放指标、监督机制、测量规范以及相关政策的制定和修订工作；公安交管部门根据环保部门所制定的技术、排放

---

[1] 布雷斯悖论的理论基础是博弈论中如雷贯耳的"纳什均衡"。一群人开车可以走两条路线去上班，每个人都想抄近路，正好市政府花大钱修了一条新路，于是一大堆人就去挤这条新路（因为他们觉得可以节约时间），这条路反而更堵车。但如果大家都去走远路呢？那么走远路的人会想："为什么要走远路浪费时间？"因为在他这个个体看来，他要抄近路，要更快地到达目的地，结果所有人都这么想，于是就在新路上堵着，最后达到这个博弈的"纳什均衡"。当然这个理论的基础是把每个人的行为理性化，让每个人都用一个叫"效用函数"的东西来决定自己该做什么。效用函数大概可以理解成不同的策略对应着不同的收益（不同的路线对应着不同的时间），每个人都想往自己收益大的方向走，结果反而使集体的利益被最小化了。

标准及监测规范，负责对汽车进行每年一次的定期监测、审查工作；而工业和信息化部门则负责新生产车辆的审查工作，以保证所销售车辆都符合上述标准和规范；交通部门负责对汽车维修公司管理的工作，监督、指导其按照法律法规要求及行业要求对车辆进行与环保相关的维修工作。当前的汽车污染管理体制缺乏协同性和整体性，公安交管、环保、工信、交通等部门也缺乏应有的整体意识和协同机制，横向沟通壁垒重重，加之环保部门缺乏对在用车辆进行抽查、处罚的有效执法手段，我国汽车环保管理工作一直举步维艰。

再次，"交通一体化"背景下的交通衔接体系建设，同样受到条块分割和碎片化管理的严重影响。当前，上海城市交通网络基础框架基本成型，但作为城市交通生态系统"毛细血管"的"最后一公里"，交通衔接环节已然成为制约人们选择出行方式的重要因素。[1] 由于轨道驳接交通和公交站点驳接交通尚未健全，人们为了出行方便更多地选择私人驾车方式，而非选择地铁、公交等公共交通方式，从而加重了交通负担。一方面，上海将大量的人力、财力投入主干道的建设上，而忽视了对"最后一公里"等次级道路的建设，而次级道路的路况不佳严重影响人们的出行质量和出行方式；另一方面，类似社区公交、微型公交、自行车租赁等"最后一公里交通"的驳接方式未全面普及，道路交通的衔接不良导致人们的出行需求无法得到满足，从而影响了人们的出行方式选择。

在机动车保有量激增、交通状况日益复杂、交通事故频发、交通执法日益透明化的新形势下，传统的条块分割管理模式和静态工作机制已无法有效应对新情况和满足社会公众的需求。特别是在社会机动化不断加快、城镇化不断推进及公安全面改革不断加深的大背景下，构建跨主体协同、跨行业协同、跨功能协同、跨部门协同的组织体制势在必行。注重政府各职能部门之间、政府部门与私营企业之间、社会组织之间的协同合作，构建以社会化服务为治理导向、以整合资源为核心的运行机制，已然成为社会治理创新和治理体制社会化改革的重要课题。

---

[1] 丁立民：《道路交通管理理论与实践》，中国人民公安大学出版社，2002，第87—88页。

2. 交通事务社会化治理的开放性有限

系统论认为，单个系统个体均与其他系统个体处在互相作用和互相联系之中。每个系统的内部要想维持动力、秩序井然，必须与外部环境进行物质、数据以及能量交换，保持开放。否则，该系统将无法持续发展。[1]因此系统应当具备开放性。开放的系统与唯物辩证法中的联系观相契合，它要求个体在解决问题时能认识到外部环境和条件与系统之间的关系。据此，应当将交通事务社会化治理放置于社会的大系统之中来看待，通过加大其开放性来推进交通事务治理能力和治理体系的现代化。

由系统论的理念分析，上海交通管理社会化改革参与主体的开放性不足，主要体现在：

首先，公众参与缺乏有效的制度保障。公众参与是交通事务社会化治理机制开放性的重要表现，有效的公众参与能够增强交通管理的权威性和公众认可度，是对交通管理的合理补充。我国《道路交通安全法》以及《道路运输十三五规划》等法律规范和政策文件虽然都规定了"公众参与"，但是公众如何参与交通管理的决策、执法和监督过程还需要良好的制度设计。总的来说，在公众参与的保障体制中，公众的知情权、参与权、表达权、监督权的合理实现是多元化公众参与的基础和前提，政府的回应机制则是有力保证。在科学的道路交通诉求关系中，政府与公众的良性互动体现在三方面：第一，道路交通管理部门积极倡导社会公众参与交通问题的研讨、道路交通规划和交通政策的制定，了解和研究民众的诉求和建议，例如开展电子问卷调查、召开交通政策座谈会、举行交通规划论证会等。第二，社会公众主动参与，向道路交通管理部门反映自身的交通利益诉求。第三，当发生侵害相关交通个体权益并由此引发社会交通环境恶化时，民众能够通过一些途径申请司法部门或相关主管部门维护其权益，例如控告、举报等。

从社会实践来看，多元化主体的参与模式还远远未形成，社会公众参加交通治理各项程序的法律制度还有待完善。在当前的上海交通管理社会

---

[1] [美] 杰拉尔德·温伯格：《系统化思维导论》，王海鹏译，人民邮电出版社，2015，第67页。

化改革阶段，虽然已不用以往的垄断主义治理方式，也加入了多元化的主体机制和民主因素，但是从其运作模式的实质来看，仍然属于威权模式，即从以前的"家长型的威权模式"转变为"共治型的威权模式"。[1] 威权体制的主要特点是"威权主义并不控制一切，而是以最低限度进行大众输入，文化、宗教、家族以及社会的事务均取决于公众自身……威权主义体制将社会视为一个由统治集团管理下的由控制链构成的组织，其反对自由主义，提倡'服从''命令'和'秩序'。"[2] 据此，威权主义制度的实质是一种建立在"服从—命令"权力运行模式上的政治制度。在这种政治生态中，国家限制社会公众参与，缺乏公众利益诉求机制和权力制约机制，国家凌驾于公众之上。在这样的管理模式中，国家权力缺少监督和制约机制，属于绝对权威，社会公众在大多境况下只能选择服从。作为国家意志代表的政府则成为公共管理领域最具合法合理性的存在，在社会管理模式和传统管理理念的影响下，政府更为确信其具有对社会发展的话语权和控制力，进而更加限制公众的参与。因此，在威权管理理念中，作为国家意志代表的政府的单方表达日趋常态化，而同处于社会大系统中的交通管理领域同样也显现出与社会相同的症结。

在现阶段的交通管理模式中，交通政策的制定者仍然处于政府机构内部，交通政策的施行也往往被限定在相关管理部门的上下级之间，显现的是不同级别行政机构的权利在资源配置和职能运行方面的交流互动。这种内环式的行政模式严重制约了政府的交通管理能力。[3] 同时，大量的治理决策事实上是在信息源欠缺的条件下制定的，由于缺少社会公众参与，所以社会公众对交通政策的接纳度和理解度较低，由此引发交通政策施行过程的不畅，削弱了政府交通治理政策的执行能力。因此，第一，交通管理部门认同和理解社会公众诉求发展的非线性尤为重要，这就需要多元化主体的协同和参与。第二，交通管理部门应当大力收集和获取管理对象的信

---

[1] 于建嵘：《共治威权与法治威权——中国政治发展的问题和出路》，《当代世界社会主义问题》2008 年第 4 期。

[2] [美]迈克尔·罗斯金等：《政治科学》，林震等译，中国人民大学出版社，2009，第97—98 页。

[3] 丁立民：《道路交通管理理论与实践》，中国人民公安大学出版社，2002，第 30—32 页。

息，由于公众日常生活离不开交通活动，所以其能够为交通管理提供大量更有价值的建议和意见。

再者，社会组织的发展水平会影响其作用的发挥。交通事务社会化管理运动的关键是在国家利益和社会利益相同的基础上，国家向社会让渡一定的权力，由此来明确各方职能，促成国家和社会的协同。在现实运作中，国家和社会在交通管理领域的协同，往往表现为社会组织的参与，也就是国家利用"第三领域"，增进和社会组织的协同，进而形成有效的"政社互动"和"官民互动"。

实际上，在交通治理体系中，社会组织的作用巨大，比如英国长途汽车协会、美国机动车治理协会、德国公共交通运输协会、日本公共汽车协会、加拿大运价组织等。[1] 社会组织的职能多样，概而论之，第一是信息收集功能。社会组织的首要功能便是获取信息，而后经研究和分析，传达给交通管理的决策机构。因此，社会组织已成为交通领域国家进行宏观调控的关键组成部分。第二是组织协调功能。即组织协调政府与大量分散的交通参与者的关系，构筑起有效通畅的沟通渠道，将交通管理的主体和客体紧密联系起来。社会组织既可以代表交通参与者向政府表达自身诉求，也能帮助政府将交通政策贯彻到交通参与者中。第三是参政议政功能。社会组织代表民众的利益与政府协商有关政策和法律的制定与修改。实际上，社会组织已成为交通治理机制的关键组成部分，尤其是在美国，许多社会组织受政府委托，已担负起部分行政管理工作。例如，机动车治理协会便担负交通运输从业者的考核和发证工作。

可以说，社会组织实际上也是公民进行自身利益表达的另外一个重要途径。在现代社会的治理结构中，社会组织的发育程度和存在状态代表了整个社会的民主进步程度和公民参与治理的发展水平。事实上，道路交通领域的社会组织，为公众参与交通治理提供了一种非官方组织化通道，并可基于此将社会公众的利益诉求转化为真正有效的资源来影响政府权力。然而，在我国单一交通治理主体模式中，交通治理方式以管制型为主，社会组织虽然有了一定程度的发展，但仍存在大量问题。一方面，交管部门

---

[1] 李兵：《道路交通管理学》，安徽人民出版社，1993，第25页。

在传统"管制""控制"社会秩序刚性维稳观的思维方式影响下，对公民的参与和理性诉求，既缺乏认同，亦无对策思路，更害怕社会组织的利益表达带来对其领导权威和管理权力的挑战。另一方面，大多数社会组织遵循"帮忙不添乱，参与不干预，监督不代替，办事不违法"的原则，寻找得到政府的支持、帮助与合作。在这样的理性温和策略指导下，社会组织如果有所作为，必定谨慎考虑，甚至在一些重大利益面前会选择退避三舍，或失语，或集体缺位。

3. 交通事务社会化治理的结构性异化

近代系统科学为我们深刻揭示了"整体不等于部分之和"的事物发展规律，基于此，系统理论帮助我们建立起把握整体、处理各种具体复杂关系的思维方式。世界的复杂性特征实际上向我们昭示了其本质上的非线性特点，"整体和局部、未来和现在，不仅可能发生量的变化，还可能发生质的变化；且无论量的变化还是质的变化，都具有不确定性，常常同时具有多种变化的可能。"[1]但囿于主观与客观的限制，当前交通管理中的线性思维特征依然明显，社会化改革中的治理方式、组织职能以及法律规范的结构性问题在很大程度上制约了交通事务社会化治理的现实效果。

第一，交通事务社会化治理方式结构单一、僵化。在具体的治理方式上，交管部门仍习惯于传统的管制性行政措施，但这些粗放、被动的治理并没有有效解决交通拥堵、交通事故以及交通冲突等社会顽疾，而上海"运动式"的交通大整治也只能起到阶段性效果。也就是说，在治理方式的结构方面，现有的交通管理体系过度依赖行政管理手段而忽略了经济手段等社会化治理方法。所谓经济手段指的是交通管理机关顺应客观规律，通过对补助、税费等经济指标的调节，反向调整和统筹民众交通方式的行政手段。当前，交通治理方面的经济手段依然以回收道路建设成本（如高速通行费）和交通处罚为主，未能充分运用经济调节手段。与之相对，外国很多城市的交通管理改革为我们提供了更多的经验和启示，其中具有代表性

---

[1] 李习彬、李亚：《从线性思维到非线性思维——当代领导者需要实现的思维方式转变》，《软科学》2002 年第 1 期。

的举措有：根据道路交通实际情况，征收交通拥堵费以调节交通流；通过公共交通出行补助，调节不同交通出行方式的比例；配置不同区域的停车费水平，通过对静态交通的调节来影响整个区域的状况。上述实践经验表明，多元化的交通管理方法是优化交通管理、提升通行能力的重要渠道，然而我国无论在宏观管理理念方面还是在具体管理方式方面，仍然有诸多的调整和改进空间。

此外，在交通治理中，自上而下的"运动式"执法同时也是解决交通社会性问题的一项常见方式。如上所述，在当前社会权威型治理结构中，交通治理主要是依靠宏观统一的法律规范体系和官僚体系上下分治的结构来实现的，尽管横向的合作联系也有，但在内容、形式、实质效果上都不尽如人意。基于此，经常采用"运动式"执法实际上是回应交通社会性问题的无奈之举，也是在能够调动有效资源的条件下快速解决问题的一种便捷方式。也就是说，交通事务社会化治理过程中的"运动式"执法是一场短期内政府最大限度地动用自身资源，来对某些"久治不愈"的交通顽症进行的集中清理、整顿。疾风骤雨式的执法与治理运动虽然能够在一段时间内获得良好的效果，但很快又恢复平静，某些交通管理漏洞和交通陋习依然没能得到完全改变。实践中，为解决一直以来交通管理中面临的"中国式过马路""中国式开车""中国式拥堵"以及"中国式执法"等问题，交管部门集中开展了一系列社会化的专项治理活动，如交通安全社会化宣传教育和交通恶习的社会化整治活动，虽然这些措施在短时间内取得了良好的成效，但由于缺乏制度化、常态化的机制而并没有彻底消除这些问题。

第二，交通社会化治理体系和构架错位。当前我国社会道路交通的重要矛盾之一就是落后的交通管理手段无法适应公民日益增长的通行需求。近年来，我国道路交通管理工作以新型公共服务管理理念为指导实施改革，实现了公共服务产品供给主体多元化，其在一定程度上缓和了这一矛盾。并且，随着社会化交通管理改革的深化，社会团体、组织及个人等非政府主体在公共服务的实际工作中展现出越来越重要的作用，并促进了交通事务治理的不断进步与发展。社会化不断深入，政府主体与社会主体通过引导、协助、配合或合作的方式逐渐确立了公私伙伴的关系，不同的政府机构、社会组织、个人之间形成合作关系，逐渐交织成网状，形成当前交通事务社会化治理的新型网状格局。

尽管如此，日益多元化、网络化的交通事务治理工作与交通管理部门体系结构所固有的专业化、部门化特性之间同样存在严重矛盾。这一矛盾也没有随着交通管理社会化进程所展现出的多元化和网络化而消失。理论上，政府在设立部门时依据专业进行分工是有利于提高各部门处理相应事务的工作效率的，但实际上交通事务发展的形式是日趋复杂化的，而不同部门的工作范围是不同的，处理综合性事务时，各部门之间的沟通、合作不能及时跟进，专业化、部门化的设置反而会对政府的综合效能起到制约的作用。[1] 纵使新公共管理改革改变了原有的官本位层级式控制体系，并建立了绩效激励机制和公共服务市场化体系，但并未从根本上改变部门化、专业化的基础架构。此外，推动公共服务供给主体多元化固然是交通改革的主流趋势，但"解体＋竞争＋激励机制"这一模式所衍生的碎片化和空心化等问题也分散了主体部门的权威，整体上弱化了交通管理部门对社会的干涉力和调控力。尤其是在中国当前的管理体系中，交通管理各部门职权范围模糊，各自抱着"事不关己不劳心"的态度，只着眼于本部门职权范围内的事务而忽略协同合作。这种情况造成某些综合问题被割裂地处理，以至于在不断变化的社会环境中表现出"效率低、反应慢"的弊病。[2] 并且割裂地处理综合性问题也会造成主管部门不明确的事务被反复推脱，进而使一定区域内形成公权力缺位、市场失控，从而影响社会的持续发展。

第三，交通治理社会化过程中的法律体系结构不尽合理。20 世纪中期贝塔朗菲首先提出了系统论的理论构架，随后吸收融合托姆的突变论、哈肯的协同论等科学理论而不断完善，最后形成了具备独立内容、理论和方法的特色理论体系。[3] 经过实践的检验和完善，社会逐渐接纳和认可了这套理论，并将其不断运用到科学探索和生产实践中。系统论在中国化的过程中，吸收了法学元素和国内实践。1979 年，著名学者钱学森先生提

---

[1] 周雪光：《权威体制与有效治理：当代中国国家治理的制度逻辑》，《开放时代》2011年第 10 期。

[2] 李兵：《道路交通管理学》，安徽人民出版社，1993，第 79—82 页。

[3] 周雪光：《多重逻辑下的制度变迁：一个分析框架》，《中国社会科学》2010 年第 4 期。

出了社会主义法治系统工程的概念，即社会主义的法律体系需要包含整套法律、法规、法条，大到宪法小到部门法，形成一个完整、法治、严密的法律体系，即工程体系。[1] 本质上，各项法律法规和工作规范等组成的规范体系中所蕴含的是相关领域的体系构架，指导着相关个人的行为方式和相关机构的运行模式。随着新公共管理改革的深化，交通管理社会化领域在法律层面也有了《道路交通安全法》以及地方各级交通法规等一系列法律法规作为支撑。不过这些法律及规章并没有形成合理、严密的系统，不同规定之间依然存在大量的矛盾和冲突。

具体而言，首先，交通管理社会化的健康发展需要一个科学的、完善的、严密的法律法规体系作为支撑，尤其是基层配套规章制度需要得到进一步修改和完善。西方发达国家的发展经验显示，法律体系的建立一方面需要国家基本法作为指导和纲领，另一方面还需要配套的下位法来作为补充和具体落实。在中国的交通治理社会化领域，已经有了《道路交通安全法》作为上位法，然而长期以来具体的实施细则却未能跟进，这导致我国很多先进的法规和理念无法运用到实践中。譬如，国家法律明确指出交通安全的教育工作由相关的政府部门、单位和媒体共同承担。然而，具体的操作方式却没有得到立法保障，以至于在交通管理实际事务的处理过程中，既不能使政府主体和社会主体形成合力，也不能得到社会公众的广泛支持，从而使国家的法律规定仅停留在静态的理论层面。

其次，地方性法规不尽合理。由于道路交通管理的地域性强，《道路交通安全法》不可能极尽其详，必须靠地方性法规来细化。然而，国家立法机关虽然给予了地方针对具体问题的立法权，但大部分地区都没有行使，而某些行使了立法权的地区所制定的法规也不尽贴合实际，实用性不强，在此之中，交通事故社会救助基金的贯彻落实问题就是其典型代表。

最后，法律法规的滞后性严重。法律的社会地位决定了其修改和制定都有一定的滞后性，但滞后现象过于严重就会使法律丧失对社会的调整能力。因此，应当根据社会的发展和具体情况及时予以更新。纵观道路交通发展历程，交通管理改革遇到许多新情况、新问题，但由于法律法规修订

---

[1] 熊继宁：《法学理论的危机与方法的变革》，《社会科学》1996年第12期。

不及时，使得解决这些问题缺乏法律依据。这些新问题包括交通管理网格化的"虚化"、交通信用机制的异化以及交通违章社会化惩戒的缺位等。

4. 交通事务社会化治理的动态性缺失

系统论提出，所有的系统都会基于内部或外部的因素而处于运动状态，并且这种运动贯穿每一个系统的初生、成型、成长和变化的过程。[1] 在机动化社会快速发展、日新月异的时代，治理的动态性对交通管理而言至关重要。因为纵使初期通过科学的方法制定出合理的管理体系，但如果不能根据时代的变化并顾及交通系统本身的发展及时进行调整，原先的管理体系则会因为难以适应新型环境而对道路交通的发展造成阻碍。这种动态不仅包含治理形式上的动态，还包括思想、观念上的革新，以及快速反应、与时俱进的制度创新。总的来说，上海市交通事务社会化治理的动态性不足主要有以下表现：

一方面，动态治理不足。动态治理是指政府持续调整其公共政策以及改变政策的制定和实施方式，以实现治理目标。随着当前工业化、城镇化、机动化的快速发展，道路交通格局正在发生深刻变化，交通管理工作面临一系列新情况、新问题和新挑战。然而，面对变化的道路交通形势，我国交通事务治理的动态调整还存在以下问题：第一，在治理理念上，交通管理部门仍习惯于传统的粗放治理、被动治理，一些新生事物如共享单车、网约车、共享汽车和无人驾驶等问题没有得到有效及时治理，而运动式的严打也只能起到阶段性效果。第二，在治理方式上，城市交通管理勤务模式不适应现代城市管理需求，现场执法管理不到位；交通组织不精细，交通信号灯和标志标线不科学不规范，对道路时空资源的挖掘不充分；交通管理方式不科学，科技智能化手段应用不够，智能交通建设碎片化、低端化，大数据、云计算等先进技术尚未有效应用于城市交通指挥管理。

另一方面，源头治理不足。交通事务治理是从交通规划、道路建设到交通管理的全程动态过程，需要兼顾"末端管理"和"前端治理"。而上

---

[1] Alan Altshuler.The Urban Transportation System: politics and policy innovation[M]. Cambridge,Mass: MIT Press,1997:102.

海市对道路交通问题源头疏于治理，主要表现为：第一，交通管理部门仍习惯于事后治理，在问题发生后采用"救火"模式应急处置，对于道路风险监控预防的事前调查投入不足。这就使得一些原本可以避免的事故未能在发生严重后果前得到发现和处理，少数执法机关热衷于事后罚款，忽视预先防范。第二，在交通治理最前端的城市规划建设以及交通出行结构方面参与不足。城市交通规划、建设、管理之间不协调，前端规划建设对末端运行管理考虑不足，末端管理需求对前端规划建设反馈不够，交通治理前端与末端的脱节情况较为严重。

综上所述，交通管理的客体是由大量互相关联的个体构成的综合性整体。现代交通管理所追求的不是个体的出行利益最大化，而是实现体系内各类要素的和谐稳定，进而达成整体效能的最优化。现代交通管理的主要目标不是单纯的交通畅通、交通安全等，而是构建和谐、安全、有序的道路交通环境。现代交通管理的影响因素同样也不仅仅是出行车辆和道路状况等，而涵盖人、车、路和环境。因而，交通管理社会化改革，不仅需要现代化的交通工程技术和严格规范的道路交通执法，而且还需要社会各部门、各行业、各阶层的协同配合、通力合作。概而论之，无论解决交通管理社会化改革的开放性、结构性、整体性、动态性问题，还是解决交通管理系统中某个子系统的问题，都是一个系统工程，需要通过主体与客体、时间与空间、国家与社会、政府与市场高度整合，从社会资源协同的多维度共同发力，有效发挥多元主体共同治理道路交通事务的整体合力。

第三节　交通事务社会化治理的政策建议

随着当前工业化、城镇化、机动化的快速发展，我国的道路交通格局正在发生深刻变化，交通管理工作面临一系列新情况、新问题和新挑战。站在国家治理的高度来审视，可以说，道路交通事务直接关系整个城市治理体系和治理能力的现代化。综合前面的分析与研究，本文认为，要根据时代的特点和需要，大力推进交通事务治理社会化。一方面，要继续加强和完善各级党委和政府部门尤其是交通管理部门这一处理交通事务的主渠道，构建交通事务治理的党政主导责任体系；另一方面，要推进交通管理工作社会化，以形成党委领导、政府负责、有关部门协同配合、全社会通力合作的交通工作格局。

在推进交通事务社会化治理的具体路径中，必须将交通事务治理社会化置于国家治理这个宏大叙事背景下探讨，围绕一个中心，即交通事务治理体系和治理能力现代化展开。从这个意义上说，交通事务治理社会化较之交通工作社会化，其定位层次更高、内涵更深刻、意义更重。交通问题既是政治性、政策性的问题，也是社会问题和发展问题，最终要在全社会的范围内加以解决，道路交通问题社会化的视角则更加符合中国的国情。这种视角的切换，要求以社会化服务的模式取代传统自上而下行政管理的模式，用多元化、智慧化和协同性治理取代单一化、空心化和碎片化管理。实现交通事务治理社会化，应当着力构建多元联动协同治理的体制和机制。一是从治理体系和治理能力的角度看，交通事务治理社会化是把交通管理工作从政府"部门事务"转变为"公共事务与公共服务"，建立党政主导的多元主体跨界合作的新的治理体系，从而增强政府、市场和社会等多元主体合作治理交通事务的功效。二是从政府协同治理的角度看，我们不能单就交管部门来论及交通事务治理社会化。与国家给交管部门规定的职能相比，国家配给交管部门的实际资源相当有限，大量的交通管理或行政执法权限分散于政府其他各个部门。这种行政体制的条块分割和碎片化，使得交管部门可以通过社会化方式拓展自身的治理空间，深入社会各个领域挖掘和重新配置资源，建立起关于交通事务的社会联动协同机制，以实现政府善治的目标。三是从社会治理创新的角度看，网络化治理平台是政府公共服务供给与公众交通实际需求的"粘合剂"。从社会管理到社会治理、从网格化管理到网络化治理的演变，是大数据时代交通事务治理社会化的现实逻辑。

1. 元治理：党政主导的共同体化的交通事务治理体系

社会化不仅是交通治理工作开展的重要方式，也是将交通治理工作纳入国家治理体系的应然。申言之，交通管理社会化改革的基本理念，是推动由传统的政府单一治理模式向政府、私人部门、社会组织以及民众等多元主体协同联动、共治共享机制的转型。交通事务社会化治理模式，不是将交通治理工作简单地民间化，否则会引起不必要的顾虑以及"非政府"与"社会化"概念的混淆。在将私人部门、社会组织以及民众的资源和优势整合到社会化治理的合作框架后，需要明确多元主体之间的关系以及其在治理体系内所扮演的角色。若权责不分、定位不准，协同联动也就无从谈起，甚至会引发主体职能边界模糊、治理真空等一系列问题。综上所述，交通事务治理社会化必须精准把握多元主体的关系与定位，进而不断推进国家治理体系和治理能力现代化。

也就是说，国家治理视野中党政主导型治理的主体建设，要强化政府与其他主体合作治理公共事务的能力，发挥各级党政领导力量在社会治理共同体中"元治理"的作用。以政府为代表的国家力量在交通事务治理中处于主导地位，承担着城市交通基本公共服务供给和对政治性、政策性较强的交通事务管理的职能。强调治理的社会化，并不意味着政府可以"缺位"，相反要加强城市交通事务治理中的党政主导责任体系建设。政府只是城市交通事务治理主体中的一员，而不是唯一的主体，在城市交通工作中也不能包揽一切。据此，交通事务的社会化治理更要重视政府与市场、社会组织以及民众之间的协同合作。政府由传统的划桨者转变为掌舵者，在为交通事务社会化治理提供必要的基础支持前提下，释放市场力量和社会力量的活力，使其充分发挥效用，从而为交通参与者提供最为直接和精准的社会化服务。政府的这一角色转变，将有效推动全员参与的交通治理体系和治理能力现代化，但同时这也对政府的治理能力提出了更高要求。因而，在交通事务社会化治理过程中，政府不仅不能缺位，更要善于借力，有效整合多元主体的资源和力量，推动党政机关主导的交通共同体的构建和完善。

依据共同体的理念，任何共同体的构建都不是各组成部分的简单聚合，而是基于一定联系形成的对共同体各组成部分起维护和联合作用的体系，如同花托对莲子的维护和联合。[1]

由此可见，在交通共同体构建过程中，其成员的主动参与是先决条件，而构筑一定的交通共同体联系网络则是基础。若没有前者，后者则失去存在价值。若没有后者，前者则难以发展。只有两者共生，才能构建一个完整的共同体。因此，为促进交通事务治理从单中心向"元治理"转型，从平面性向立体性发展，从人工性向智能性升级，从割据性向联通性转变，应从以下几方面建立共同体化的交通事务治理大格局：

首先，交通治理的联通。若要在交通治理领域形成广泛的合力，达成对交通事务的协同共治，就必须实现交通治理的联通。治理联通所追求的并不是一种治理领衔所有治理，而是通过联通来协同联动，使各种治理都得以发挥效用，实现多元一体的协同共治局面。例如政府治理和社区自治之间的联通，不等于用政府治理代替社区治理，而是服务于大局，各自发挥效用。此外，在处理政府与社会、政府与市场之间的关系时，同样需要市场力量。如此一来，政府、社会和市场三方所构筑的治理体系联通起来，协同共治，所发挥的效用也会高于传统的政府单一治理。

其次，交通诉求的沟通。在交通共同体的构建过程中，形成政府与民众良性互动的重要前提就是社会公众的交通诉求得到合理表达，同时这些诉求能够获得政府及时、有效地回应。表达意见是单向的，而有效沟通是双向的。据此，不论城市还是乡镇，都应当开放政府平台以有效回应民众诉求，并形成长效机制。政府不仅需要构筑相应的民众咨询、沟通平台，更需要不断推进协商民主，最终形成表达诉求—及时回应—民主协商—科学决策的有效机制。

再次，交通服务的互通。交通事务社会化治理不仅要构筑最佳的交通服务体系，也要最大程度发挥交通协同共治体系的服务效用。要达到这样的公共服务水平，既要不断增强交通服务产品质量和普及交通服务供给，更要最大程度整合交通服务资源和实现优质交通资源共享。据此，应当加速推进交通公共服务的互通性，例如加强交通与城建、环保部门之间的互

---

[1] 余敏江：《从技术型治理到包容性治理——城镇化进程中社会治理创新的逻辑》，《理论探讨》2015年第1期。

通，加强交通信用信息的互通等，形成优质资源共享局面，最大程度惠及民众。

最后，交通数据的连通。信息化和物联化必然使交通治理体系产生大量有价值的数据，同时现代交通治理也需要信息大数据的支持。因此，交通数据的连通，不仅能够实现交通信息数据的众筹，还能够实现交通信息数据的实时共享，对交通治理体系的发展和完善具有重要意义。因此，应当从打破政府内部的信息壁垒做起，然后再打破政社之间、市场和社会之间以及社会组织之间的信息壁垒，从而促进交通治理智慧化的不断发展。

概而论之，上述四大贯通体系是互相促进、共同发展的。在交通管理社会化改革实践中，交通参与者形成不同层次的交通共同体，而这些交通共同体又反哺相关的交通参与者，这样各交通参与者既能够联合一体、协同共治，又能够在共同体内自由发展、充分发挥各自效用。

2. 参与式治理：交通事务多元协同联动机制

参与式治理，即政府主动变革，通过公开社会公共事务及政府公共决策，引导社会公民、社会组织等多元主体同政府一同参与社会治理、解决社会问题的制度和过程的总和。[1] 参与式治理作为交通事务治理体系的创新模式，在客观上对机动化进程中所产生的诸多交通诉求做出了有效回应，并为社会多元合作共治提供了可靠的制度性渠道和制度性保障。同时，参与式治理有利于构建公开、透明、高效、负责的公共环境，促进交通行政执法规范化，以及推进交通治理体系和治理能力现代化不断发展。

总体来看，社会组织、社会团体、企业、高校等社会主体的社会影响力和号召力逐渐增强，交通管理部门应该牢牢把握社会主体的这一优势，激发和调动其参与道路交通合作共治的积极性和主动性，在实际操作中不仅要运用常规行政手段，更要学习和发挥社会手段和市场手段，构建党政主导、多元参与的交通事务多元共治工作格局。

一是创建多元主体参与机制和平台。构建社会主体参与公共事务和公

---

[1] [美] 约翰·D. 多纳林、理查德·J. 泽克豪泽：《合作：激变时代的合作治理》，徐维译，中国政法大学出版社，2015，第 263—264 页。

共服务的制度性机制和平台是我国交通事务社会化治理由浅层联动迈入深层联动的必然。[1] 为此，交通管理部门要转变治理思维和观念，摒弃简单粗暴的命令式、维稳式、行政式的治理理念，积极建立同社会和公众合作式、协商式、对话式、民主式、伙伴式的治理理念。其次，交管部门还要主动进行职能变革和信息公开，将权力和信息赋予社会，为社会组织、社会团体、社会公众等社会主体切实参与交通治理工作开辟操作空间，为激发社会主体的交通参与热情铺平道路，为提升社会主体的交通参与能力打好基础。

二是创建多元主体沟通协商机制和平台。政府要强化多元沟通的规范性和有序性，将多元主体的沟通协商纳入制度化轨道，细化沟通规则，明确沟通流程，厘清协商范畴。要依靠制度性保障来确保多元协商的组织平台及网络化平台的搭建和完善，优化信息共享渠道，提升信息推送效率，确保多元主体之间沟通协商的便捷、透明和高效。

三是创建多元联动治理信任机制和平台。建立起多元主体之间的信任机制和平台，可以有效降低联动成本，提高联动效率，是我国交通事务社会化治理进行深层次治理的内在要求和重要保障。具体而言，要以交通信用体系为依托，完善交通参与人的交通信用档案和交通信息档案，依靠守信奖励、失信惩戒机制，不仅要使失信者受到制度性的惩戒和处罚，还要使多元交通主体时刻处于社会舆论、道德、名誉的约束之下。[2]

四是创建政府购买交通公共服务工作机制和交易平台。运用市场手段引入竞争机制，将交通治理中的事务性管理服务以有偿或无偿的方式让渡给社会，提高交通公共服务质量和效率。编制交管部门职能转移目录、交管部门服务购买目录及社会组织发展目录，并完善社会组织承接政府职能的相关配套政策和具体实施办法，更好地发挥社会主体和市场主体的作用，实现交通职能转变、公共服务购买、社会组织发展的常态化、有序化和制度化。政府通过合同、委托等方式向社会购买服务，将部分更适宜由市场和社会管理的交通公共事务交给企业和社会组织，推进政府体制改革，加

---

[1] 余敏江：《从技术型治理到包容性治理——城镇化进程中社会治理创新的逻辑》，《理论探讨》2015年第1期。

[2] [美]布鲁斯·施奈尔：《我们的信任》，徐小天译，机械工业出版社，2013，第98页。

快我国交通治理能力现代化进程。

3. 嵌入性治理：交通事务治理资源互嵌机制

以建构主义视角来看，嵌入性是国家治理能力现代化的重要特征之一。国家嵌入社会，是指国家通过发布路线、方针、政策、计划等政令对社会进行规制和引导的行为和过程，属于国家对社会的制度性介入过程。[1] 嵌入性治理使得社会在国家的引导下得到有效整合和重新组织，为社会构建全新的治理规则，并为政府政令畅通提供保障。然而，在实施嵌入的同时不能忽视对社会自治能力的提升，如若缺乏社会自治这一基础性能力作为保障，将导致社会组织运行的过度行政化和功能角色的边缘化，进而影响国家治理社会化改革的进程。因此，交通管理社会化改革要牢牢把握国家嵌入和社会自治的有机结合和平衡统一，一方面构建以嵌入性制度和组织为基础的交通事务社会化治理架构，建立起国家同社会之间的有效制度性链接；另一方面，以国家嵌入性力量为基础和载体，大力发展社会自治能力，完善社会自治机制，依靠国家嵌入的机制设定和制度安排，引导和鼓励社会组织及社会团体的自治性发展，促使国家嵌入和社会自治的良性互动和有机平衡，实现交通治理体系和治理能力现代化。

其一，交通治理的政府嵌入需要以自觉的有限性为嵌入基础。完成"全能政府"向"有限政府"的转型是国家治理能力现代化的内在要求，因此交通事务社会化治理也应注重政府嵌入的有限性。要主动转变和明晰基层交管职能，避免基层社会自治组织成为政府行政职能的延伸。申言之，在强化交通职能部门的协同工作层面，要将转变政府、社会关系和政府、市场关系作为转变交通管理职能的切入点和突破口，依照行政处罚、行政许可、行政确认、行政强制、行政征收、行政给付、行政裁决、行政补偿、行政奖励和行政监督检查等行政执法进行明确的职权划分，针对各交管职能部门要厘清权力清单，设立权力底线，明确权利界线和权力运行程序，整合、优化、合理配置各类社会治理资源，及时公开交通政务信息，畅通群众监管渠道。同时，在完善交通职能部门的制度层面，要扎紧制度笼子，

---

[1] 周黎安：《转型中的地方政府：官员激励与治理》，上海人民出版社，2008，第74页。

出台细化的交通事务治理准入目录，明确交通事务治理社会化的具体程序和标准，避免工作委派的主观性和随意性，为交通社会团体和社会组织的自治性和自主性发展提供良好外部环境和制度性保障。

其二，交通治理的政府嵌入需要同社会自治形成网络化链接。倘若政府嵌入无法与社会多元主体形成网络化链接，就势必无法形成有效互动和合作，政府与社会协同共治的社会化治理格局就更是无从谈起。[1] 加州大学的彼得·埃文斯教授认为，政府的嵌入是以跨越公私分割的链接为基础的，也正是这样的网络化链接才能成就政府与社会之间的协同合作。[2] 网络化链接的本质即，通过政府嵌入来打通政府与各类社会主体之间的多元化链接渠道，畅通沟通和协调路径，推动多元治理力量的协同合作。我国长久以来的科层体制使得政府在嵌入社会的过程中缺少必要的网络化链接作为基础支撑，这也导致交通事务治理实践中出现政府与社会无法共治的局面。因此，在推动交通事务社会化治理过程中，要加紧完善交管部门与多元社会力量之间的长效链接端口，形成网络化合作机制，确保其在交通治理实践中的有效连接和沟通合作。例如，强化并发挥基层交管组织在基层社会建设中的组织功能和整合功能，发挥其在交通诉求搜集、交通纠纷化解、交通安全宣传、部门关系协调、社情民意畅达等方面的优势，依靠基层交管组织这一链接平台和整合纽带，构建一个政府嵌入和社会自治更为协调、更为平衡的交通事务治理格局。

其三，交通治理的政府嵌入需要社会的自主性。自主性是指行为主体能够按照自身意愿自由表达意志、独立做出决定、自行推进行动的能力和状态。社会的自主性代表社会的自治能力和自治水平。因此，在推动交通事务社会化治理过程中，应探索和选择一种符合社会多元主体自主发展要求的政府嵌入方式。综合利用降低准入标准、项目委托招标、购买专业服务、专项政策支持、财政资金补贴、专业人才教育、资金筹集等措施手段，

---

[1] 张勇杰：《从多元主体到程序分工：公共服务供给网链化模式的生成逻辑》，《党政干部学刊》2015 年第 10 期。

[2] [美] 爱德华·格莱泽：《城市的胜利》，刘润泉译，上海社会科学出版社，2012，第 233—235 页。

支持、鼓励和引导交通社会组织稳步发展；以信息管理透明化、购买机制市场化、权力责任合同化、绩效测评常态化、群众监督便利化为导向，建立健全社会组织在交通公共服务供给中的准入退出机制；出台提升交通社会组织适应性的专项服务质量监督管理办法，建立规范的交通社会组织服务保障和供给标准，完善交通社会组织的自我监督和自我完善机制；制定交通社会组织接受第三方专业测评机构审查的实施细则，以专业化审核、追踪式检查和透明化测评，确保竞争激励机制的公平、公正和公开；完善公众监督、舆论监督、审计监督、组织监督、法律监督等监督形式，以政府嵌入为载体培育和促进交通社会组织的自主发展。

结合当前我国交通治理实践，要想进一步深化交通事务社会化治理，需要深度挖掘三类资源，即交通事务管理资源、交通事务自治资源和交通事务共治资源，并将这三类资源相互嵌入、整合，缩减权力层级、明晰职能、完善准入制度，从制度、结构、责任等多维度同时发力，形成政府"管治"、社会"自治"、多元"共治"的交通事务社会化治理新格局。

4. 网络化治理：交通事务线上线下协同共治机制

所谓网络化治理，又称网络治理或网络管理，其实质就是对合作网络的管理，即为了增进民众福祉和扩大公共利益，政府部门与私人部门、社会部门以及公民等非政府部门进行协同联动，在治理体系内分享公共权力，共同治理公共事务的过程。[1] 据此，构筑多元主体协同联动、共享共治机制是避免碎片化治理的不二之选。实际上，在交通领域发展网络化治理，既能够为公众供给优质的交通公共服务，也能够充分地发挥社会化治理的效用。申言之，其一，政府应当从提高公众参与度和拓展网格服务项目两方面入手，进一步完善交通公共事务网格化治理机制。通过树立目标、创建团队、明确职责、规范运行、信息共享等方法，统筹管理与服务，进一步提升民众的交通公共事务满意度。其二，要在当前的智能大数据背景下，推进交通公共事务与互联网高度融合，使交通治理工作能够最大程度运用科技力量，促进交通事务治理由网格化管理向网络化治理转型。这要求实

---

[1] 陈振明：《公共管理学》，中国人民大学出版社，2003，第87页。

现价值理性与工具理性的高度契合，积极运用"智能交通""互联网＋交通治理"等创新理念，将网格化体系的现实治理与以智能终端为单元的"互联网＋治理"深度融合，构筑线上与线下协同共治的交通公共事务网络化治理体系。

具体而言，现代信息技术的发展是网格化治理得以运行的基础，而网格化治理主要在基层交通事务工作中开展，所以其拥有海量的交通基础数据。丰富的交通基础数据是极有价值的行政资源，应当通过信息大数据技术挖掘其潜能，使交通基础数据服务于交通治理体系和公共服务供给系统。据此，构筑智慧交通管理网络体系应以交通大数据库的构建为基础。一方面，应当统筹全局，统一规划决策，达成协同合作和数据共享。要充分运用交通网格系统，提高交通网格管理员的业务能力，有效采集交通基础数据。要构筑交通大数据库，将其作为交通治理工作的数据来源。此外，应在地市级层次构建云计算中心，将地区内所有网格管理员纳入系统，实现人员同时在线和数据实时录入。云计算中心系统也应当实时更新，使基层交通问题得以有效解决。另一方面，运用云计算技术从顶层充分盘活交通数据资源，在地市级层次构筑统一的网格化交通治理信息系统，使该信息系统具备政务平台功能和社会化服务中心功能。将网格化治理系统作为交通管理部门的政务平台，通过四级联动、数据实时共享等方式，协同共治网格内交通事务，从而提升交通治理能力，最终实现协同共治型交通治理机制；将交通公共资源和出行交通信息等数据联入网格地图，方便民众的一站式查询，实现社会服务功能；此外，通过主动推送、科学预测等功能，完成交通治理从被动响应型管理向主动介入型服务的转变。[1] 同时，对于突发性交通事务，例如事故救援、交通抢修等，可以利用网格化交通治理信息系统构建交通应急救援平台，确保交通救援活动顺利开展，构建人性化、智能化的交通公共服务体系。

概而论之，从网格化管理到网络化治理的转型，是完善交通治理机制、提高交通事务社会化治理水平和顺应现代汽车社会发展的必经途径。从网格化管理到网络化治理的转型，并非简单的技术升级，而是实现从"管理"

---

[1] 葛官法：《智慧社区与政务大数据》，《建设信息》2015 年第 3 期。

到"服务"的交通治理理念转变，从"单一"到"多元"的权利运行机制转变，从"维持秩序"到"满足需求"的交通治理目标转变，从"管理机构"到"共治平台"的治理功能转变，从"碎片化管理"到"协同共治"的治理机制转变的五维综合性提高。同时，应树立服务型治理理念，创新智慧交通服务方式，形成多元治理主体协同共治的新局面。

结论

随着当前工业化、城镇化、机动化的快速发展，我国的道路交通格局也在发生深刻变化，交通管理工作面临一系列新情况、新问题和新挑战。站在国家治理的高度来审视，可以说，道路交通事务直接关系整个城市治理体系和治理能力的现代化。综合前面的分析与研究，本文认为，要根据时代的特点和需要，大力推进交通事务治理社会化。一方面，要继续加强和完善各级党委和政府部门尤其是交通管理部门这一处理交通事务的主渠道，构建交通事务治理的党政主导责任体系；另一方面，要从整体性治理理论的各个维度协同发力，不断化解制度规范间的阻隔，使自上而下与自下而上的纵向层级和横向部门之间保持贯通，形成互联、互动、互利共赢的格局，有效发挥多元主体共同治理道路交通事务的整体合力。

申言之，面对新时代的各种交通问题，应发挥各级党政领导力量"元治理"的作用，推进党政主导的共同体化交通事务治理体系的构建；强化"参与式治理"，推动交通事务多元协同联动机制的构建；引入"嵌入性治理"，推动交通事务治理资源互嵌机制的构建；优化"网络化治理"，推进交通事务线上线下协同共治机制的构建。

1. "元治理"：党政主导的共同体化的交通事务治理体系

社会化不仅是开展交通治理工作的重要方式，也是将交通治理工作纳入国家治理体系的必然。申言之，交通管理社会化改革的基本理念，是推动传统的政府单一治理模式向政府、私人部门、社会组织以及民众等多元主体协同联动、共治共享机制的转型。交通事务社会化治理模式，不是将交通治理工作简单地民间化，否则会引起不必要的顾虑以及"非政府"与社会化概念的混淆。在将私人部门、社会组织以及民众的资源和优势整合到社会化治理的合作框架后，需要明确多元主体的关系以及其在治理体系内所扮演的角色。若权责不分、定位不准，协同联动也就无从谈起，甚至会引发主体职能边界模糊、治理真空等一系列问题。综上所述，交通事务治理社会化必须精准把握多元主体的关系与定位，进而不断推进国家治理体系和治理能力现代化。

也就是说，国家治理视野中党政主导型治理的主体建设，要强化政府与其他主体合作治理公共事务的能力，发挥各级党政领导力量在社会治理共同体中"元治理"的作用。以政府为代表的国家力量在交通事务治理中处于主导地位，承担着供给交通基本公共服务和管理政治性、政策性交通事务的职能。强调治理的社会化，并不意味着政府可以"缺位"，而是要加强交通事务治理中的党政主导责任体系建设。政府只是交通事务治理主体中的一员，而不是唯一的主体，在交通工作中也不能包揽一切。据此，交通事务的社会化治理更要重视政府与市场、社会组织以及民众之间的协同合作。政府由传统的划桨者转变为掌舵者，为交通事务社会化治理提供必要的基础支持，释放市场力量和社会力量的活力，使其充分发挥效用，从而为交通参与者提供最为直接和精准的社会化服务。政府的这一角色转变，将有效推动全员参与的交通治理体系和治理能力现代化，但同时也对政府的治理能力提出了更高要求。因而，在交通事务社会化治理过程中，政府不仅不能缺位，更要善于借力，有效整合多元主体的资源和力量，推动党政机关主导的交通共同体的构建和完善。

依据共同体的理念，任何共同体都不是各组成部分的简单聚合，而是基于一定联系形成的对共同体各组成部分起维护和联合作用的体系，如同花托对莲子的维护和联合。[1]

---

[1] 余敏江：《从技术型治理到包容性治理——城镇化进程中社会治理创新的逻辑》，《理论探讨》2015 年第 1 期。

由此可见，在交通共同体构建过程中，其成员的主动参与是先决条件，而构筑一定的交通共同体联系网络则是基础。若没有前者，后者则失去存在价值。若没有后者，前者则难以发展。只有两者共生，才能构建一个完整的共同体。因此，为促进交通事务治理从单中心向"元治理"转型，从平面性向立体性发展，从人工性向智能性升级，从割据性向联通性转变，应从以下几方面建立共同体化的交通事务治理大格局：

首先，交通治理的联通。若要在交通治理领域形成广泛的合力，达成对交通事务的协同共治，就必须实现交通治理的联通。治理联通所追求的并不是一种治理领衔所有治理，而是通过联通来协同联动，使各种治理都发挥效用，实现多元一体的协同共治局面。同时，在处理政府与社会、政府与市场之间的关系时，同样需要市场力量。如此一来，政府、社会和市场三方力量所构筑的治理体系联通起来，协同共治，所发挥的效用也会高于传统的政府单一治理。

其次，交通诉求的沟通。在交通共同体的构建过程中，形成政府与民众良性互动的重要前提就是社会公众的交通诉求得到合理表达，同时这些诉求能够获得政府及时、有效回应。表达意见是单向的，但有效沟通是双向的。据此，不论城市还是乡镇，都应当开放政府平台以有效回应交通诉求，并形成长效机制。交通管理部门不仅需要构筑相应的民众咨询、沟通平台，更需要不断推进协商民主，最终形成表达诉求—及时回应—民主协商—科学决策的有效机制。

再次，交通服务的互通。交通事务社会化治理不仅要构筑最佳的交通服务体系，也要最大程度发挥交通协同共治体系的服务效用。要达到这样的公共服务水平，既要不断增强交通服务产品质量和普及交通服务供给，更要最大程度整合交通服务资源和实现优质交通资源共享。据此，应当加速推进交通公共服务的互通性，例如加强交通与城建、环保部门的互通，加强交通信用信息的互通等，使交通互通形成的优质资源共享局面惠及民众。

最后，交通数据的连通。信息化和物联化必定使交通治理体系产生大量有价值的数据信息，同时现代交通治理也需要信息大数据的支持。因此，交通数据的连通，不仅能够实现交通信息数据的众筹，还能够实现交通信息数据的实时共享，对交通治理体系的发展和完善具有重要意义。因此，应当从打破政府内部的信息壁垒做起，然后再打破政社之间、市场和社会之间以及社会组织之间的信息壁垒，从而促进交通治理智慧化的不断发展。

概而论之，上述四大贯通体系是互相促进、共同发展的。在交通管理社会化改革实践中，交通参与者形成不同层次的交通共同体，而这些交通共同体同时又反哺相关的交通参与者，这样各交通主体就既能够联合一体、协同共治，又能够在共同体内自由发展、充分发挥各自效用。

2. 参与式治理：交通事务多元协同联动机制

参与式治理模式是指在行政主体的自我革新过程中，通过采取公共事务以及政府决策的公开方式，引导企业、社会组织和民众等多元主体与政府部门协同共治，解决社会问题的制度过程。参与式治理作为交通事务治理体系中的创新模式，在客观上对机动化进程中所产生的诸多交通诉求做出了有效回应，并为社会多元合作共治提供了可靠的制度渠道和机制保障。同时，参与式治理能够有效推进高效透明行政环境的构建，推进交通事务执法规范化的建设以及交通治理体系和交通治理能力现代化的发展。

概括而言，随着时代的发展和环境的变迁，我国的企业、社会组织以及高校等社会力量的影响力不断扩大。在细化的行政治理过程中，交管部门应统筹行政机制、市场机制和社会机制，构筑以政府为主导、多元主体协同共治的新型交通事务治理机制，最终达成对这一趋势的充分利用，同时实现对多元社会主体参与治理积极性的有效调动和激发。

首先，应当构建多元治理主体的合作平台和参与机制。一方面，交管部门应继续完善信息公开和职能改革工作，简政放权，充分调动企业、社会组织以及高校参与交通治理的积极性，释放社会力量的活力，提升多元社会主体的参与能力。另一方面，交管部门应从根本上转变交通事务治理观念，即完成由传统的管制型、粗放式、命令式的治理理念向协同式、民主式、对话式的治理理念的转变。总而言之，构建多元治理主体的合作平台和参与机制是交通管理社会化改革由浅及深的要求。

其次，应当构建多元交通主体协同共治的信任平台和征信机制。要依靠交通征信体系，为所有交通参与者建立交通征信档案；要依托交通信用奖惩机制，形成不能失信、不敢失信、不想失信的良好社会风气。可以说，透明的信任平台和完善的征信机制，能够提高协同效率，显著减少多元联动成本，是交通管理社会化改革的基本保障和必然要求。

再次，应当构建多元治理主体的协商平台和对话机制。政府应当以制度为支撑，依托制度保障来完善多元交通治理主体对话机制以及协商平台，提升信息共享速度，拓宽信息源，保证多元交通治理主体之间的对话高效且便捷。在细化的交通治理过程中，应确保在制度的保障下实现多元交通治理主体的协商对话机制，划定协商范围，厘清对话流程，牢牢把握全面强化多元交通治理主体的有序性及规范性的基本要求。

最后，创建政府购买交通公共服务工作机制和交易平台。运用市场手段引入竞争机制，将交通治理中的事务性管理服务以有偿或无偿的方式让渡给社会，提高交通公共服务质量和效率。编制交管部门职能转移目录、交管部门服务购买目录及社会组织发展目录，并完善社会组织承接政府职能的相关配套政策和具体实施办法，更好地发挥社会主体和市场主体的作用，实现交通职能转变、公共服务购买以及社会组织发展的常态化、有序化和制度化。政府应通过合同、委托等方式向社会购买服务，将部分更适宜由市场和社会管理的交通公共事务交给企业和社会组织，推进政府体制改革，加快我国交通治理能力现代化进程。

3. 嵌入性治理：交通事务治理资源互嵌机制

以建构主义视角来看，嵌入性是国家治理能力现代化的重要特征之一。国家嵌入社会，是指国家通过发布路线、方针、政策、计划等对社会进行规制和引导的行为和过程，属于国家对社会的制度性介入过程。[1] 嵌入性治理使得社会在国家的引导下得到有效整合和重新组织，为社会构建全新的治理规则，并为政府政令畅通提供保障。然而，在实施嵌入的同时不能忽视对社会自治能力的提升，如若缺乏社会自治这一基础能力作为保障，必将导致社会组织运行的过度行政化和功能角色的边缘化，进而影响国家治理社会化改革的进程。因此，交通管理社会化改革要牢牢把握国家嵌入和社会自治的有机结合和平衡统一，一方面构建以嵌入性制度和组织

---

[1] 周黎安：《转型中的地方政府：官员激励与治理》，上海人民出版社，2008，第74页。

为基础的交通事务社会化治理架构，建立国家同社会之间的有效制度性链接；另一方面，以国家嵌入性力量为基础和载体，大力发展社会自治能力，完善社会自治机制，依靠国家嵌入的机制设定和制度安排，引导和鼓励社会组织及社会团体的自治性发展，促使国家嵌入和社会自治的良性互动和有机平衡，实现交通治理体系和治理能力现代化。

其一，交通治理的政府嵌入需要以自觉的有限性为基础。"全能政府"向"有限政府"的转型是国家治理能力现代化的内在要求，因此交通事务社会化治理应注重政府嵌入的有限性，即主动转变和明晰基层交管职能，避免基层社会自治组织成为政府行政职能的延伸。申言之，在强化交通职能部门协同工作的层面，要将转变政府、社会关系和政府、市场关系作为转变交通管理职能的切入点和突破口，依照行政处罚、行政许可、行政确认、行政强制、行政征收、行政给付、行政裁决、行政补偿、行政奖励和行政监督检查等行政执法类别进行明确的职权划分，针对各交管职能部门要厘清权力清单，设立权力底线，明确权利界线和权力运行程序，整合、优化、合理配置各类社会治理资源，及时公开交通政务信息，畅通群众监管渠道。同时，在完善交通职能部门的制度层面，要扎紧制度笼子，出台细化的交通事务治理准入目录，明确交通事务治理社会化过程的具体程序和标准，避免工作委派的主观性和随意性，为交通社会团体和社会组织的自治性和自主性发展提供良好的外部环境和制度保障。

其二，交通治理的政府嵌入需要同社会自治形成网络化链接。倘若政府嵌入无法与社会多元主体形成网络化链接，则势必无法形成有效互动和合作，政府与社会协同共治的社会化治理格局就更无从谈起。加州大学的彼得·埃文斯教授认为，政府的嵌入是以跨越公私分割的链接为基础的，也正是这样的网络化链接才能成就政府与社会的协同合作。[1]网络化链接的本质即，通过政府嵌入的过程来打通政府与各类社会主体之间的多元化链接渠道，畅通沟通和协调路径，推动多元治理力量协同合作。我国长久以来的科层体制使得政府在嵌入社会的过程中缺少必要的网络化链接作为

---

[1] [美] 爱德华·格莱泽：《城市的胜利》，刘润泉译，上海社会科学出版社，2012，第233—235 页。

基础支撑，这也导致交通事务治理实践中出现政府与社会无法共治的局面。因此，在推动交通事务社会化治理过程中，要加紧完善交管部门与多元社会力量之间的长效链接端口，形成网络化合作机制，确保有效连接和沟通合作。例如，强化并发挥基层交管组织在基层社会建设中的组织功能和整合功能，发挥其在交通诉求搜集、交通纠纷化解、交通安全宣传、部门关系协调、社情民意畅达等方面的优势，依靠基层交管组织这一链接平台和整合纽带，构建一个政府嵌入和社会自治更为协调、更为平衡的交通事务治理格局。

其三，交通治理的政府嵌入需要提高社会的自主性。自主性是指行为主体能够按照自身意愿自由表达意志、独立做出决定、自行推进行动的能力和状态。社会的自主性代表社会的自治能力和自治水平。因此，在交通事务社会化治理中，应探索和选择一种符合社会多元主体自主性发展要求的政府嵌入方式。比如，综合利用降低准入标准、项目委托招标、购买专业服务、专项政策支持、财政资金补贴、专业人才教育、资金筹集等手段，支持、鼓励和引导交通社会组织稳步发展；以信息管理透明化、购买机制市场化、权力责任合同化、绩效测评常态化、群众监督便利化为导向，建立健全社会组织在交通公共服务供给中的准入退出机制；出台提升交通社会组织适应性的专项服务质量监督管理办法，建立规范的交通社会组织服务保障和供给标准，完善交通社会组织的自我监督和自我完善机制；制定交通社会组织接受第三方专业测评机构审查的实施细则，以专业化审核、追踪式检查和透明化测评，确保竞争激励机制的公平、公正和公开；完善公众监督、舆论监督、审计监督、组织监督、法律监督等监督形式，以政府嵌入为载体培育和促进交通社会组织的自主发展。

结合我国交通治理实践和现状，要想进一步深化交通事务社会化治理，需要深度挖掘三类资源，即交通事务管理资源、交通事务自治资源和交通事务共治资源，并将这三类资源相互嵌入、整合，缩减权力层级，明晰职能责任，完善准入制度，从制度、结构、责任等多维度同时发力，形成政府"管治"、社会"自治"、多元"共治"的交通事务社会化治理新格局。

4. 网络化治理：交通事务线上线下协同共治机制

所谓网络化治理，又称网络治理或网络管理，其实质就是对合作网络的管理，即为了增进民众福祉和扩大公共利益，政府部门与私人部门、社会部门以及公民等非政府部门进行协同联动，在治理体系内分享公共权力，共同治理公共事务的过程。[1] 据此，构筑多元主体协同联动、共享共治机制是避免碎片化治理的必然选择。实际上，网络化治理在交通领域的发展，既能够为公众供给优质的交通公共服务，也能够充分地发挥社会化治理的效用。申言之，其一，政府应当从提高公众参与度和拓展网格服务项目两方面入手，进一步完善交通公共事务网格化治理机制，通过树立目标、创建团队、明确职责、规范运行、信息共享等方法，统筹管理与服务，进一步提升民众的交通公共事务满意度。其二，要在当前的智能大数据背景下，推进交通公共事务与互联网的高度融合，使交通治理工作能够最大程度运用科技力量，促进交通事务治理由网格化管理向网络化治理转型。这就要求价值理性与工具理性高度契合，积极运用"智能交通""互联网＋交通治理"等创新理念，将网格化治理体系与以智能终端为单元的"互联网＋治理"深度融合，构筑线上与线下协同共治的交通公共事务网络化治理体系。

具体而言，丰富的交通基础数据是极有价值的行政资源，应当通过信息大数据技术挖掘其潜能，使交通基础数据服务于交通治理体系和公共服务供给系统。据此，构筑智慧交通管理网络体系应以交通大数据库的构建为基础。一方面，应当统筹全局，统一规划决策，达成协同合作和数据共享。应充分运用交通网格系统，提高交通网格管理员的业务能力，有效采集交通基础数据。应构筑交通大数据库，将其作为交通治理工作的数据来源。此外，应在地市级层次构建云计算中心，将地区内所有网格管理员纳入系统，实现人员同时在线和数据实时录入。云计算中心系统也应当实时更新，使基层交通问题得到有效解决。另一方面，应当运用云计算技术从顶层充分盘活交通数据资源，在地市级层次构筑统一的网格化交通治理信息系统，使该信息系统集成政务平台功能和社会化服务中心功能。具体而

---

[1] 陈振明：《公共管理学》，中国人民大学出版社，2003，第87页。

言，要将网格化治理系统作为交通管理部门的政务平台，通过四级联动、数据实时共享等方式，协同共治网格内交通事务，从而提升交通治理能力，最终实现协同共治型交通治理机制；将交通公共资源和出行交通信息等数据集成到网格地图，方便民众一站式查询，实现社会服务功能；此外，通过主动推送、科学预测等功能，促进交通治理从被动响应型管理向主动介入型服务的转变。同时，对于突发性的交通事务，例如事故救援、交通抢修等，可以利用网格化交通治理信息系统构建交通应急救援平台，确保交通救援活动顺利开展，构建人性化、智能化的交通公共服务体系。

从网格化管理到网络化治理的转型，是完善交通治理机制、提高交通事务社会化治理水平和顺应现代汽车社会发展的必经途径。从网格化管理到网络化治理的转型，并非简单的技术升级，而是从"管理"到"服务"的交通治理理念转变，从"单一"到"多元"的权利运行机制转变，从"维持秩序"到"满足需求"的交通治理目标转变，从"管理机构"到"共治平台"的治理功能转变，从"碎片化管理"到"协同共治"的治理机制转变的五维综合性提高。同时，应树立服务型治理理念，创新智慧交通服务方式，形成多元治理主体协同共治的新局面。

概括而言，在推进交通事务社会化治理的具体过程中，必须将交通事务治理社会化置于国家治理这个宏大叙事背景下探讨，围绕一个中心，即交通事务治理体系和治理能力现代化展开。从这个意义上说，交通事务治理社会化较之交通工作社会化，其定位更高、内涵更深刻、意义更重大。交通问题既是政治性、政策性的问题，也是社会问题和发展问题，最终要在全社会的范围内加以解决，因而，道路交通问题社会化的视角更加符合中国的国情。这种视角的切换，要求以社会化服务的模式取代传统自上而下行政管理的模式，用多元化、智慧化和协同性治理取代单一化、空心化和碎片化管理。实现交通事务治理社会化，应当着力构建多元联动协同治理的体制和机制。一是从治理体系和治理能力的角度看，交通事务治理社会化是把交通管理工作从政府"部门事务"转变为"公共事务与公共服务"，建立党政主导的多元主体跨界合作的治理体系，从而增强政府、市场和社会等多元主体合作治理交通事务的功效。二是从政府协同治理的角度看，我们不能单就交管部门来论交通事务治理社会化。与国家给交管部门规定的职能相比,国家配给交管部门的实际资源相当有限,大量的交通管理或行政执法权限分散于政府其他部门。这种行政体制的条块分割和碎片化,使得交管部门可以通过社会化方式拓展自身的治理空间,深入社会各个领域挖掘和重新配置资源,建立起关于交通事务的社会联动协同机制,以实现政府善治的目标。三是从社会治理创新的角度看,网络化治理平台是政府公共服务供给与公众交通实际需求的"黏合剂"。从社会管理到社会治理、从网格化管理到网络化治理的演变,是大数据时代交通事务治理社会化的现实逻辑。

参考文献

（一）著作

[1] 俞可平 . 权利政治与公益政治 [M]. 北京：社会科学文献出版社，2003.

[2] 杨钧，李江平，王京 . 道路交通科学管理概论 [M]. 北京：中国人民公安大学出版社，2008.

[3] 陈振明 . 政府工具导论 [M]. 北京：北京大学出版社，2009.

[4] 李军鹏 . 公共服务学 —— 政府公共服务的理论与实践 [M]. 北京：国家行政学院出版社，2007.

[5] 张光，魏永忠 . 公安管理学理论研究综述 [M]. 北京：中国人民公安大学出版社，2013.

[6] 方振邦 . 战略性绩效管理（第四版）[M]. 北京：中国人民大学出版社，2014.

[7] 孙柏瑛 . 当代地方治理 [M]. 北京：中国人民大学出版社，2004.

[8] 曹英 . 公安学：基本理论与中国视角 [M]. 北京：中国人民公安大学出版社，2015.

[9] 丁煌 . 西方行政学说史 [M]. 武汉：武汉大学出版社，2004.

[10] 陈天祥 . 新公共管理 —— 政府再造的理论与实践 [M]. 北京：中国人民大学出版社，2007.

[11] 张成福，党秀云.公共管理学 [M].北京：中国人民大学出版社，2001.

[12] 钱小鸿，史其信.智慧交通 [M].北京：清华大学出版社，2011.

[13] 张康之.寻找公共行政的伦理视角 [M]北京：中国人民大学出版社.2002:
87.

[14] 俞可平.治理与善治 [M].北京：社会科学文献出版社，2000.

[15] 石亚军.中国行政管理体制实证研究 —— 问卷调查数据分析 [M].北京：
中国政法大学出版社，2010.

[16] 翟润平.交通管理理论与技术研究综述 [M].北京：中国人民公安大学出
版社，2013.

[17] 管满泉，刘建华，王志华.道路交通秩序管理教程 [M].北京：中国人民
公安大学出版社，2013.

[18] 竺乾威.公共行政理论 [M].上海：复旦大学出版社，2008.

[19] 公安部交通管理局.交通管理工作调研报告选编 [M].北京：中国人民公
安大学出版社，2012.

[20] 公安部交通管理局.公安交通管理工作调研论文选编 [M].北京：中国人
民公安大学出版社，2009.

[21] 朱旭东.现代国家与公安创新 [M].北京：中国人民公安大学出版社，
2008.

[22] 王光.公安工作评价的技术与方法 [M].北京：中国人民公安大学出版社，
2009.

[23] 陈艳艳，刘小明，陈金川.城市交通需求管理及应用 [M].北京：人民交
通出版社，2009.

[24] 丁立民.道路交通管理理论与实践 [M].北京：中国人民公安大学出版社，
2002.

[25] 蒋水良.城市道路交通管理实践与探索 [M].北京：中国人民公安大学出
版社，2008.

[26] 刘厚金.我国政府转型中的公共服务 [M].北京：中央编译出版社，2008.

[27] 梁漱溟.中国文化要义 [M].上海：上海人民出版社.2005.

[28] 李江，等.现代道路交通管理 [M].北京：人民交通出版社，2000.

[29] 过秀成.道路交通安全学 [M].南京：东南大学出版社，2011.

[30] 陆峰，金治富 . 道路交通管理学教程 [M]. 北京：中国人民公安大学出版社，2001.

[31] 翟润平，周彤梅 . 道路交通控制原理及应用 [M]. 北京：中国人民公安大学出版社，2002.

[32] 孙明贵 . 交通经济学 [M]. 北京：中国物资出版社 ,1997.

[33] 徐晓慧，管满泉 . 道路交通管理 [M]. 北京：高等教育出版社 ,2007.

[34] 翟忠民 . 道路交通组织优化 [M]. 北京：人民交通出版社 ,2004.

[35] 李旭宏 . 道路交通规划 [M]. 南京：东南大学出版社，1997.

[36] 黄民，张建平 . 国外交通运输发展战略及启示 [M]. 北京：中国经济出版社 2007.

[37] 路峰，金治富 . 新编道路交通管理学 [M]. 北京：中国人民公安大学出版社，2002.

[38] 李兵 . 道路交通管理学 [M]. 合肥：安徽人民出版社，2001.

[39] 谷中原 . 交通社会学 [M]. 北京：民族出版社，2002.

[40] 公安部教材编审委员会 . 道路交通管理 [M]. 北京：群众出版社，2000.

[41] 罗泽涛 . 中国城市交通问题研究 [M]. 北京：中国科学技术出版社，2000.

[42] 丁立民 . 道路交通管理 [M]. 北京：警官教育出版社，1999.

[43] 汤三红 . 道路交通管理教程 [M]. 北京：中国人民公安大学出版社，2005.

[44] 刘南，陈达强 . 城市道路拥挤定价理论、模型与实践 [M]. 北京：科学出版社，2009.

[45] 董国良，张亦周 . 畅通城市论 [M]. 北京：中国建筑工业出版社，2005.

[46] 清华大学 " 城市可持续交通课题组 ". 中国城市可持续交通：问题、挑战与实现途径 [M]. 北京：中国铁道出版社，2007.

[47] 蒋秉洁，李江平 . 安全与畅通：2004 北京国际智能交通论坛 [M]. 北京：中国人民公安大学出版社，2004.

[48] 王炜 . 城市交通管理规划指南 [M]. 北京：人民交通出版社，2003.

[49] 汤三红，程志凯，胡大鹤 . 道路交通管理概论 [M]. 北京：中国人民公安大学出版社，2005.

[50] 安实，王健，徐亚国 . 城市智能交通管理技术与应用 [M]. 北京：科学出版社，2005.

[51] 惠生武 . 公安交通管理学 [M]. 北京：中国政法大学出版社，2006.

[52] 中国城市规划设计研究院 . 中国城市交通发展报告 [M]. 北京：中国建筑工业出版社，2009.

[53] 许循初 . 城市道路与交通规划 [M]. 北京：中国建筑工业出版社，2005.

[54] 张小宁 . 交通网络拥挤收费原理 [M]. 合肥：合肥工业大学出版社，2009.

[55] 刘镇阳 . 城市智能公共交通系统 [M]. 北京：中国铁道出版社，2005.

[56][美] 杰拉尔德·温伯格 . 系统化思维导论 [M]. 王海鹏，译 . 北京：人民邮电出版社，2015.

[57][法] 让 - 皮埃尔·戈丹 . 何谓治理 [M]. 钟震宇，译 . 北京：社会科学文献出版社，2010.

[58][美] 曼纽尔·卡斯特 . 网络社会的崛起 [M]. 夏铸九、王志弘，等，译 . 北京：社会科学文献出版社，2006.

[59][美] 文森特·奥斯特罗姆 . 美国公共行政的思想危机 [M]. 毛寿龙，译 . 北京：生活·读书·新知三联书店 .1999.

[60][美] 罗恩·阿什克纳斯，迪夫·乌里奇，等 . 无边界组织（第 2 版）[M]. 姜文波，译 . 北京：机械工业出版社，2005.

[61][美] 保罗·E. 彼得森 . 城市极限 [M]. 罗思东，译 . 上海：格致出版社，2012.

[62][美] 埃莉诺·奥斯特罗姆 . 公共事物的治理之道：集体行动制度的演进 [M]. 陈旭东，译 . 上海：上海译文出版社，2000.

[63][美]Donal F.Kettl. 有效政府——全球公共管理革命 [M]. 张怡，译 . 上海：上海交通大学出版社，2005.

[64][美] 安东尼·唐斯 . 官僚制内幕 [M]. 郭小聪，等，译 . 北京：中国人民大学出版社，2006.

[65][美] 巴伯 . 科学与社会秩序 [M]. 顾昕，等，译 . 北京：生活·读书·新知三联书店，1991.

[66][美] 詹姆斯·M· 布坎南 . 自由、市场和国家——20 世纪 80 年代的政治经济学 [M]. 吴良健，等，译 . 北京：北京经济学院出版社，1998.

[67][美] 罗伯特·阿克塞尔罗德 . 合作的复杂性：基于参与者竞争与合作的模型 [M]. 梁捷，等，译 . 上海：上海人民出版社，2008.

[68][新西兰]穆雷·霍恩.公共管理的政治经济学——公共部门的制度选择[M].汤大华、颜君烈,译.北京:中国青年出版社,2004.

[69][美]约翰·罗尔斯.政治自由主义[M].万俊人,译.南京:译林出版社,2000.

[70]马克思恩格斯选集(第1卷)[M].北京:人民出版社,1995.

[71][美]珍妮特·登哈特,罗伯特·登哈特.新公共管服务:服务,而不是掌舵[M].丁煌,译.中国人民大学出版社,2010.

[72][美]菲利普·J·库珀等.二十一世纪的公共行政:挑战与改革[[M].王巧玲,李文钊,译.北京:中国人民大学出版社,2006.

[73][英]约翰·密尔.代议制政府[M].汪暄,译.北京:商务印书馆,1982.

[74][美]伦纳德·D·怀特.行政学概论[M]刘世佐,译.上海:商务印书馆,1947.

[75][美]彼得·布劳,马歇尔·梅耶.现代社会中的科层制[M].马戎,等,译.上海:学林出版社,2001.

[76][美]罗伯特·阿格拉诺夫,迈克尔·麦圭尔.协作性公共管理:地方政府新战略[M].鄞益奋,李玲玲,译.北京:北京大学出版社,2007.

[77][美]萨缪尔·亨廷顿.变化社会中的政治秩序[M].王冠华,等,译.北京:华夏出版社,1988.

[78][法]托克维尔.论美国的民主(上卷)[M].董果良,译.北京:商务印书馆,1996.

[79][美]格罗弗·斯塔林.公共部门管理[[M].陈宪,等,译.上海:上海译文出版社,2003.

(二)学术论文

[1]郑杭生.改革开放三十年:社会发展理论和社会转型理论[J].中国社会科学,2009(2)

[2]吕志奎,孟庆国.公共管理转型:协作性公共管理的兴起[J].学术研究,2010(12).

[3] 张康之.论官僚制组织的等级控制及其终结 [J].四川大学学报（哲学社会科学版），2008（3）.

[4] 王余生，陈越.碎片化与整体性：综合行政执法改革路径创新研究 [J] 天津行政学院学报,2016（6）

[5] 杨博，谢光远.论"公共价值管理"：一种后新公共管理理论的超越与限度 [J].政治学研究,2014（6）.

[6] 丁煌，方堃.基于整体性治理的综合行政执法体制改革研究 [J].领导科学论坛,2016（1）.

[7] 毛寿龙.公共管理与治道变革 [J].中国特色社会主义研究，2004（1）

[8] 刘熙瑞.服务型政府：经济全球化背景下中国政府改革的目标选择 [J].中国行政管理,2002（7）.

[9] 汪辉勇.论公共价值的生成与实现 [J].广东社会科学，2010（2）

[10] 唐贤兴.运动式执法与中国治理的困境 [J].新疆大学学报（哲学人文社会科学版）,2009（2）.

[11] 申琪.公共事务跨域治理合作 —— 基于区域政府间行政协议的视角 [J].法制与社会,2012（27）.

[12] 张开云，张兴杰，李倩.地方政府公共服务供给能力：影响因素与实现路径 [J].中国行政管理，2010（1）.

[13] 陈振明.加强对公共服务提供机制与方式的研究 [J].东南学术,2007,（2）.

[14] 周灵芝，李传志.促进我国城市公共交通发展的建议 [J].铁道运输与经济,2009（2）.

[15] 麻宝斌.公共利益与政府职能 [J].公共管理学报，2004（1）.

[16] 周雪光.国家治理逻辑与中国官僚体制：一个韦伯理论视角 [J].文化纵横,2013（3）.

[17] 谭海波，蔡立辉.论"碎片化"政府管理模式及其改革路径 ——"整体型政府"的分析视角 [J].社会科学，2010（8）.

[18] 何显明.政府转型与现代国家治理体系的构建 ——60 年来政府体制演变的内在逻辑 [J].浙江社会科学，2013（6）.

[19] 周雪光.权威体制与有效治理：当代中国国家治理的制度逻辑 [J].开放时代，2011（10）.

[20] 解亚红."协同政府"：新公共管理改革的新阶段 [J]. 中国行政管理，2004（5）.

[21] 曾维和. 协作性公共管理：西方地方政府治理理论的新模式 [J]. 华中科技大学学报（社会科学版），2012（1）.

[22] 汪勇. 关于中国警务改革若干问题的思考 [J]. 中国人民公安大学学报，2003（2）.

[23] 宋庆铠."可持续发展"指导下的欧洲城市交通规划 [J]. 北京规划建设，2009（5）.

[24] 谢新水. 公共理性发展：从一元、多元到合作理性 [J]. 江苏大学学报（社会科学版），2010（6）.

[25] 姜士伟."协作治理"的三维辨析：名、因、义 [J]. 广东行政学院学报，2013（6）.

[26] 邬万江，张连富，贾洪飞. 交通拥挤收费与社会剩余分析 [J]. 交通标准化，2005（10）.

[27] 贾凌民，吕旭宁. 创新公共服务供给模式的研究 [J]. 中国行政管理，2007（4）.

[28] 李文喜. 关于公安工作改革三十年若干问题的基本思考 [J]. 公安研究，2008（12）.

[29] 李景鹏. 从管制型政府向服务型政府的转变 [J]. 新视野，2004（5）.

[30] 张光，王长松. 论委托代理链与公安民警公正执法的关系 [J]. 中国人民公安大学学报，2003（5）.

[31] 张光，姜博. 机制创新：构建新时期警务改革的基础平台 [J]. 中国人民公安大学学报，2004（4）.

[32] 董少平. 公共安全管理的一种新范式 —— 西方重塑政府理论对我国公安管理的启示 [J]. 江西社会科学，2003（2）.

[33] 李妮."协作性公共管理"：范式比较与概念解析 [J]. 山东行政学院学报，2015（3）.

[34] 曾维和. 后新公共管理时代的跨部门协同 —— 评希克斯的整体政府理论 [J]. 社会科学，2012（5）.

[35] 彭国甫，张玉亮. 多元竞合是地方政府绩效改善的有效路径 [J]. 广东社

会科学，2006（2）.

[36] 吕炜，王伟同.发展失衡、公共服务与政府责任 —— 基于政府偏好和政府效率视角的分析 [J].中国社会科学，2008（4）.

[37] 程福财.论制度的功能演变与制度变迁 [J].上海大学学报（社会科学版）,2001（1）.

[38] 姜爱林，任志儒.网格化：现代城市管理新模式 —— 网格化城市管理模式若干问题初探 [J].上海城市规划，2007（1）.

[39] 樊晓珂.城市交通拥堵问题研究 [J].中国公共安全（学术版）.2007（1）.

[40] 张光.科层制变革与基层公安机关警务机制创新 [J].中国人民公安大学学报，2008（4）.

[41] 张光.公安机关警务机制改革的理论解读 [J].公安研究，2011（6）.

[42] 陈国权，张岚.从政府供给到公共需求 —— 公共服务的导向问题研究 [J].人民论坛，2010（2）.

[43] 李健和，秦立强.香港警察的组织、人事管理及启示 [J].中国人民公安大学学报，2005（1）.

[44] 秦立强，汪勇.现代警务协作形式和指挥 [J].江苏警官学院学报，2004(3).

[45] 陈振明.战略管理的实施与公共价值的创造 —— 评穆尔的《创造公共价值：政府中的战略管理》[J].东南学术，2006（2）.

[46] 成思危.复杂科学与管理 [J].中国科学院院刊，1999（3）.

[47] 仇保兴.缓解北京市交通拥堵的难点与对策建议 [J].城乡建设，2010(6).

[48] 侯景新、张海燕.北京市交通拥堵的经济成本分析及解决对策 [J].管理观察.2010（1）.

[49] 全永燊，潘昭宇.建国 60 周年城市交通规划发展回顾与展望 [J].城市交通，2009（5）.

[50] 王虎军,等.国外大城市交通政策及其效果研究 [J].科技成果纵横，2007（2）.

[51] 艾尚乐，姚华松.大都市交通管理创新发展的路径探析 —— 广州的经验与启示 [J].创新科技，2013（3）.

[52] 刘晓.关于城市交通拥堵问题研究的文献综述 [J].经济研究导刊.2010（4）.

[53] 赵亚男 , 等 . 智能交通系统安全的研究 [J]. 中国安全科学学报，2001（3）.

[54] 杜洁 . 城市交通拥堵现象的经济学分析及对策 [J]. 中国储运 ,2010（9）.

[55] 王丽馨 . 浅论我国大城市交通拥堵的成因及解决途径 [J]. 经济师，2010（3）.

[56] 林敏 . 韩国首尔市交通管理及其启示 [J]. 城市公用事业，2011（4）.

[57] 周文 . 交通拥堵的经济学分析 [J]. 经济问题探索 ,2005（2）.

[58] 苏剑 , 杜丽群，王沛，刘欲然 . 香港城市交通管理模式及其对内地城市的启示 [J]. 重庆理工大学学报（社会科学版），2010（8）.

[59] 李秦阳，佟玲 . 兰州市城市道路交通拥堵原因及对策 [J]. 交通科技与经济，2012（6）.

[60] 吴致远 . 实行社区交通警务推进交通管理社会化 [J]. 安全与健康，2002（16）.

[61] 刘永红，张省 . 城市交通拥挤的经济学分析 [J]. 当代经济 ,2006（8）.

（三）学位论文

[1] 陆永 . 当代中国警政与现代国家成长 [D]. 南京：南京大学，2012.

[2] 韩兆坤 . 协作性环境治理研究 [D]. 长春：吉林大学，2011：141.

[3] 张慧珍 . 非执法性警务社会化研究 [D]. 重庆：西南政法大学，2011.

[4] 孟梦 . 组合出行模式效城市交通流分配模型与算法 [D]. 北京：北京交通大学，2013.

[5] 田少波 . 现代交通业发展的理论与实证研究 [D]. 武汉：武汉理工大学，2010.

[6] 祝江力 . 城市道路管理功能分类机理探讨 [D]. 成都：西南交通大学，2008.

[7] 王大江 . 城市交通需求管理适应性评价研究 [D]. 成都：西南交通大学，2012.

[8] 朱琳 . 城市快速路交通态势评估理论与方法研究 [D]. 北京：北京交通大学，2013.

[9] 孙孝文 . 和谐交通体系构建研究 [D]. 武汉：武汉理工大学，2007.

[10] 姜宁 . 基于风险祸合的交通安全应急管理系统研究 [D]. 武汉：武汉理工大学，2011.

[11] 李庆印 . 基于信息技术的交通管理创新机制研究 [D]. 北京：中国矿业大学，2011.

[12] 谈晓洁 . 基于知识的交通拥堵疏导决策方法及系统研究 [D]. 南京：东南大学，2005.

[13] 许泽成 . 大都市的交通与经济发展 —— 兼论上海城市交通的发展 [D]. 上海：复旦大学，2004.

[14] 李貌 . 昆明市城市交通管理研究 [D]. 昆明：云南大学，2013.

[15] 樊大可 . 西安城市交通建设与发展探索 [D]. 西安：长安大学，2009.

[16] 魏军 . 西安市城市道路交通管理策略研究 [D]. 西安：长安大学，2010.

[17] 习郑 . 银行交警罚款异地代收系统设计与实现 [D]. 武汉：华中科技大学，2012.

[18] 田玉国 . 基于道路交通事故预防的城市道路交通管理规划研究 [D]. 天津：天津大学，2011.

[19] 李翔宇 . 临沂市老城区交通拥堵治理问题研究 [D]. 济南：山东大学，2013.

[20] 潘鑫 . 城市交通发展策略研究 [D]. 上海：华东师范大学，2008.

[21] 许允 . 综合治理城市交通拥堵问题研究 [D]. 济南：山东大学，2012.

[22] 黄新 . 广州交通拥堵及治理问题研究 [D] . 西安：陕西师范大学，2013.

[23] 黄攀 . 城市道路交通社会化管理研究 —— 以南昌市为例 [D]. 南昌：南昌大学，2011.

[24] 王建 . 公安民警绩效考核机制研究 [D]. 天津：天津大学，2004.

[25] 秦长江，胡伟 . 协作性公共管理：理念、结构与过程 [D]. 上海：上海交通大学，2012.

[26] 周建峰 . 城市交通共用信息平台数据处理技术研究 [D]. 长春：吉林大学，2005.

[27] 阎利军 . 城市交通需求与供给效果的模型分析 [D]. 大连：大连理工大学，2006.

[28] 王科 . 城市交通中智能车辆环境感知方法研究 [D].[长沙：湖南大学，2005.

[29] 袁满荣 . 昆明市主城区交通控制关键技术研究 [D]. 长春：吉林大学，2011.

[30] 李金泽 . 内蒙古道路交通安全管理机制研究 [D]. 呼和浩特：内蒙古师范大学，2011.

[31] 刘琦 . 道路交通安全管理研究 [D]. 青岛：中国海洋大学，2012 年

[32] 李锦棠 . 城市道路交通安全管理措施研究 [D]. 西安：陕西师范大学，2013.

[33] 高敏静 . 城市交通控制与诱导系统协同优化研究 [D]. 西安：长安大学，2011.

[34] 蒙峥 . 包头市道路交通管理存在的问题与对策研究 [D]. 北京：中央民族大学，2010.

[35] 辛晓敏 . 探讨如何提高城市公共交通分担率 [D]. 北京：北京交通大学，2006.

[36] 郑跃东 . 重庆公交 " 四化 " 优先发展模式研究 [D]. 重庆：重庆大学，2009.

[37] 孙影 . 城市交通拥挤问题及其治理 —— 以厦门市为例的研究 [D]. 厦门：厦门大学，2009.

[38] 王宙玥 . 我国城市交通拥堵治理的对策研究 [D]. 长春：长春工业大学，2012.

（四）外文文献

[1]Gordon Fraser.Road Pricing：Lessons from London[J].Economic Policy,2006,21（46）.

[2]Gaunt Martin.Road User Charging ：The Case of Edinburgh and the 2005 Referendum[J].Transport Reviews,2007,27（1）.

[3]Michael G. H. Bell.The Impact of the Congestion Charge on Retail ：The

London Experience[J]. Journal of Transport Econmics and policy ,2007,41（1）.

[4]Hull,A.D.Getting the balance right：Integrated transport and land use planning[J].Regional Studies Conference Reinventing Regions in the Global Economy,2003（4）.

[5]Meyer R，Harrington.An integration of existing and new framework of intelligenttransport system[J].Intelligent transportation system program. 2005（7）.

[6]Ashley Langer.The Effective Government Highway Spending on Road UsersCongestionCosts[J].Journal of Urban Economics,2007（3）

[7]Courtney R.L. Abroad view of TTS standards in the US[J]. Proceeding of Intelligent Transportation System. 1997（2）.

[8]Morrem.Creating PublicValue：Strategic Managementin Government[M]. Cambrige,MA：Harvard University Press,1995.

[9]Catherine Gerard.Introductiontothe Symposiumon Collaborative Public Management[J].Public Administration Review,2006（11）.

[10]Nelson Phillips.The Institutional Effect of Interorganizational Collaboration：TheEmergencyof Photo-Institutions[J].Academy of Management Journal,2002（1）.

[11]STORKER G.Public Value Management：A New Narrative for Networked Goverace?[J].The American Review of Public Administration,2006（1）.

[12]RosemaryO'Leary.Collaborative Public Management：Where Have We Been and Where Are We Going?[J].The American Review of Public Administration,2012(5).

[13]MichaelMcGuire.Collaborative Public Management：Assessing What We Know and How We Know It[J].Public Administration Review,2006.

[14]C.W Thomas.Collaborative Environmental Management：What Roles for Government?[N].New York press,2004.

[15]TeeAssum.Attitudes and road accidentrisk [J].Aceident Analysisand Prevention,1997（3）.

[16]Sullivan,Elizabethan and Gary R.Rassel.Research Methods for Public Administrators[M].Longman Inc,2007.

[17]HarryGeerlings.The integration of land use planning,transport and environment in European policy and research[J].Transport policy,2008（10）.

[18]Hull,A.D.Modernis ring democracy：Constructing a radical reform of the planning system?[J]European Planning Studies2008（6）.

[19]Davis,Adrian.Transport and health—what is the connection? An exploration of concepts of health held by highways committee Chairs in England[J].Transport policy,2005（12）.

[20]Hoejar,M..Urban transport,information technology and sustainable development[J].World Transport Policy and Practice.1996（2）.

[21]The MVA Consultancy.The Institute for Transport Studies and Oscar Faber TPAA common appraisal framework [M].Urban transport project.HMSO,London 2001.

[22]A D Jones.Integrated transport studies：lessons from the Birmingham study [J].Twff,Engineering and Control,2001（11）.

[23]Perri6,etc.Towards Holistic Governance：The New Reform Agenda[M].New York：Palgrave,2002.

[24]WoodD.J.Collaborative alliances：Moving frompractice to theory[J].The Journal of Applied Behavioral Science,1991（3）.

[25]Vickrey.Pricing in Urban and Suburban Transport[J].American Economic Review,2007（2）.

[26]Robert Cervero. Jobs Housing Balancingand Regional Mobility[J].Journal of the American Planning Association,1991（2）.